Je mange,
je maigris
et je reste mince !

DU MÊME AUTEUR

Éditions Flammarion :

Comment maigrir en faisant des repas d'affaires (1995)
Je mange donc je maigris (1995)
Méthode Montignac - Spécial Femme (1995)
Recettes et menus Montignac T. 1 (1995)
Restez jeune en mangeant mieux (1996)
Recettes et menus Montignac T. 2 (1997)
Boire du vin pour rester en bonne santé (1997)

Éditions J'ai lu :

Plus jamais fatigué, coauteur J. Fluchaire (1993)
Je mange donc je maigris (1994)
Recettes et menus Montignac T. 1 (1994)
Comment maigrir en faisant des repas d'affaires (1995)
Coffret Montignac 2 vol. (1995)
La méthode Montignac - Spécial Femme (1996)
Mettez un turbo dans votre assiette (1996)
Je cuisine Montignac (1997)
Restez jeune en mangeant mieux (1998)
Recettes et menus Montignac T. 2 (1999)

Éditions Artulen :

Je cuisine Montignac T. 1 (1994)
Je cuisine Montignac T. 2 (1994)

Michel Montignac

Je mange, je maigris et je reste mince !

ÉDITION QUÉBÉCOISE
La méthode Montignac revue et augmentée

Préface du Dr Jean G. Dumesnil de l'hôpital Laval

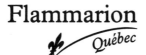

Flammarion
Québec

Données de catalogage avant publication (Canada)
Montignac, Michel

Je mange, je maigris et je reste mince!

« La méthode Montignac revue et augmentée ».

Publ. antérieurement sous le titre : Je mange, donc je maigris!.
Paris : Artulen, 1987.

Comprend des réf. bibliogr. et un index.

ISBN 2-89077-210-1 (br.)

1. Régimes amaigrissants. 2. Alimentation. 3. Régimes amaigrissants - Menus. I. Titre. II. Titre : Je mange, donc je maigris!.

RM222.2.M55 2001   613.2'5   C2001-941509-5

Graphisme de la page couverture : Olivier Lasser

L'adaptation pour l'édition québécoise a été réalisée avec la collaboration d'Odette Frigon, technicienne en diététique.

TABLE DES MATIÈRES

PRÉFACE

C'est à travers une expérience personnelle que j'ai fait connaissance avec la méthode Montignac. À 52 ans, j'étais en surcharge pondérale : 89 kilos pour 1,70 m !

Un de mes collègues, qui est aussi un ami, m'avait recommandé depuis quelque temps d'acheter le livre *Je mange donc je maigris*, d'un certain Michel Montignac. Il disait que la nouvelle méthode qu'il avait découverte était différente des régimes traditionnels en ce sens qu'elle n'impliquait pas de restrictions quantitatives mais était essentiellement basée sur le choix de différents aliments.

Il était très enthousiaste car il avait perdu beaucoup de poids et se sentait désormais beaucoup mieux. Il avait, depuis pas mal de temps déjà, réussi sans difficulté à maintenir son poids idéal.

Je dois avouer que j'étais *a priori* sceptique. J'avais suivi d'autres régimes auparavant et, comme la plupart des gens, j'avais d'abord perdu du poids mais j'en avais ensuite repris beaucoup plus. La principale raison de cet échec était évidemment liée au profond sentiment de privation découlant de l'obligation permanente de manger moins pour maintenir la perte de poids. À chaque tentative, je n'ai jamais perdu plus de neuf kilos, ce qui était très insuffisant pour atteindre mon poids idéal.

Un jour, ma femme et moi fûmes invités à une réception où se trouvaient aussi cet ami et son épouse. Quand je vis ce qu'ils mangeaient, ce fut pour moi une véritable révélation. Ma femme acheta le livre le lendemain, et le reste, comme l'on dit, « c'est de l'histoire ».

Je perdis immédiatement du poids, de 1,5 à 2 kilos dans les premières semaines et un peu moins ensuite. Au bout de 6 mois, j'avais perdu 21 kilos sans difficulté aucune, et je me sentais en grande forme.

En tant que médecin cardiologue et chercheur, j'étais curieux de savoir pourquoi la méthode Montignac marchait si bien et je me demandais si on ne pouvait pas l'utiliser avec succès à une plus grande échelle. Car l'obésité est en train d'atteindre des niveaux endémiques en Amérique du Nord, où, selon l'Organisation mondiale de la santé, près de 50 % de la population est soit obèse, soit en sérieux excès pondéral. Les conséquences pour la santé sont dramatiques, notamment en ce qui concerne le diabète et les risques cardiovasculaires.

Jusqu'à maintenant, le traitement de l'obésité a été très décevant, voire un échec total. Certains médicaments ont bien donné quelques résultats, mais ils ont dû être retirés du marché en raison de leurs effets secondaires inacceptables. De toute manière, compte tenu du taux élevé de l'obésité et de sa progression, la prescription de médicaments à une proportion aussi importante de la population serait non seulement déraisonnable, mais aussi très problématique d'un point de vue économique.

Le taux de succès à long terme des régimes traditionnels est extrêmement bas, puisque moins de 5 % des personnes qui les suivent arrivent à maintenir leur perte de poids. C'est très peu, comparé aux 15 à 20 % de succès obtenus par les programmes de sevrage tabagique et alcoolique. C'est pourquoi on ne peut que se réjouir de l'arrivée d'une méthode avec laquelle il est relativement facile de maigrir dans des proportions jamais atteintes jusqu'alors, sans privation et en mangeant à satiété.

C'est dans ce contexte qu'avec deux de mes collègues, qui avaient suivi avec succès la méthode, nous sommes entrés en relation avec des confrères de l'Université Laval de Québec, qui sont d'éminents experts en nutrition et en épidémiologie des risques lipidiques. Ils furent d'abord surpris par nos interrogations mais, devant notre enthousiasme et notre offre de financement, ils acceptèrent l'idée d'entreprendre une étude pilote, pour laquelle un protocole fut édifié.

L'étude a été faite sur 12 hommes obèses que l'on a soumis à 3 différents régimes sur des périodes de 6 jours durant lesquels tous les repas étaient pris à l'hôpital. Les apports alimentaires – contenu calorique et composition en macronutriments (glucides, lipides et protéines) étaient méticuleusement mesurés. Des prises de sang furent effectuées avant et après chaque régime, de manière à mesurer des paramètres tels que la glycémie, l'insuline, le cholestérol et les autres fractions lipidiques.

Au cours de la première semaine, le groupe a suivi un régime faible en graisses, basé sur les recommandations de l'American Heart Association mais ne comportant aucune restriction quantitative. Au cours de la deuxième semaine, les 12 volontaires suivirent la méthode Montignac en ayant la liberté de manger à volonté. Le régime de la troisième semaine comportait le même nombre de calories que celui de le semaine précédente, mais sa composition en macronutriments était identique à la première semaine. Dans les trois cas, les sujets devaient remplir des questionnaires standards pour noter leur degré de faim et de satiété avant et après chaque repas.

À la fin de l'étude, nous fûmes surpris des résultats. Au cours de la semaine Montignac, les sujets avaient spontanément mangé moins que durant la première semaine (alors qu'ils pouvaient le faire *ad libitum*) en ayant cependant le sentiment d'une parfaite satiété. Au contraire, durant la troisième semaine où ils avaient ingéré le même nombre de calories qu'au cours de la semaine Montignac, les sujets avaient encore faim et ressentaient un profond sentiment de privation, au point que certains d'entre eux voulurent presque abandonner l'étude.

De plus, ils perdirent un peu plus de poids durant la semaine Montignac que durant la troisième semaine et ce fut seulement durant la semaine Montignac que l'on put observer des effets bénéfiques sur les lipides sanguins et les taux d'insuline.

La méthode proposée par M. Montignac, basée sur le choix exclusif de glucides à index glycémique bas, est très intéressante pour plusieurs raisons. D'abord, il ne fait aucun doute qu'elle est très efficace pour perdre du poids. Ensuite, il est relativement facile de la suivre, et elle permet de neutraliser la faim et de parvenir à un bon degré de satiété. Pour ces raisons, elle offre beaucoup plus d'espoir quant au maintien de la perte de poids à long terme, comparée aux diètes hypocaloriques conventionnelles. Rappelons que la plupart des régimes échouent à long terme parce qu'ils maintiennent une sensation de faim et de privation.

Soulignons enfin que le résultat de notre étude laisse entendre que la méthode Montignac a des effets bénéfiques, qui lui sont spécifiques, sur les lipides sanguins et les taux d'insuline.

D'ailleurs, une attention particulière est donnée dans ce livre à la prévention de l'hypercholestérolémie et de risques cardiovasculaires *(voir chapitre 8)*.

C'est pourquoi nous pensons que la méthode Montignac est pleine de promesses et notre intention est de continuer à étudier non seulement les mécanismes qui sont la cause de son efficacité mais aussi son potentiel à long terme sur des pathologies telles que le diabète et les maladies cardiovasculaires.

En ce qui me concerne, il y a maintenant deux ans que je suis la méthode Montignac. Je me sens en pleine forme et j'ai maintenu le même poids sans aucune difficulté.

Dr Jean G. Dumesnil
*Cardiologue à l'Institut de cardiologie
de l'hôpital Laval
et professeur
à l'Université Laval*

LES FONDEMENTS DE LA MÉTHODE MONTIGNAC
SONT SCIENTIFIQUEMENT PROUVÉS

Toutes les études épidémiologiques montrent que l'obésité est en constante augmentation dans les pays industrialisés, malgré une diminution paradoxale des apports énergétiques conformément aux recommandations officielles.

Depuis des années, les scientifiques avaient noté que dans toute forme d'obésité on retrouvait des anomalies de sécrétion d'une hormone, l'insuline, qui était aussi impliquée dans le diabète, l'hypertension artérielle et la pathologie coronarienne. Mais cet hyperinsulinisme (de même que l'insulinorésistance, qui en est la complication) étaient plutôt considérés comme une conséquence de l'obésité.

Michel Montignac quant à lui a toujours formulé l'hypothèse inverse. Depuis ses premiers livres, il a émis l'idée que l'hyperinsulinisme était en fait la cause de l'obésité et que son effet délétère pouvait aboutir aux complications cardiovasculaires connues.

Remontant la «cascade» des causalités, Michel Montignac a souligné que cet hyperinsulinisme était la conséquence d'une alimentation moderne de plus en plus hyperglycémiante, c'est-à-dire majoritairement composée de glucides à index glycémique élevé (céréales raffinées, pommes de terre, sucres…).

En conseillant chez ceux qui sont en surpoids la consommation de glucides à index glycémique bas (légumineuses, aliments complets, fruits, légumes…), il a obtenu avec la diminution de la réponse insulinique un amaigrissement ainsi qu'une réduction des facteurs de risques (glycémie, triglycérides, cholestérol…).

Pendant des années, les contradicteurs de Montignac ont eu beau jeu de rétorquer devant le succès de sa méthode qu'elle n'avait jamais fait l'objet d'une validation scientifique. Or, l'étude canadienne du professeur Dumesnil rendue publique au Congrès international de Paris en 1998 a bien montré que la méthode Montignac était plus efficace pour faire maigrir que les régimes traditionnels et qu'elle pouvait prévenir les facteurs de risques cardiovasculaires.

Les hypothèses soulevées et défendues depuis plus de 10 ans par Michel Montignac se voient par ailleurs confirmer aujourd'hui par les travaux de scientifiques mondialement connus comme le professeur Willett aux États-Unis (*Science et Avenir*, février 1999).

Épidémiologiste à l'école de santé publique de l'université Harvard, le professeur Walter Willett a entrepris depuis 12 ans avec son équipe de chercheurs 2 grandes études sur les habitudes alimentaires nord-américaines en travaillant sur un échantillon très largement représentatif de la population : 88 000 femmes et 40 000 hommes.

Les conclusions auxquelles sont parvenus ces chercheurs sont pour le moins surprenantes. Elles montrent en effet que c'est la consommation excessive de glucides à index glycémique élevé (céréales raffinées, pommes de terre, sucre...) qui serait à l'origine dans notre société occidentale de la prévalence des maladies métaboliques telles que l'obésité, le diabète et les maladies cardiovasculaires. Par ailleurs, 23 études sur 32 montrent même une implication indirecte de la consommation de ces aliments dans le développement de certains cancers.

Le professeur Willett déclare même que les recommandations nutritionnelles officielles consistant à privilégier les glucides et à supprimer les graisses auraient pour effet de favoriser le développement de l'obésité.

Longtemps raillé ou dénigré, Michel Montignac voit maintenant ses théories confortées par des études scientifiques indiscutables.

Je me réjouis évidemment de voir triompher des idées auxquelles j'ai personnellement toujours cru. Espérons que, dans la tourmente médiatique de cette remise en cause de la diététique classique, on n'oubliera pas que Michel Montignac fut l'un des pionniers de cette grande mutation nutritionnelle du troisième millénaire.

Dr Hervé Robert
Médecin nutritionniste

AVANT-PROPOS

La première version de ce livre est parue en France en 1987. À cette époque, aucun éditeur n'a accepté de la publier. Le fait que son auteur soit un inconnu et que le contenu du livre remette totalement en question le discours de la diététique officielle n'était en effet pas de nature à les rassurer.

Ce livre a donc été publié à l'origine à compte d'auteur. Comme il n'était pas distribué dans le réseau des librairies, il fut d'abord vendu exclusivement par correspondance. Mais comme chaque livre vendu en faisait vendre une bonne douzaine, par le biais du bouche à oreille, le cap du million d'exemplaires vendus fut atteint au bout de quatre ans.

En 1992, *Je mange donc je maigris* était à la une de tous les médias. En restant présent plus de 100 semaines consécutives sur la liste des meilleures ventes du magazine *L'Express*, il est entré dans la légende des grands best-sellers.

Depuis la première publication de ce livre, le message nutritionnel qu'il véhicule s'est constamment enrichi et affiné, non seulement du témoignage de milliers de lecteurs, mais aussi et surtout des observations faites par les très nombreux médecins prescripteurs.

Pendant toutes ces années, nous avons consacré l'essentiel de notre temps et de nos revenus à poursuivre ces efforts de recherche de manière à mieux comprendre les mécanismes de la prise de poids et à proposer les meilleures solutions pour y remédier.

Les critiques systématiques des détracteurs[1] de tous poils nous ont beaucoup aidé en ce sens que, malgré l'évidence de l'efficacité de la méthode, elles nous ont forcé à en approfondir les bases scientifiques.

Non seulement nous pouvons aujourd'hui nous référer aux observations et autres démonstrations faites par des centaines de chercheurs dans leurs publications scientifiques[2], mais nous pouvons nous réclamer d'études spécifiques sur la méthode Montignac dont les résultats positifs vont au-delà de toutes nos espérances[3].

Depuis sa première publication, la méthode Montignac a été la plupart du temps classée dans la rubrique des «régimes dissociés». Cette classification erronée fut au départ le fait d'«observateurs» qui, par souci de simplification, ont attribué aux principes de la méthode cette étiquette réductrice et facile après avoir parcouru la première édition du livre en «diagonale rapide».

Une lecture plus attentive les eût sans doute interpellés autrement car ils n'y auraient pas trouvé grand-chose en rapport avec la vraie dissociation alimentaire, pour autant qu'ils en aient connu au préalable la signification. Dans son *Abrégé de diététique et de nutrition*, le professeur Apfelbaum définit ainsi le régime dissocié: «Chaque jour, le sujet consomme exclusivement un type d'aliment différent: viande, poisson, fruits, fromage, légumes verts, céréales…» C'est ainsi qu'il pourra par exemple manger la viande le lundi, et ce en ne mangeant que de la viande à chacun des repas (petit-déjeuner, dîner, souper). Le mardi,

---

1. Voir à ce sujet l'Annexe IV.
2. Une bibliographie complète se trouve en fin d'ouvrage.
3. Voir Annexe V.

il mangera de la même façon un seul aliment, mais cette fois-ci ce sera par exemple des fruits et ainsi de suite les jours suivants pour les autres aliments.

Tous ceux qui ont lu attentivement les livres précédents et appliqué avec attention les recommandations qui y sont faites savent que la méthode Montignac n'a rien à voir avec le régime dissocié tel que décrit ci-dessus.

Il faut admettre, cependant, que dans les toutes premières versions du livre, et ce dans le souci d'une plus grande clarté pour le lecteur[4], une présentation volontairement simplifiée de certaines recommandations en matière de composition de repas a été proposée. De la suggestion, pour certains repas, de mettre plus l'accent sur une catégorie d'aliments que sur une autre est née l'idée que la méthode Montignac était construite sur le seul principe de la séparation des différentes familles d'aliments.

Or, cette schématisation de nature exclusivement pédagogique, et somme toute très isolée dans l'ouvrage, a été cependant considérée comme un des fondements de la méthode. C'est ainsi que l'ensemble de nos recommandations a pu être résumé d'une manière erronée, aboutissant à un classement de la méthode Montignac dans la rubrique des régimes dissociés, ce qui est une manière abusivement réductrice de la cataloguer.

Pour lever toute ambiguïté, il était donc nécessaire de reformuler le message nutritionnel de base. C'est ce que nous nous employons à faire dans le présent livre, où *les principes «actifs» de la méthode sont en quelque sorte repositionnés par rapport à leurs fondements réels.*

---

4. Pour faciliter la compréhension de certains termes, un lexique se trouve en fin de livre.

À partir de là, le lecteur comprendra mieux que la méthode Montignac est *un ensemble de recommandations nutritionnelles qui consistent, tout en respectant les équilibres alimentaires, à choisir, de manière préférentielle dans chaque catégorie, des aliments dont les effets métaboliques conduisent à la prévention de la prise de poids et des risques cardiovasculaires*. Ce qui reviendra, non plus à manger moins, mais à manger mieux, ou encore différemment.

L'application de ce principe se fera notamment à deux niveaux. Les glucides seront choisis en fonction d'un critère dont le concept sous-tend toute l'originalité de la méthode : c'est la notion d'index glycémique.

Pour prévenir la prise de poids, il suffira de faire en sorte que les choix alimentaires conduisent à une résultante glycémique moyenne. C'est ce qui est proposé dans la phase II *(voir chapitre 5)*. Pour déclencher une perte de poids à la fois rapide et substantielle, il conviendra que les glucides consommés soient choisis parmi ceux dont l'index glycémique est inférieur ou égal à 35 *(voir chapitre 2)*.

Par ailleurs, les graisses seront choisies en fonction de leurs effets protecteurs contre les risques cardiovasculaires, mais aussi en fonction de leurs effets indirects dans la prévention du poids.

Dans cette nouvelle présentation, le lecteur comprendra mieux les mécanismes de la prise de poids comme ceux qu'il convient de mettre en œuvre pour en inverser la tendance, car le message a la prétention d'être à la fois plus simple et donc plus clair.

On pourra mieux maigrir en faisant de meilleurs choix alimentaires. On découvrira que de nombreux aliments pour lesquels certaines réserves avaient été formulées dans les précédentes versions ont été reconsidérés, voire réhabilités, compte tenu des informations scientifiques nouvelles publiées à leur sujet. C'est le cas de certaines légumineuses (lentilles, pois chiches…) mais aussi des carottes crues, dont la consommation est désormais possible en phase I.

Le lecteur apprendra par ailleurs que l'index glycémique des aliments, s'il varie d'une espèce à l'autre, peut aussi être différent pour la même espèce d'une variété à l'autre. Il réalisera aussi avec surprise qu'il peut lui-même le faire varier en fonction du type de cuisson qu'il choisira.

L'expérience des 10 dernières années nous a aussi montré qu'autant la phase I, dont les règles sont assez strictes, était plutôt comprise et appliquée correctement, autant le concept de la phase II restait parfois pour certains un peu difficile à appréhender car, par nature très nuancée, la « gestion des écarts » manquait à leurs yeux de directives très précises et de points de repère concrets. La peur de s'égarer dans cet immense espace de liberté conduisait d'ailleurs certains lecteurs à rester indéfiniment en phase I, où ils avaient désormais leurs habitudes. D'autres, plus téméraires, s'y hasardaient plus volontiers en appliquant la notion d'écart bien au-delà des limites de la tolérance, au risque de le payer par le retour de quelques kilos.

La phase II de cette nouvelle édition est différente, car la notion d'écart est désormais mieux balisée par le développement d'un indicateur nouveau, facile à maîtriser, soit la *résultante glycémique (voir chapitre 5)*.

Il n'y a plus désormais de frontière entre les deux phases puisque l'on peut passer sans transition de la première à la deuxième. Ce passage est d'autant plus nécessaire que nous considérons que la méthode Montignac, en tant que philosophie alimentaire, c'est surtout la phase II. La phase I n'est qu'une période transitoire, nécessaire pour apurer les erreurs alimentaires du passé et remettre en quelque sorte nos pendules (métaboliques) à l'heure.

Même si cette dernière version constitue un progrès substantiel de notre message nutritionnel, nous nous efforcerons toujours dans l'avenir d'en améliorer encore le contenu, car l'essentiel reste certainement à découvrir dans le domaine de la nutrition. Nous pensons seulement avec modestie que la voie de recherche que nous avons choisie est des plus prometteuses.

INTRODUCTION

Lorsque, à la fin des années 80, j'étais invité à participer à un débat sur le thème de l'amaigrissement, l'une des questions essentielles soulevées par les animateurs était de se demander si la préoccupation de nos contemporains pour leur poids n'était pas seulement un phénomène de mode.

L'idée (fausse) que l'on avait encore à cette époque (pourtant récente) était que la corpulence moyenne actuelle de notre espèce était sensiblement la même qu'autrefois. C'était seulement, croyait-on, la perception que nous en avions désormais qui semblait avoir changé car notre système de valeurs était devenu différent. Les canons de la beauté ne seraient simplement plus les mêmes aujourd'hui qu'autrefois.

Le fait d'être gros était autrefois plutôt valorisant. À l'inverse, cet état est considéré de nos jours comme un préjudice esthétique. De prestigieux nutritionnistes, comme le professeur M. Apfelbaum de la Faculté de médecine de Paris, ne manquaient pas l'occasion de sermonner publiquement leur auditoire dans un langage passéiste, en rappelant qu'il valait mieux «faire envie» en arborant quelques rondeurs que «pitié» en exhibant une silhouette décharnée.

Il prétendait d'ailleurs, avec l'humour coquin qu'on lui connaissait: «Les hommes préfèrent toujours les grosses!» Il aurait même pu ajouter sans se tromper qu'il y a moins d'un siècle, être bien en chair, pour une femme comme pour un homme, était considéré comme un avantage à tout point de vue.

Est-ce à dire pour autant que la plus grande proportion d'entre eux (et surtout d'entre elles) étaient en surcharge pondérale ? En d'autres termes, la majorité des gens étaient-ils plus gros autrefois qu'ils ne le sont aujourd'hui, comme le suggèrent toutes les représentations artistiques de l'époque ? Pour y répondre, il convient de prendre en compte certaines considérations.

D'abord, il faut savoir que l'embonpoint, et *a fortiori* l'obésité, n'existent pas dans la nature. Ils n'existent ni dans le règne animal ni dans les sociétés primitives. Le phénomène n'apparaît dans l'histoire de l'homme qu'avec les premières grandes civilisations, grecque, égyptienne, romaine.

Jusqu'à la fin du XIXe siècle, l'embonpoint était un signe extérieur de richesse. Être gros signifiait que l'on avait une table « bien garnie » tous les jours, c'est-à-dire que l'on était capable de se nourrir abondamment.

Cet avantage, comme l'on sait, ne concernait qu'une très faible minorité de la population. Être gros était donc rare ! Et comme l'humanité a toujours eu le culte de ce qui est rare et exceptionnel, on comprend pourquoi les formes généreuses et les rondeurs opulentes qui relevaient autrefois de l'exception pouvaient correspondre aux canons de la beauté.

C'est pourquoi nous commettons une grave erreur aujourd'hui en pensant que les silhouettes rondouillardes des *Trois Grâces* de Raphaël, des *Sirènes* de Rubens, des *Baigneuses* de Courbet, ou encore des nus de Renoir, sont représentatives de la corpulence moyenne de leur époque : les artistes du passé cherchaient beaucoup moins à projeter dans leurs œuvres la réalité du moment qu'à représenter l'idéal féminin de leurs contemporains.

Ainsi, de la même façon que les magazines féminins d'aujourd'hui projettent à travers la silhouette filiforme des mannequins un idéal de minceur dans un monde de gros, les peintres et les sculpteurs d'autrefois exprimaient, eux, un idéal de « grosseur » dans un monde de maigres.

Avoir de l'embonpoint ou être obèse était donc pour nos ancêtres un privilège de riche. Si l'on avait la chance d'être gros, c'est parce que l'on avait, croyait-on, l'avantage de pouvoir manger plus.

Alors, comment peut-on expliquer que dans des pays comme les États-Unis ou la Russie ce soit au contraire parmi les pauvres, et même les plus pauvres, que l'on trouve le plus grand nombre d'obèses ?

Une véritable épidémie mondiale
•

Le 12 juin 1997, un communiqué officiel de l'Organisation mondiale de la santé sonne l'alarme en déclarant sans ambiguïté que la planète entière souffre d'une véritable épidémie d'obésité.

Les statistiques montrent en effet que l'obésité touche plus de la moitié de la population de nombreux pays. Initialement observé aux États-Unis, ce phénomène concerne aujourd'hui différentes régions du monde, non seulement les pays industrialisés, mais aussi la plupart des pays en voie de développement. Au Canada, on considère que près d'un tiers de la population est obèse (31 %). En Europe, ce taux varie de 15 à 25 % selon les pays. Dans les pays d'Europe de l'Est, 40 à 50 % des femmes en sont déjà victimes. Même en Inde, on dénombre déjà plus de 200 millions d'obèses.

C'est dans les populations enfantines que le taux est le plus préoccupant. Selon le docteur Patrick Serog, « l'obésité a en 10 ans augmenté de 53 % au Japon, de 21 % à 65 % en Grande-Bretagne selon le sexe et la tranche d'âge et de 60 % aux États-Unis ». On manque de données canadiennes fiables, mais on estime cependant que cette augmentation serait légèrement inférieure à celle observée aux États-Unis.

Même en France, la progression est très préoccupante : 17 % pour l'obésité moyenne et 28 % pour la superobésité. La Chine n'est pas en reste car, chaque année, on y enregistre une croissance de 10 % du nombre d'enfants obèses de moins de 7 ans. Pour le professeur Ding de Pékin, l'obésité infantile est devenue dans son pays un redoutable phénomène de société. « On est en train de créer une véritable génération de malades », se lamente-t-il. C'est bien là en effet que se situe le vrai problème.

Un facteur de risque pour la santé
•

L'obésité est considérée, à juste titre, comme une maladie à part entière car elle constitue un important facteur de risque pour de nombreuses affections comme le diabète de type II ou diabète non insulinodépendant, les accidents vasculaires cérébraux (AVC), les cardiopathies coronariennes, l'hypertension artérielle, plusieurs types de cancers et l'arthrose, sans parler de certains problèmes respiratoires.

Au Canada, l'obésité est directement ou indirectement considérée comme l'une des principales causes de mortalité. L'excès de poids coûterait aux Canadiens 1,8 milliard de dollars en dépenses médicales, soit 2,4 % des dépenses totales en soins de santé. Dans les pays européens, le coût moyen se situe entre 4 et 7 %, mais il est chaque année en constante progression. Quand on sait qu'une étude prospective prévoit que 100 % des Américains seront obèses en 2039 et 40 % des Français si la courbe de ces 20 dernières années n'est pas infléchie, il y a de quoi être sérieusement inquiet.

L'embonpoint n'est qu'une obésité en puissance

•

Certains lecteurs pourraient être surpris que, dès le début de cet ouvrage, je mette l'accent avec autant de force sur le problème de l'obésité alors qu'ils n'ont eux-mêmes que quelques kilos à perdre et ont ainsi du mal à se sentir concernés par une catégorie à laquelle ils pensent être complètement étrangers.

Qu'ils sachent que l'« embonpoint », la simple « surcharge pondérale » ou encore les « quelques kilos en trop » sont trop souvent de doux euphémismes derrière lesquels se cache pudiquement une obésité, légère certes, mais non moins réelle.

Ma famille m'a un jour copieusement sermonné pour avoir déclaré à un journaliste que j'étais un fils d'obèse. Avec 120 kg pour 1,73 m (un indice de masse corporelle[1] – IMC – de 40), mon père ne pouvait pourtant pas être autrement qualifié médicalement ! Mais pour son entourage, il n'était qu'« un peu fort ».

L'embonpoint n'est très souvent qu'une obésité en puissance, ou encore pourrait-on inverser la proposition en disant que l'obésité n'est qu'une forme développée de l'embonpoint, ce qui veut dire que l'un est toujours la conséquence (ou la résultante) de l'autre.

Il est difficile d'étudier les deux séparément car la cause principale est dans la plupart des cas la même. En comprenant bien le mécanisme de l'obésité, on saura encore mieux comment se débarrasser de son embonpoint.

---

1. Pour comprendre le calcul de l'indice de masse corporelle (IMC), se référer à l'Annexe I.

Le poids de l'Amérique

•

On peut considérer, selon les informations à notre disposition, qu'au début du XXᵉ siècle 20 à 25 % de la population des États-Unis était en surcharge pondérale (IMC supérieur à 24) et que 2 à 3 % seulement était obèse (IMC supérieur à 30), ce qui était déjà légèrement au-dessus de ce que l'on pouvait observer dans la plupart des pays européens. Dans les années 30, le nombre de gros est passé à 35 % et 8 % de la population était alors obèse, ce qui représentait des progressions respectives de 52 et 166 %.

Cette augmentation de la courbe moyenne de poids, sans précédent dans l'histoire de l'humanité, fut suffisante pour alarmer les autorités sanitaires du pays, qui incitèrent les scientifiques et les médecins à réfléchir sur la question. Le diagnostic de ces derniers fut catégorique : si les Américains prenaient du poids, c'est parce qu'ils mangeaient trop et qu'ils ne faisaient pas assez d'exercice !

Il paraissait logique que si l'on ne dépense pas toute l'énergie consommée, celle-ci n'ait pas d'autre issue que de se stocker.

La solution qui fut proposée découlait de la même logique : pour résorber la surcharge pondérale, il convenait de manger moins et de se dépenser plus. C'est sur ces évidences que naquirent les régimes à basses calories.

Quand ils sont convaincus d'une idée, on sait avec quelle détermination les Anglo-Saxons (et particulièrement les Américains) sont capables d'en mettre en œuvre les principes. C'est ainsi que, depuis plus de 50 ans, les Américains s'évertuent à appliquer avec rigueur le modèle diététique de l'équilibre énergétique. Depuis plusieurs décennies, 90 millions d'Américains sont donc abonnés du 1ᵉʳ janvier au 31 décembre aux régimes hypocaloriques.

Le moins que l'on doive faire quand on met en place des mesures draconiennes à l'échelle d'un pays (qui plus est, d'un très grand pays), c'est d'en vérifier de temps en temps l'impact. Or, d'une manière surprenante, cela n'a pas été fait.

On aurait pu ainsi se rendre compte que les résultats en la matière étaient inversement proportionnels aux efforts déployés. Aujourd'hui, en effet, les États-Unis comptent 65 % de gens trop gros, soit une progression de 183 % depuis le début du siècle, et 33 % d'obèses, soit une progression de près de 800 %.

Quand on sait que les apports énergétiques alimentaires moyens dans tous les pays occidentaux, notamment aux États-Unis, ont diminué de 20 à 35 % depuis le début du XXe siècle, il y a de quoi se poser d'inquiétantes questions.

Une grande étude publiée aux États-Unis en 1997 a montré que les Américains avaient diminué leurs apports énergétiques ces 10 dernières années et que, pourtant, sur la même période, l'obésité aux États-Unis a augmenté de 31 %. Les auteurs de cette étude furent si déconcertés par un tel constat d'échec qu'ils n'hésitèrent pas à lui donner comme titre « le paradoxe américain ».

Un cas désespéré
•

Comme bon nombre de mes lecteurs, je suis un ancien « gros », un fils d'obèse (ce qui souligne le facteur héréditaire), et j'étais obèse moi-même (n'ayons plus peur des mots) à huit ans.

Pendant ma préadolescence, j'ai beaucoup souffert de cette « différence pondérale » par rapport à mes petits camarades car ces derniers ne se privaient pas d'ironiser sur mes rondeurs en m'affublant de qualificatifs peu flatteurs.

Après une pause de quelques années pour cause de croissance, une nouvelle surcharge pondérale s'est progressivement installée au fil du temps, malgré une consommation énergétique bien au-dessous de la moyenne et une pratique de l'exercice physique plutôt au-dessus de la normale, pour un Français tout au moins. Mon obsession pour la chose diététique était à la hauteur de ma frustration, et évidemment de ma prise de poids progressive.

Puis, travaillant dans un milieu scientifique, j'ai pu, tout en cherchant à satisfaire ma curiosité et à apaiser mes obsessions nutritionnelles, glaner un certain nombre d'informations que j'aurais eu peu de chance de trouver dans les livres de régime que l'on trouve en librairie destinés au grand public.

C'est ainsi que, consultant divers travaux publiés sur le diabète, je découvris la piste qui allait me mettre sur la bonne voie.

Les études démontraient que 80 % des diabétiques étaient aussi obèses. On pouvait donc imaginer que les deux pathologies avaient des origines communes.

Or, des expériences avaient montré que, en consommant exclusivement des glucides à amplitude glycémique faible, des diabétiques de type II (non insulino-dépendants) avaient amélioré substantiellement (voire supprimé) leur diabète.

Il suffisait d'essayer cette approche nutritionnelle de manière à vérifier quels pouvaient être ses effets sur la perte de poids.

Le résultat fut assez spectaculaire car, en très peu de temps, j'avais obtenu une perte de poids très prometteuse. Je décidai alors d'approfondir la question. En quelques mois, j'ai perdu au total 16 kilos, en remangeant normalement, c'est-à-dire sans me restreindre sur le plan quantitatif, mais en faisant en revanche des choix particuliers parmi les aliments. C'était d'autant plus facile pour moi que, par obligation professionnelle, je mangeais très souvent au restaurant. Lorsque l'on est devant une carte, on est forcément dans une situation de choix idéale.

Pendant plusieurs années, mon entourage familial, social et professionnel, qui était très demandeur, me servit en quelque sorte de champ d'expérimentation. Devant les résultats très encourageants qui furent obtenus, l'idée d'un livre germa progressivement dans mon esprit. Quelque temps après sa publication, lorsque les premiers succès se firent sentir, une équipe permanente fut constituée autour de plusieurs médecins pour assurer la communication avec les lecteurs et m'aider à poursuivre mes recherches.

La nouvelle version de ce livre, qui est le résultat de cette collaboration depuis plus de 12 ans, témoigne d'une grande évolution par rapport à la première édition. En lisant ce nouvel ouvrage, les lecteurs du précédent se rendront compte du chemin parcouru ; les autres auront l'avantage de découvrir un concept qui a le mérite d'avoir fait ses preuves.

1

RÉGIMES HYPOCALORIQUES :
LA DIÉTÉTIQUE DE L'ÉCHEC !

Chaque année, quelques mois avant la période estivale, la quasi-totalité des magazines publient à grand renfort de publicité leurs dossiers minceur, que les rédacteurs en chef attendent comme la manne tant ils sont garants de tirages supplémentaires. Ils ne font en fait que répondre à l'attente de leurs lecteurs, que le syndrome du maillot de bain commence à travailler.

Si d'un journal à l'autre les régimes miracles proposés pour perdre trois à cinq kilos avant l'été se distinguent par des variantes plus farfelues les unes que les autres, ils ont tous un point commun : ils proposent une formule hypocalorique.

La diététique traditionnelle, celle qui a pignon sur rue, celle qui peut faire valoir ses diplômes et ses états de service dans les cantines des hôpitaux, des collectivités ou même des restaurants de grandes chaînes hôtelières, fonctionne toujours sur le sacro-saint principe des calories.

L'histoire rapportera sans doute un jour à son propos que jamais l'humanité ne s'est à ce point fourvoyée, en promouvant avec obstination un principe dont la preuve de l'échec avait été faite d'une manière aussi évidente et permanente.

Regardez autour de vous et vous ne manquerez pas de remarquer que ce sont ceux qui s'acharnent à compter les calories qui restent éternellement gros, voire qui développent à terme de véritables obésités.

L'approche hypocalorique est totalement illusoire en ce qui concerne la perte de poids. Elle peut même être dangereuse car elle entraîne dans la plupart des cas des déséquilibres alimentaires qui conduisent à de véritables carences, sans compter qu'elle est souvent, en cas de pratiques successives, le facteur déclenchant de l'obésité.

Le mythe de la chaudière

•

D'une manière tout à fait simpliste, on a comparé pendant longtemps l'organisme humain à une chaudière : si les apports énergétiques sont supérieurs à la dépense, tout n'est pas «brûlé» ; l'excédent est alors logiquement «mis en réserve» et le sujet grossit.

En d'autres termes, si l'on considère d'un manière théorique qu'un sujet qui ne pratique pas un travail musculaire intense a besoin d'environ 2500 calories pour assurer ses dépenses journalières, on peut envisager 3 cas de figure :
• Si ce sujet ingère 3000 calories, donc crée un excédent qu'il lui faudra stocker, il va forcément grossir.
• S'il ingère seulement 2000 calories, créant ainsi un déficit qui obligera l'organisme à compenser, en puisant dans ses graisses de réserve, il devrait maigrir.
• Enfin, s'il ingère 2500 calories, ce qui assure l'équilibre entre les entrées et les sorties, son poids devrait rester stable.

Raisonner ainsi, comme le font encore tant de soi-disant professionnels de la diététique, c'est ignorer les phénomènes d'adaptation et de régulation du corps humain, c'est occulter les différents mécanismes métaboliques, mais c'est aussi nier les particularités individuelles qui font que chaque individu est unique.

Contrairement à ce que certains croient encore, l'obèse n'est pas forcément quelqu'un qui mange trop. Dans la plupart des cas, c'est même le contraire. On a statistiquement remarqué (professeur Creff) que, dans une population d'obèses, 15 % seulement mangent trop, 34 % mangent normalement, c'est-à-dire comme les autres, et 51 % mangent peu, et même très peu pour certains.

Dans le monde de la compétition sportive, on peut d'ailleurs remarquer que, pour maintenir une stabilité pondérale, les apports caloriques peuvent varier de 2500 à 12 000 calories selon, non pas la spécialité, mais les individus.

Le marathonien Alain Mimoun maintenait son poids et assurait parfaitement son dur entraînement avec 2000 calories par jour, alors que le coureur cycliste Jacques Anquetil avait besoin de 6000 calories pour garder son poids et assurer sa forme.

Bien qu'elle soit curieusement discrète sur ce sujet, la littérature médicale a publié des études qui montrent que la différence d'apports caloriques est insignifiante selon que les sujets sont maigres, normaux, gros ou obèses.

Les docteurs Bellisle et Rolland-Cachera ont notamment étudié la question en répartissant leurs échantillons statistiques en cinq classes de corpulence en fonction de l'IMC.

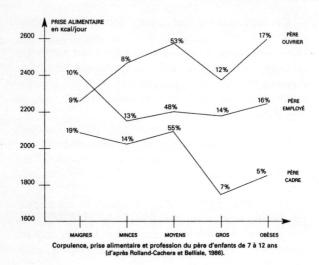

Corpulence, prise alimentaire et profession du père d'enfants de 7 à 12 ans
(d'après Rolland-Cachera et Bellisle, 1986).

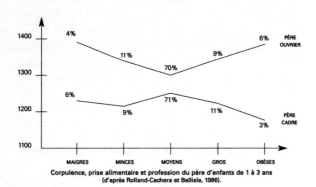

Corpulence, prise alimentaire et profession du père d'enfants de 1 à 3 ans
(d'après Rolland-Cachera et Bellisle, 1986).

On voit, en examinant les courbes ci-contre, qu'il n'existe pas de corrélation entre la ration calorique quotidienne et la corpulence ; les obèses et les gros ne mangent pas plus que les minces et les maigres. En revanche, en répartissant les enfants en fonction de la profession du père, on note qu'à corpulence égale les enfants d'ouvriers mangent plus que les enfants de cadres.

L'instinct de survie
•

Tous ceux qui ont un jour suivi un régime hypocalorique savent que, dans un premier temps, on obtient généralement des résultats, mais que l'on n'arrive jamais à se stabiliser. Pire encore, dans de nombreux cas, on peut même se retrouver avec un gain de poids.

Nous allons essayer de comprendre pourquoi, en examinant le comportement de l'organisme.

Imaginons que la ration quotidienne d'un individu soit aux alentours de 2500 calories et qu'il souffre de quelques kilos en trop. Si nous abaissons la ration calorique à 2000 dans une approche hypocalorique classique, nous aurons créé un déficit de 500.

L'organisme, habitué à recevoir 2500 calories, va subitement se trouver en manque et ira puiser l'équivalent des 500 calories dans les graisses de réserve. On aura donc un amaigrissement correspondant.

Au bout d'un certain temps, variable d'un individu à l'autre, on va remarquer cependant que l'amaigrissement ne se produit plus, alors que le régime hypocalorique a été maintenu. C'est qu'il y a eu progressivement ajustement entre les entrées et les sorties. Dans la mesure où on ne lui apporte que 2000 calories, l'organisme décide en effet de s'en contenter. On assiste donc à une stagnation du poids.

Si l'on est décidé à prolonger l'expérience, en pensant que la perte de poids reprendra peut-être après avoir effectué un palier, la déception sera encore plus grande. On va en effet s'apercevoir que la courbe de poids reprend une direction ascendante. Paradoxalement, alors qu'on mange moins, on grossit !

L'explication est simple. L'organisme humain est animé d'un instinct de survie qui se met en action dès qu'il subit la menace de restrictions. Dans la mesure où la réduction de ses apports énergétiques s'est poursuivie dans le temps, après avoir ajusté ses dépenses en fonction des apports, son instinct de survie va le conduire à réduire encore ses dépenses à 1700 calories, par exemple, pour économiser 300 calories et ainsi reconstituer ses réserves.

Il ne faut pas oublier que les privations dues aux disettes et autres famines d'antan ne sont pas si lointaines. Et que si leur souvenir est enfoui dans la mémoire inconsciente, il peut resurgir à la moindre alerte. L'organisme humain est animé du même instinct de survie que le chien qui enterre ses os alors qu'il meurt de faim. Curieusement, c'est toujours lorsqu'il est affamé que l'animal fait appel à son instinct de conservation en se constituant des réserves.

Par ailleurs, lorsqu'il est en situation de manque, c'est-à-dire de sous-alimentation, l'organisme est particulièrement sur la défensive et ne rate aucune occasion de faire des réserves si la possibilité lui en est donnée.

Les habitués des régimes hypocaloriques savent très bien que la moindre entorse au régime, au cours d'une fin de semaine par exemple, peut leur faire reprendre d'un seul coup deux à trois kilos qu'ils avaient mis des semaines à perdre. C'est aussi l'une des raisons pour lesquelles nous conseillons de ne jamais sauter un repas, comme le font pourtant très souvent la plupart des gens qui veulent maigrir.

En effet, en se privant de nourriture à un repas, ils affolent leur organisme, qui, du fait de la frustration qu'on lui a fait subir, en profite pour faire des réserves excessives au repas suivant.

L'habitude qui consiste à donner à manger à son chien une fois par jour (pour des raisons pratiques évidentes) est tout aussi stupide et peut expliquer dans de nombreux cas la surcharge pondérale des animaux domestiques. Les expériences faites sur les animaux de laboratoire montrent que, pour une même quantité de nourriture quotidienne, les animaux qui n'ont qu'un seul repas créent, à terme, des obésités et que ceux à qui il est donné l'équivalent en cinq ou six repas répartis dans la journée conservent un poids optimal.

Il est courant de constater que l'obésité de la femme est plus rebelle que celle de l'homme. Ceci est lié à sa physiologie particulière. Il faut savoir en effet que la masse graisseuse de l'organisme féminin est deux fois supérieure à celle de l'homme. C'est en fait le nombre de cellules graisseuses (adipocytes) qui est supérieur.

On sait depuis longtemps que l'obésité chez la femme se traduit, comme chez l'homme, par une augmentation du volume de chaque cellule graisseuse, mais aussi, et c'est ce qui fait sa particularité, par une multiplication du nombre de ces cellules. Le drame, c'est que cette dernière situation n'est jamais réversible. Autant on peut parvenir à faire diminuer de volume une cellule graisseuse, autant il est impossible d'en réduire le nombre après qu'il ait été augmenté.

Or, des études ont montré que c'est surtout dans le cas d'un processus de restrictions alimentaires (régime hypocalorique) que l'organisme féminin, en mettant en jeu son instinct de survie, va se mettre à fabriquer de nouvelles cellules graisseuses (hyperplasie).

LE CALCUL CALORIQUE RELÈVE DE L'ABSURDE

Il faut reconnaître que le calcul calorique, quand il est fait, est toujours très théorique et même totalement approximatif pour les raisons suivantes :

- Quand on observe les indications données par les différentes tables, il y a, d'un ouvrage à l'autre pour le même aliment, des variations importantes.
- Le contenu calorique des aliments fluctue d'une manière très variable selon qu'ils sont consommés crus ou cuits (avec ou sans graisses).
- La proportion de graisses (qui fait considérablement varier le contenu calorique) peut être très différente d'un morceau à l'autre, pour la viande par exemple. Elle dépend en effet du mode d'élevage de l'animal, du mode de préparation et du mode de cuisson.
- Le calcul (théorique) calorique ne prend jamais en compte les conditions d'absorption des lipides et des glucides dans l'intestin grêle, qui sont notamment modulées en fonction de la présence ou non de fibres dans le repas. Une proportion importante de fibres (solubles notamment) apportée par les légumes, les légumineuses... peut en effet diminuer de manière substantielle l'absorption desdites calories.
- Les travaux de L. Fakambi ont montré que si les fromages fermentés sont riches en calcium (gruyère), ce dernier piège une partie des graisses qui ne sont pas absorbées. Les calories correspondantes se retrouvent ainsi dans les selles.
- La «nature» des calories influe aussi sur leur devenir : les graisses saturées, par exemple, sont plus facilement stockables alors que les graisses polyinsaturées (oméga 3 notamment) sont plus facilement utilisées et donc brûlées.
- Enfin, le simple calcul calorique ne tient pas compte de l'heure où sont absorbés les aliments. Il a été montré que l'absorption des glucides, des lipides et des protéines est variable selon les heures de la journée et même selon les saisons (chronobiologie), mais est aussi fonction de l'environnement chimique que les aliments rencontrent à leur arrivée dans l'intestin, qui dépend de la nature des nutriments, de leur ordre d'arrivée ainsi que de leur volume.

Voilà pourquoi le calcul calorique qui ne tient aucun compte de tous ces paramètres additionnels relève de l'absurde.

C'est ce qui lui permettra par la suite de récupérer d'autant plus vite son obésité perdue, et surtout d'en augmenter le volume, puisque sa capacité aura été accrue.

Le régime hypocalorique, s'il est illusoire et inefficace comme nous l'avons démontré, serait de surcroît dangereux car il aurait pour effet de consolider à terme le potentiel d'obésité, en augmentant insidieusement le capital de cellules graisseuses.

Quand on étudie l'histoire d'un obèse, comme l'a fait le docteur J.-P. Ruasse, on se rend compte, dans la plupart des cas, que l'essentiel de cette hypersurcharge pondérale a été seulement créé, sur plusieurs années, par la mise en œuvre de régimes hypocaloriques successifs.

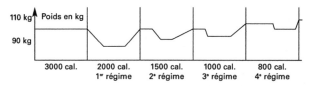

Le calvaire du sous-alimenté ou le martyre de l'obèse

On voit dans l'exemple ci-dessus qu'en partant d'un poids stabilisé à 90 kg, avec une alimentation à 3000 calories, un individu se retrouve quelques années plus tard à 110 kg, alors qu'il ne consomme plus que 800 calories. Chaque fois qu'un régime hypocalorique a été introduit, on peut constater les trois phases : amaigrissement, stabilisation et reprise. Il est important de noter que lorsque de nouveaux régimes sont enclenchés, le rendement est de plus en plus faible. Au début, la courbe de poids revient plus ou moins à la valeur de départ, puis au fur et à mesure qu'on avance dans le temps il se produit un gain de poids. C'est ainsi que, pour avoir obstinément voulu perdre 5 kilos alors qu'elles étaient stabilisées à ce niveau-là, certaines personnes se retrouvent 15 ans plus tard avec une surcharge pondérale de 20 kilos, tout en étant complètement sous-alimentées.

Tous les jours, les médecins rencontrent ainsi dans leur clientèle des sujets qui, au prix d'un rationnement sévèrement contrôlé et d'énormes frustations découlant de régimes à 800 calories, non seulement n'arrivent pas à maigrir, mais le plus souvent continuent à gagner des kilos.

La situation est d'autant plus dramatique qu'avec de tels régimes de misère ces personnes sont complètement carencées en nutriments indispensables (acides gras essentiels, sels minéraux, vitamines), ce qui se traduit par une très grande faiblesse (fatigue chronique), mais aussi une grande vulnérabilité face à la maladie, leurs moyens de défense étant réduits au minimum. Bon nombre d'entre elles se retrouvent complètement dépressives, voire anorexiques. Il leur reste à changer de spécialiste, quittant le nutritionniste pour atterrir chez le psychiatre.

Le professeur Bronwell, de l'université de Pennsylvanie, a étudié le phénomène chez des rats de laboratoire, dont l'alimentation est faite d'une alternance de régimes riches et de régimes pauvres en calories.

Les animaux gagnent et perdent du poids, mais le rythme de gain et de perte varie à chaque nouveau régime. Au cours du premier régime, le rat perd du poids pendant 21 jours et le reprend en 46 jours. À l'occasion du deuxième régime, le rat perd le même poids en 54 jours et reprend le tout en 14 jours. Ensuite, la perte de poids est de plus en plus difficile à obtenir et le regain de plus en plus rapide. On prouve ainsi que le métabolisme s'adapte à la réduction calorique.

Tout déficit calorique peut faire baisser les dépenses métaboliques de plus de 50 % mais, en revanche, tout retour à la normale, même court, s'accompagne d'une reprise de poids. Enfin, plus l'écart est grand entre le régime et l'alimentation habituelle, plus la reprise pondérale s'effectue rapidement.

L'effet désastreux de ces régimes-accordéons, qui aboutissent à une variation de poids en yo-yo et à une résistance progressive à tout amaigrissement, est bien connu, mais il est paradoxalement très timidement dénoncé par les spécialistes, comme s'il y avait une espèce de conspiration du silence. C'est un peu comme si l'on avait peur d'avouer que, depuis 60 ans, on s'est complètement trompé.

Curieusement, le public lui-même, qui est le premier à en faire les frais, et pour certains à en souffrir, n'est pas prêt à accepter la vérité.

Profitant un jour d'une invitation à participer à un grand débat télévisé sur l'obésité, j'ai tenté sans succès d'aborder le sujet pendant quelques minutes. L'émission étant en différé, le passage a été tout simplement coupé au moment de la diffusion, pour cause de non-intérêt sans doute.

Une journaliste, réputée pour ses écrits sérieux sur la santé, raconte qu'elle a publié un jour un long article dénonçant les régimes hypocaloriques et expliquant, comme nous venons de le faire, leurs dangers. Résultat : un échec ! Pas une seule lettre de lecteur. L'indifférence totale ! Alors que le moindre régime miracle fait toujours un tabac.

Il faut dire que le phénomène hypocalorique a acquis dans notre société occidentale une véritable dimension culturelle. Il a même été, ici comme ailleurs et notamment dans le modèle américain, institutionnalisé.

Comment remettre en cause un principe qui est inscrit en l'état au programme de toutes les facultés de médecine, qui est la base même de l'enseignement dispensé dans les écoles officielles de diététique, qui est en vigueur dans toutes les restaurations de collectivités, hôpitaux, écoles et entreprises ? Comment remettre en cause un principe qui sous-tend une partie importante du tissu économique de nos sociétés occidentales ?

L'industrie agroalimentaire est plus que jamais florissante au Canada. Au Québec, elle est une des plus prospères. Quand on visite le Salon de la gastronomie, qui se tient à Montréal tous les automnes, il est évident que de nombreux efforts de développement des industriels s'inscrivent dans la logique hypocalorique. Toutes les études de marketing sont formelles : c'est dans ce sens qu'il faut s'orienter, c'est le marché de demain ! Les produits à venir seront donc élaborés en conséquence.

Les chaînes hôtelières ont, elles aussi, le virus de la basse calorie. Nombreuses sont celles qui ont déjà produit des menus à basses calories dans leur carte de restaurant. D'autres ont créé des sections à part où, en guise de maître d'hôtel, c'est une diététicienne qui officie.

La thalassothérapie elle-même n'a pas voulu être en reste et il n'est pas un centre qui ne vante dans ses publicités le mérite de ses régimes minceur, cautionnés dans le meilleur des cas par les chefs cuisiniers les plus célèbres.

L'enjeu économique est tel que l'on peut se demander comment le système pourra un jour accepter de faire marche arrière. Il y sera pourtant contraint d'ici quelques années. J'en fais pour ma part le pronostic.

L'attitude des autorités médicales est peut-être moins celle de la conspiration du silence que celle d'un grand embarras. Dans les congrès médicaux, on en parle à mots couverts, on y fait parfois allusion, mais le sujet est officiellement délicatement évité. Quelques médecins nutrionnistes se hasardent parfois à le sous-entendre au gré de leurs interventions publiques. Le professeur Arnaud Basdevant de l'hôpital Saint-Michel à Paris ne disait-il pas sur les antennes d'une radio périphérique : « Le meilleur moyen de grossir, c'est de s'astreindre à des régimes trop restrictifs » ?

Seul le professeur Apfelbaum eut véritablement le courage de ses opinions lorsqu'il déclara, devant 2000 de ses collègues médusés au Congrès international de l'obésité d'Anvers, en septembre 1993 : « Oui ! nous nous sommes collectivement trompés ! » Il faut dire qu'il abandonnait d'autant plus facilement la langue de bois qu'il partait à la retraite peu de temps après...

2

LES PARAMÈTRES ALIMENTAIRES

Si vous voulez parvenir à réaliser une véritable gestion de votre alimentation, ce qui est la clé de la maîtrise de votre poids, la première étape de votre formation consistera à apprendre à reconnaître les aliments qui sont couramment mis à votre disposition.

Il faut cependant vous avertir que le présent chapitre a forcément un caractère un peu technique. Rassurez-vous, il est assimilable par n'importe qui. Lorsque vous entreprenez l'apprentissage de n'importe quelle discipline (dans le sport par exemple), il vous faut franchir au préalable une étape incontournable qui consiste à assimiler la technique de base. C'est à partir de là que vous pourrez progresser sérieusement par la suite.

Certaines informations qui sont données dans ce chapitre vous sembleront *a priori* familières et peut-être serez-vous tenté d'en occulter la lecture. Redoublez au contraire d'attention, car on vous a raconté tellement de choses erronées dans le domaine de la nutrition qu'il vaut mieux que vous soyez méfiant.

Il faut avant tout savoir que les aliments sont composés de nutriments, c'est-à-dire de substances assimilables par l'organisme et destinées à le maintenir en vie. On peut les classer en deux catégories:
• *les nutriments énergétiques*, dont le rôle est à la fois de fournir de l'énergie et de servir de matière première à de nombreuses synthèses, pour la construction et la reconstruction

de la matière vivante. Ils comprennent les protéines (ou protides), les glucides (ou hydrates de carbone) et les lipides (ou graisses);
• *les nutriments non énergétiques*, nécessaires à l'assimilation et au métabolisme des précédents, dont certains servent de catalyseur aux innombrables réactions chimiques qui les mettent en jeu. Ce sont les fibres, l'eau, les sels minéraux, les oligoéléments, les vitamines.

LES NUTRIMENTS ÉNERGÉTIQUES
LES PROTÉINES
•••

Ce sont des substances organiques, d'origine animale ou végétale, qui forment la trame des structures cellulaires de l'organisme. Elles sont constituées de nombreux acides aminés qui sont leur élément de base.

Certains acides aminés peuvent être fabriqués par l'organisme. D'autres doivent en revanche être apportés par l'alimentation, car le corps ne sait pas les synthétiser.

Acides aminés pouvant être fabriqués par l'organisme	Acides aminés devant être impérativement apportés par l'alimentation
• L'alpha alanine	• L'isoleucine
• L'arginine	• La leucine
• L'acide aspartique	• La lysine
• La cystéine	• La méthionine
• L'acide glutamique	• La phénylalanine
• La glycine	• La thréonine
• L'histidine	• Le tryptophane
• La nor leucine	• La valine
• La proline	
• La sérine	
• La tyrosine	

Les protéines peuvent avoir une double origine:
– *origine animale*: on les trouve dans les viandes, les volailles, les abats, la charcuterie, les poissons, les crustacés, les œufs, le lait, le yogourt et les fromages;
– *origine végétale*: on les trouve dans les légumineuses, les noix, les graines, les algues (hijiki, kombu, aramé, spiruline), mais aussi dans les céréales (avoine, blé) et les légumineuses (haricots, lentilles, pois).

Une alimentation protéinée est indispensable:
– pour la construction des structures cellulaires et notamment des globules;
– pour fabriquer certaines hormones et neuromédiateurs (thyroxine et adrénaline);
– comme source éventuelle d'énergie en cas de besoin;
– pour l'entretien du système musculaire;
– pour constituer les acides biliaires et les pigments respiratoires.

À part l'œuf, aucun aliment n'apporte un cocktail complet et équilibré d'acides aminés. L'absence d'un acide aminé indispensable peut donc constituer un «facteur limitant» de nature à gêner l'assimilation des autres. C'est pourquoi il est indispensable d'avoir à la fois une alimentation d'origine animale et végétale: une nourriture exclusivement constituée de végétaux conduirait forcément à un déséquilibre.

Un régime végétarien comprenant des œufs et des laitages est en revanche tout à fait acceptable (*voir chapitre 11*).

Un apport protéique reposant seulement sur la viande et les poissons serait carencé en lysine, ce qui pourrait gêner l'absorption des autres acides aminés.

La ration journalière minimale de protéines est d'environ 60 g chez l'enfant et 90 g chez l'adolescent. Un adulte devrait en consommer 1 g par kilo de poids par jour, avec un minimum de 55 g/j chez la femme et de 70 g/j chez l'homme. Les sportifs de haut niveau qui souhaiteraient augmenter leur masse musculaire pourraient absorber jusqu'à 2 g de protéines par kilo par jour.

En pratique, une personne de 80 kg devrait consommer chaque jour environ 40 g de protéines animales et 40 g de protéines végétales, qui pourraient, par exemple, se répartir de la manière suivante :

REPAS	ALIMENTS	PROTÉINES ANIMALES (g)	PROTÉINES VÉGÉTALES (g)
Petit-déjeuner	200 ml de lait	7	
	60 g de pain intégral		5
	15 g de cacao		5
Dîner	100 g de poisson	18	
	50 g de pâtes complètes		5
	1 yogourt	5	
Souper	250 g de lentilles		20
	50 g de fromage 0 % m.g.	10	
	60 g de pain intégral		5
		40 g	40 g

Les protéines devraient représenter au minimum 15 % de notre ration alimentaire quotidienne.

L'apport protéique peut, sans inconvénient, être plus important (1,2 à 1,5 g de protéines par kilo et par jour), à condition de boire suffisamment pour éliminer les déchets du métabolisme des protéines (acide urique, urée, acide lactique). Une augmentation de l'apport protéique peut être une aide efficace dans la phase d'amaigrissement, d'abord parce que sa métabolisation entraîne une dépense énergétique plus importante qu'avec d'autres nutriments, mais aussi parce qu'elle permet d'atteindre plus rapidement un degré de satiété satisfaisant. Selon le professeur D. Tomé, «chez l'adulte, il semble que les capacités de régulation lui permettent de s'adapter à une large plage comprise entre 0,6 et 2 g/kg/j d'apport protéique sans répercussions apparentes majeures sur la santé». (*Chole-Doc*, n° 45, jan./fév., 1998).

LES GLUCIDES (ou HYDRATES DE CARBONE)
• • •

Les glucides (encore appelés sucres) sont des molécules composées de carbone, d'oxygène et d'hydrogène. Ils sont métabolisés en glucose, qui constitue une source énergétique importante pour l'organisme, notamment parce qu'elle est rapidement mobilisable.

Classification
•

On peut distinguer plusieurs types de glucides en fonction de la complexité de leurs molécules :
• Glucides à une seule molécule (sucres simples) : le *glucose,* que l'on trouve dans le miel et les fruits, le *fructose*, que l'on trouve aussi dans le miel et les fruits, et le *galactose*, que l'on retrouve dans le lait ;
• Glucides à deux molécules (sucres doubles) : le *saccharose* (glucose et fructose), qui est le sucre blanc extrait de la betterave ou de la canne à sucre ; le *lactose* (glucose et galactose), qui est le glucide du lait des mammifères ; le *maltose* (glucose et glucose), qui est le sucre principal de la bière, présent aussi dans le maïs ;

• Glucides à plusieurs molécules (sucres complexes) : l'*amidon*, dont la molécule comprend des centaines de molécules de glucose, que l'on retrouve dans :
– les céréales (blé, maïs, riz) ;
– les tubercules (pomme de terre, patate douce, topinambour) ;
– les racines (rutabaga, carotte) ;
– les légumineuses (haricots, lentilles, pois, fèves).

La classification en sucres lents et sucres rapides est fausse !

On a longtemps classé les glucides en deux catégories distinctes, en fonction de ce que l'on pensait être leur délai d'assimilation par l'organisme : les sucres rapides d'une part, et les sucres lents de l'autre.

Sous la rubrique « sucres rapides » figuraient les sucres simples et les sucres doubles, tels que le glucose et le saccharose, que l'on trouve dans le sucre raffiné (de la betterave ou de la canne à sucre), le miel et les fruits. Cette appellation était fondée sur la croyance selon laquelle, eu égard à la simplicité de la molécule de glucide, leur assimilation par l'organisme se faisait rapidement, peu après l'ingestion.

Inversement, on mettait dans la catégorie des « sucres lents » tous les glucides dont la molécule complexe devait faire l'objet d'une transformation chimique en sucres simples (glucose) au cours de la digestion, ce qui est le cas notamment de l'amidon des féculents, dont la libération de glucose dans l'organisme se faisait, pensait-on, d'une manière lente et progressive.

Cette classification est aujourd'hui complètement dépassée et correspond à une croyance erronée.

Les récentes expérimentations ont prouvé, en effet, que *la complexité de la molécule de glucide ne conditionne pas la rapidité avec laquelle le glucose est libéré et est assimilé par l'organisme.*

On a constaté que le pic glycémique de tous les glucides (c'est-à-dire leur absorption maximale), pris isolément à jeun, survient dans le même laps de temps (environ une demi-heure après leur ingestion).

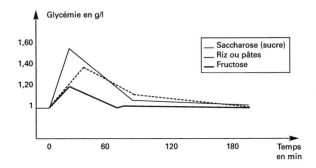

Aussi, plutôt que de considérer leur vitesse d'assimilation, il convient d'étudier les glucides en fonction de l'augmentation de la glycémie qu'ils induisent, c'est-à-dire de la quantité de glucose produite.

Il est admis par tous les scientifiques *(voir bibliographie)* que *la classification des glucides doit se faire désormais en fonction de leur pouvoir hyperglycémiant*, défini par le concept d'index glycémique.

Pour bien comprendre la notion d'index glycémique, dont la maîtrise est l'un des fondements de la méthode Montignac, il convient d'abord de découvrir une notion essentielle : la glycémie.

Qu'est-ce que la glycémie ?
•

Rappelons d'abord que le glucose est une source importante de carburant pour l'organisme. Il est indispensable pour le fonctionnement du cerveau. C'est pourquoi il est en permanence présent dans le sang.

Cette présence est mesurée par ce que l'on nommera le taux de glycémie, qui, lorsque l'on est à jeun, est normalement de 1 g de glucose (sucre) par litre de sang. Lorsque le taux de glycémie diminue en deçà de cette norme, la sécrétion d'une hormone pancréatique, le glucagon, a pour effet de rétablir le taux à son niveau normal.

Cependant, lorsque l'on mange un glucide, l'absorption du glucose correspondant se traduira par une augmentation de la glycémie.

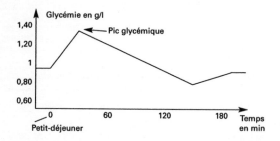

Dans un premier temps, la glycémie va augmenter (plus ou moins selon la nature du glucide) jusqu'à atteindre un maximum, que l'on appelle le pic glycémique. Le pancréas (organe majeur dans la régulation des processus métaboliques) va alors sécréter une autre hormone, l'insuline, dont l'objectif est de chasser le glucose excédentaire du sang pour le stocker ailleurs (foie, muscles), où il pourra être utilisé en cas de besoin.

C'est ainsi que, dans un deuxième temps, sous l'effet de l'insuline, le taux de glycémie s'abaisse pour, dans un troisième temps, revenir à la normale.

L'index glycémique
•

Le pouvoir glycémiant de chaque glucide est défini par son amplitude glycémique et mesuré par l'index glycémique, mis au point dès 1976. Il correspond à la surface du triangle de la courbe d'hyperglycémie induite par le glucide ingéré.

On donne arbitrairement au glucose l'indice 100, qui représente la surface du triangle de la courbe d'hyperglycémie correspondante.

L'index glycémique des autres glucides est ainsi calculé selon la formule suivante :

$$\frac{\text{Surface du triangle du glucide testé}}{\text{Surface du triangle du glucose}} \times 100$$

L'index glycémique est d'autant plus élevé que l'hyperglycémie induite par le glucide testé est forte.

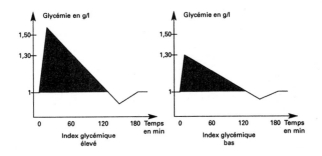

Notons que le traitement industriel ou le mode de préparation et de cuisson des glucides augmente leur index glycémique (flocons de maïs : 85, maïs : 70, pommes de terre au four : 95, pommes de terre (sans peau) bouillies : 70).

On sait par ailleurs que ce sont non seulement la composition de l'amidon (rapport amylose/amylopectine), mais aussi la quantité de protéines et de fibres et la qualité des fibres de l'aliment glucidique qui font varier son index glycémique. Celui-ci devient ainsi faible ou élevé (pain blanc tranché et type hamburger : 85, pain baguette : 70, pain complet : 50, pain intégral : 40, riz blanc : 70, riz complet : 50).

Dans un souci de simplification, je propose de classer les glucides en deux catégories : « les bons glucides » (à index glycémique bas) et « les mauvais glucides » (à index glycémique élevé), car c'est cette distinction qui vous permettra dans les chapitres suivants de découvrir, entre autres, les raisons de votre embonpoint.

TABLEAU DES INDEX GLYCÉMIQUES			
GLUCIDES À INDEX GLYCÉMIQUE ÉLEVÉ		**GLUCIDES À INDEX GLYCÉMIQUE BAS**	
Maltose (bière)	110	Pain complet	
Glucose	100	Pain au son	
Pomme de terre cuite au four		Riz brun	
Pomme de terre frite		Riz basmati	
Pâtes à la farine de riz blanc	95	Petits pois (en conserve)	50
Galette de riz blanc soufflé		Patate douce	
Panais		Pâtes complètes	
Purée de pomme de terre		Farine de sarrasin	
Riz instantané	90	Kiwi	
Croustilles		Sorbet sans sucre	
Miel		Spaghettis *al dente*	
Pain blanc (type hamburger)		Boulghour entier	45
Carotte cuite	85	Pois frais	
Flocons de maïs		Céréales complètes	
Maïs soufflé		sans sucre ajouté	
Riz soufflé		Flocons d'avoine entier (gruau)	
Tapioca		Haricots rouges	
Craquelins	80	Jus de fruits frais sans sucre	40
Fèves cuites (gourganes)		Pain pumpernickel	

TABLEAU DES INDEX GLYCÉMIQUES *(suite)*

GLUCIDES À INDEX GLYCÉMIQUE ÉLEVÉ		GLUCIDES À INDEX GLYCÉMIQUE BAS	
Citrouille		Pain de seigle complet	
Melon d'eau		Pain intégral	
Pain baguette	75	Pâtes intégrales	40
Rutabaga		Raisins	
Sucre de canne ou de betterave		Figue	
(saccharose)		Abricot sec	
Pain de campagne (farine blanche)		Riz sauvage	
Céréales sucrées		Quinoa	35
Tablette de chocolat		Pois secs	
Pomme de terre bouillie		Yogourt entier	
(sans la peau)		Yogourt 0 % m.g.	
Boisson gazeuse	70	Orange	
Maïs		Poire	
Riz blanc glutineux		Carotte crue	
Raviolis, macaronis		Lait	
Navet		Haricots secs	
Fécule de maïs		Lentilles brunes, jaunes	
Nouilles asiatiques		Pois chiches	30
Croissant		Haricots verts	
Gnocchis		Pêche	
Pomme de terre cuite à l'eau		Pomme	
dans sa peau		Tartinade aux fruits	
Raisins secs		sans sucre ajouté	
Betterave		Lentilles vertes	
Confiture sucrée		Pois cassés	
Pain de farine blanche +		Chocolat noir à + de 70 % de cacao	22
farine de blé entier	65	Cerise	
Semoule raffinée		Prune	
(couscous)		Pamplemousse	
Melon		Fructose	20
Banane		Soja	
Jus d'orange industriel		Arachides	
Ananas		Abricots frais	15
Fruits en conserve dans leur sirop		Noix et graines	
Riz blanc à grains longs cuit		Autres légumes verts, salades	
en 15 minutes	60	Champignon, tomate, aubergine,	
Papaye		poivron	
Barre granola		Courgette, chou, oignon, brocoli, ail	10
Biscuit sec (type Petit Beurre)			
Biscuit sablé	55		
Pâtes blanches bien cuites			

Les mauvais glucides

•

Ce sont tous les glucides dont l'assimilation provoque une forte augmentation de glucose dans le sang (hyperglycémie).

C'est le cas du sucre de table sous toutes ses formes (pur ou combiné à d'autres nutriments, comme dans les pâtisseries), mais c'est aussi le cas de tous les glucides raffinés industriellement, comme les farines blanches et le riz blanc, ainsi que de la pomme de terre et du maïs.

Les bons glucides

•

Contrairement aux précédents, ce sont les glucides dont l'assimilation par l'organisme est faible et provoque donc une augmentation réduite du glucose dans le sang (glycémie).

C'est le cas des céréales complètes (farines non raffinées), du riz complet et particulièrement de certains féculents, comme les lentilles et les haricots secs, mais c'est surtout le cas de la plupart des fruits et de tous les légumes, que l'on classe aussi dans la catégorie des fibres alimentaires (poireau, chou, brocoli, chou-fleur, salade, haricots verts...) et qui contiennent tous une certaine quantité de glucides.

LES LIPIDES (ou GRAISSES)
• • •

Ce sont des molécules complexes, plus couramment appelées les acides gras.

On distingue, selon leur origine, deux grandes catégories de lipides :
• *lipides d'origine animale :* ce sont les graisses contenues dans les viandes, les poissons, le beurre, les œufs, le fromage, la crème fraîche, etc. ;
• *lipides d'origine végétale :* ce sont les huiles d'olive, d'arachide, de noix, les margarines, etc.

On peut aussi classer les lipides en trois catégories d'acides gras :
• *les acides gras saturés,* que l'on trouve dans la viande, la charcuterie, les œufs et les laitages entiers (lait, beurre, crème, fromage) ;
• *les acides gras monoinsaturés,* que l'on trouve surtout dans l'huile d'olive, les graisses d'oie et de canard, le foie gras ;
• *les acides gras polyinsaturés végétaux :* huile de graines (de tournesol notamment), fruits oléagineux (l'hydrogénation d'un acide gras polyinsaturé le durcit, ce qui aboutit à la confection d'une margarine) ;
• *les acides gras polyinsaturés animaux,* qu'on trouve surtout dans les poissons, mais aussi dans les crustacés.

Les lipides sont nécessaires à l'alimentation. Ils fournissent de l'énergie stockable et disponible à tout moment en fonction des besoins de l'organisme. Ils président à la formation des membranes et des cellules et entrent dans la composition des tissus, principalement du système nerveux.

Nous verrons ultérieurement qu'il faut faire la distinction entre les bons et les mauvais lipides.

De plus, les aliments lipidiques contiennent de nombreuses vitamines (A, D, E, K) et des acides gras essentiels (acide linoléique et acide linolénique) et servent à l'élaboration de diverses hormones.

D'une manière générale, nous consommons trop de mauvais lipides. Les fritures, les beignets, les sauces inutiles et la cuisson avec du gras ont envahi notre alimentation, alors qu'on peut très bien faire une cuisine plus légère et tout aussi délicieuse, sans en abuser.

Certains lipides sont responsables d'un taux élevé de cholestérol sanguin, mais il existe en réalité deux types de cholestérol, le «bon» et le «mauvais», l'objectif étant de maintenir le cholestérol total à un taux normal en tâchant de réunir toutes les conditions pour que le taux de bon cholestérol (HDL cholestérol) soit le plus élevé possible et le taux de mauvais cholestérol (LDL cholestérol) le moins élevé possible *(voir chapitre 8)*. Il faut savoir que tous les lipides ne favorisent pas l'augmentation du mauvais cholestérol. Au contraire, certains ont même tendance à le faire sensiblement diminuer.

En fait, pour être totalement objectif, il faut classer les lipides en trois catégories:
• *les lipides qui augmentent le cholestérol:* ce sont les graisses saturées que l'on trouve dans la viande, la charcuterie, le beurre, le fromage, le saindou, les laitages entiers et l'huile de palme;
• *les lipides qui n'ont que peu d'action sur le cholestérol:* ce sont ceux des crustacés, des œufs et des volailles (sans peau);
• *les lipides qui font baisser le cholestérol:* ce sont les huiles végétales (olive, canola, tournesol, maïs, etc.).

Quant aux poissons, leurs graisses n'interviennent pas réellement dans le métabolisme du cholestérol mais permettent une prévention des maladies cardiovasculaires et des thromboses en faisant baisser les triglycérides. Il faut donc manger des poissons gras (saumon, thon, maquereau, hareng, sardine).

La méthode d'amaigrissement que je vous propose dans ce livre repose essentiellement sur le choix entre les bons et les mauvais glucides. De la même manière, il vous sera recommandé de faire le choix entre les bons et les mauvais lipides, si vous avez tendance à avoir du cholestérol, pour vous prémunir à jamais contre un tel risque et pour prévenir les maladies cardiovasculaires en général *(voir chapitre 8)*.

LES NUTRIMENTS NON ÉNERGÉTIQUES
LES FIBRES ALIMENTAIRES
•••

Ce sont des substances contenues particulièrement dans les glucides à index glycémique bas : légumes, légumineuses, fruits et céréales à l'état brut. On les trouve aussi dans les aliments dits complets (ex. : pain intégral).

Bien qu'elles n'aient *a priori* aucune valeur énergétique, les fibres alimentaires jouent un rôle extrêmement important dans la digestion. Elles diminuent notamment l'absorption des glucides, faisant ainsi baisser la glycémie.

Il existe deux types de fibres :
• *les fibres insolubles* (cellulose, hémicellulose), qui permettent un bon transit intestinal et dont l'absence (ou tout au moins l'insuffisance) est à l'origine de la plupart des constipations ;

• *les fibres solubles* (gommes, pectines), qui limitent l'absorption digestive, des lipides notamment, diminuant ainsi le risque d'athérosclérose.

Les aliments riches en fibres étant, d'autre part, riches en vitamines, en oligoéléments et en sels minéraux, leur insuffisance peut entraîner de graves carences.

Les fibres ont, d'autre part, l'avantage de limiter les effets toxiques de certaines substances chimiques telles que les additifs et les colorants. Selon l'avis de gastro-entérologues, certaines fibres auraient le pouvoir de protéger le côlon et le rectum contre de nombreuses maladies, notamment les cancers digestifs.

Ces dernières décennies, l'augmentation du niveau de vie des pays industrialisés s'est traduite par une diminution importante de la consommation de fibres. Les Français consomment actuellement moins de 20 g de fibres par jour tandis que les Québécois en consomment 15 g et les Américains moins de 10 g, alors que l'apport journalier souhaitable est de 30 à 40 g.

En 1925, la consommation en France de légumineuses (particulièrement riches en fibres) était de 7,3 kg par habitant par an. Elle n'est plus aujourd'hui que de 1,3 kg, c'est-à-dire 5,6 fois moins. Au Québec, près de 44 % de la population ne mange jamais de légumineuses. Le pain blanc demeure le premier choix des Québécois, mais la popularité grandissante des boulangeries artisanales a réduit de 44 % sa consommation alors que celle du pain complet a triplé, d'où une hausse de 2 g dans l'apport quotidien moyen en fibres.

La base de la nourriture des Italiens a toujours été les pâtes mais, il y a à peine 30 ans, l'essentiel de cette nourriture était constitué de légumes (riches en fibres) et de pâtes complètes, c'est-à-dire ayant été fabriquées avec des farines complètes contenant les fibres du blé. Aujourd'hui, avec l'augmentation du niveau de vie, la viande a le plus souvent remplacé les légumineuses et les légumes et les pâtes sont fabriquées avec des farines blanches raffinées, c'est-à-dire dont on a enlevé les fibres. C'est cette situation qui, selon les autorités médicales de ce pays, explique non seulement l'augmentation de l'obésité mais aussi et surtout la prolifération alarmante des cancers de l'appareil digestif[1].

SOURCES DES FIBRES ET LEUR CONCENTRATION POUR 100 G D'ALIMENTS		
Produits céréaliers	**Légumineuses**	**Fruits secs oléagineux**
Son de blé 40 g	Haricots secs 25 g	Noix de coco sèche 24 g
Pain intégral 13 g	Pois cassés 23 g	Figues sèches 18g
Farine complète 9 g	Lentilles 12 g	Amandes 14 g
Riz complet 5 g	Pois chiches 2 g	Raisins secs 7 g
Riz blanc 1 g		Dattes 9 g
Pain blanc 2,5 g		Arachides 8 g
Légumes verts	**Légumes**	**Fruits frais**
Pois cuits 12 g	Chou 4 g	Framboises 8 g
Persil 19 g	Radis 3 g	Poire avec peau 3 g
Épinards cuits 7 g	Champignons 2,5 g	Pomme avec peau 3 g
Mâche 5 g	Carottes 2 g	Fraises 2 g
Artichaut 4 g	Laitue 2 g	Pêche 2 g
Poireau 4 g		

Il a été démontré que les fibres ont indirectement une action bénéfique sur l'obésité. Leur introduction dans l'alimentation a pour effet de faire baisser la glycémie ainsi que l'insulinémie, c'est-à-dire le taux d'insuline dans le sang, qui

---

1. Voir les publications du professeur Giacosa, chef du service Nutrition du Centre national de recherche sur le cancer de Gênes.

est, comme nous le verrons dans le chapitre suivant, l'outil de stockage des graisses en excès. Les schémas ci-dessous montrent que l'association de fibres dans la consommation d'un glucide à index glycémique élevé entraîne une baisse de la glycémie et une diminution de l'insulinémie.

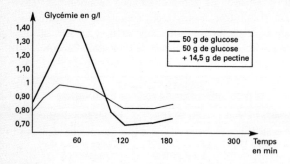

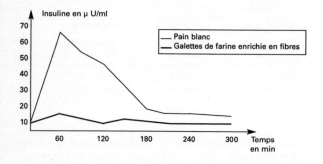

RÉSUMÉ

Les *protéines* sont des substances contenues dans de nombreux aliments d'origine animale et végétale. On les trouve dans la viande, le poisson, les œufs, les laitages (mêmes écrémés), les légumineuses, les aliments complets et certains dérivés du soja. Elles sont indispensables à l'organisme et ne font pas grossir.

Les *glucides* ou *hydrates de carbone* sont des substances qui se métabolisent en glucose. On les trouve soit dans des aliments au goût sucré (fruits, miel), soit sous forme d'amidon dans les féculents (légumineuses, farines, racines, tubercules, céréales et leurs dérivés). Il a été démontré que l'absorption des différents glucides se fait (à jeun) dans le même laps de temps après leur ingestion. C'est pourquoi l'ancienne classification des glucides en sucres lents et sucres rapides est erronée. Leur classification se fait désormais en fonction de leur pouvoir glycémiant, mesuré par l'index glycémique. On peut ainsi faire la distinction entre les bons glucides (à index glycémique faible) et les mauvais glucides (à index glycémique élevé).

Les *lipides* sont des substances dont l'origine peut être aussi bien animale que végétale. Ce sont les acides gras des viandes, charcuteries, poissons, laitages ou des huiles (olive, tournesol, noix, etc.). Certains acides gras peuvent contribuer à augmenter le cholestérol (viandes et charcuteries grasses, laitages entiers, huile de palme) et d'autres, au contraire, à le faire baisser (huile d'olive, fruits oléagineux, chocolat).

Les *fibres alimentaires* sont les substrats non énergétiques contenus dans des aliments à index glycémique bas : les légumes verts (salades, endives, poireaux, épinards, haricots verts...), mais certaines légumineuses, les fruits et les céréales complètes en contiennent aussi en quantité importante. Leur consommation doit être importante compte tenu de leur valeur nutritionnelle et de leur contribution à l'amaigrissement.

3

COMMENT FABRIQUONS-NOUS LES KILOS EN TROP ?

Nous avons vu dans le chapitre 1 que la diététique traditionnelle s'est trompée en affirmant que le facteur énergétique était responsable de la prise de poids. Les nutritionnistes et autres diététiciens ont cru que l'organisme humain fonctionnait comme une vulgaire chaudière, avec d'un côté des apports énergétiques (fournis par l'alimentation) et de l'autre des dépenses d'énergie (entraînées par le fonctionnement thermique du corps humain).

On a ainsi cru longtemps que si certaines personnes étaient trop grosses, c'était parce qu'elles mangeaient trop ou ne faisaient pas assez d'exercice physique.

Vous allez découvrir dans ce chapitre pourquoi cette hypothèse est fausse. Vous allez notamment comprendre que les *kilos* en trop correspondent essentiellement à de *l'énergie anormalement stockée du fait de certains mécanismes métaboliques mis en œuvre par le mauvais choix des aliments.*

Vous réaliserez ainsi que c'est plus le facteur qualitatif de l'aliment que le facteur quantitatif qui est en jeu dans la prise de poids. Les gens grossissent non pas forcément parce qu'ils mangent trop, mais surtout parce qu'ils mangent mal.

La piste de l'hyperinsulinisme

•

Depuis 1979, des chercheurs en nutrition ont clairement démontré le processus technique (métabolique) de la prise de poids.

Tous ont conclu que «dans toutes les obésités existe un hyperinsulinisme, quels que soient l'espèce ou le mécanisme[1]». Et toutes les études montrent que cet hyperinsulinisme est proportionnel à l'importance de la surcharge pondérale. Il est cependant plus important dans l'obésité androïde (au-dessus de la ceinture) que dans l'obésité gynoïde (du bas du corps).

En d'autres termes, cela signifie que quelqu'un qui n'a que 5 à 10 kilos en trop est moyennement hyperinsulinique, et que quelqu'un qui est obèse est fortement hyperinsulinique. On pourra logiquement en conclure que la seule vraie différence entre un mince et un gros, c'est que le gros est hyperinsulinique et que le mince ne l'est pas.

Imaginons le cas de deux personnes qui vivent ensemble et qui mangent tous les jours exactement la même chose en quantité énergétique égale. Si, au bout de plusieurs années, l'une est grosse et l'autre pas, il n'y a qu'une seule explication : celle qui est grosse souffre d'hyperinsulinisme et l'autre pas.

Pour comprendre ce qu'est l'hyperinsulinisme, il faut d'abord savoir ce qu'est l'insuline. Vous avez appris dans le chapitre précédent ce qu'est la glycémie : c'est le taux de glucose (sucre) que l'on a dans le sang. Comme nous

---

1. Jeanrenaud, B. «Insulin and obesity», *in Diabetologia,* 1979, 17, p. 133-138.

l'avons précisé, le taux normal de glycémie à jeun est d'environ 1 g par litre de sang.

Nous avons vu aussi que lorsque ce taux baisse (hypoglycémie), un organe très important dans la régulation des processus métaboliques, le pancréas, sécrète une hormone, le glucagon, dont le rôle est de déclencher un réapprovisionnement en glucose du sang. Le glucagon remonte le taux de la glycémie.

Lorsque le taux de glycémie augmente (hyperglycémie), ce qui est le cas après un repas, notamment si on a consommé des glucides, le pancréas sécrète une autre hormone, l'insuline, dont le rôle est de faire baisser la glycémie.

Or, la quantité d'insuline nécessaire pour ramener la glycémie à la normale est proportionnelle à l'importance de cette glycémie. En d'autres termes, si la glycémie est faible, la sécrétion d'insuline sera faible et si la glycémie est très élevée, la sécrétion d'insuline sera forte.

C'est exactement ce qui se passe chez une personne mince : la dose d'insuline que sécrète son pancréas est toujours exactement proportionnelle à l'importance de la glycémie.

En revanche, chez la personne qui souffre de surcharge pondérale et *a fortiori* chez l'obèse, les choses se passent différemment.

Dès que le pic de glycémie sera atteint, le pancréas va bien déclencher la sécrétion d'insuline, mais au lieu d'envoyer dans le sang l'exacte quantité nécessaire pour ramener la glycémie à la normale, ce pancréas va en sécréter un peu, voire beaucoup trop.

Faire de l'hyperinsulinisme, c'est avoir un pancréas qui sécrète de l'insuline d'une manière disproportionnée par rapport à l'importance de la glycémie.

Et si l'hyperinsulinisme est responsable de la prise de poids, c'est que l'on a pu démontrer par ailleurs[2] qu'il met en œuvre des mécanismes métaboliques (lipogénèse) qui vont conduire l'organisme à stocker anormalement une partie des graisses consommées au dernier repas.

Ces graisses ainsi piégées et mises d'office en stock auraient, en l'absence d'hyperinsulinisme, suivi un autre processus métabolique qui aurait eu pour effet de les oxyder et de les faire utiliser d'une manière préférentielle par l'organisme.

Voilà pourquoi on dit d'un maigre qu'il brûle toute l'énergie qu'il consomme, celle des graisses notamment. On dira au contraire de l'obèse qu'il a une plus grande propension à stocker les graisses que le mince, du fait de son hyperinsulinisme et aussi d'une éventuelle insulinorésistance *(voir encadré)*.

UN FACTEUR AGGRAVANT: L'INSULINORÉSISTANCE

Chez l'obèse, l'hyperinsulinisme est aggravé par le phénomène de l'insulinorésistance. En réaction à l'hyperglycémie, la pancréas sécrète, comme nous l'avons vu, une dose importante d'insuline. Or, cette quantité d'insuline, bien qu'excessive, est mal reconnue par l'organisme, sans doute parce que la sensibilité des récepteurs est défectueuse.

Comme l'hyperglycémie persiste anormalement, le pancréas a tendance à s'affoler et sécrète alors une nouvelle dose d'insuline, qui ne fait qu'aggraver l'hyperinsulinisme. Il se crée ainsi un véritable cercle vicieux dans lequel l'hyperinsulinisme entretient l'insulinorésistance. Outre la conséquence que l'on sait sur le stockage des graisses, il existe, du fait de l'insulinorésistance, un risque supplémentaire d'une hypoglycémie réactionnelle.

---

2. Creff A.-F., *Obésités*, Éditions Masson, Paris, 1988.

L'hyperinsulinisme est, sinon une maladie, du moins un trouble du métabolisme. Les gros et les obèses ne seraient que des individus dont le pancréas souffrirait d'un dysfonctionnement plus ou moins important.

Lorsque ceci fut découvert au début des années 80, les chercheurs pensèrent (ce qu'ils croient toujours pour la plupart encore aujourd'hui) que si quelqu'un était hyperinsulinique, c'était la faute à «pas de chance», c'est-à-dire qu'ils mettaient en cause l'hérédité. C'est pourquoi le seul conseil concret qui était donné aux gros et aux obèses, c'était de maigrir, car les mêmes chercheurs avaient remarqué que l'hyperinsulinisme disparaissait avec les kilos.

C'est d'ailleurs ce qui fit croire à certains que l'hyperinsulinisme n'était que la conséquence de l'embonpoint et de l'obésité, lesquels n'étaient dus qu'à une consommation énergétique excessive et à une dépense insuffisante.

La conclusion pour tous ces «spécialistes» était simple (sinon simpliste): «Le seul moyen de supprimer l'hyperinsulinisme, c'est de maigrir, et pour maigrir, il convient de réduire l'apport calorique global et d'augmenter la dépense physique[3]».

Avec une vision aussi étroite et manichéenne, la découverte de la piste de l'hyperinsulinisme ne permettait pas de voir beaucoup plus loin.

---

3. Fricker, Dr Jacques, «Le métabolisme de l'obésité», *in La recherche*, 1989, 20, p. 200-208.

L'autre hypothèse

•

À la lumière des découvertes des chercheurs en diabétologie sur la nouvelle classification des glucides selon leur index glycémique, j'abordai le problème sous un angle différent.

Contrairement à ceux qui avaient conclu que l'hyperinsulinisme n'était que la conséquence de l'obésité, je formulai pour ma part l'hypothèse que c'était plutôt l'obésité qui était la conséquence de l'hyperinsulinisme. En d'autres termes, *l'hyperinsulinisme est la cause et non la conséquence de la prise de poids.*

Il convenait de faire un constat : si, comme je l'avais observé sur moi-même, la consommation de glucides à index glycémique bas stoppait la prise de poids (et déclenchait même l'amaigrissement), c'est qu'elle diminuait (voire supprimait) sa cause : l'hyperinsulinisme.

L'hypothèse que l'on pouvait alors édifier à partir de ce constat était la suivante : l'obésité ne peut être que la conséquence de l'hyperinsulinisme. Mais l'hyperinsulinisme est lui-même la conséquence de fortes hyperglycémies. Et les fortes hyperglycémies sont à leur tour la conséquence d'une consommation excessive de glucides à index glycémique élevé.

En d'autres termes, et en redescendant la cascade, on peut affirmer que c'est la consommation de glucides à index glycémique élevé qui est indirectement (via l'hyperglycémie et l'hyperinsulinisme) responsable de la prise de poids en favorisant le stockage des graisses. L'hyperinsulinisme, qui est en quelque sorte le cheval de Troie des lipides, est donc le catalyseur de l'obésité.

Pour prévenir (voire supprimer) la surcharge pondérale, il suffit d'agir sur la cause initiale, c'est-à-dire de changer les habitudes alimentaires en adoptant une alimentation où les glucides sont exclusivement choisis parmi ceux dont l'index glycémique est bas.

La résultante glycémique du repas

•

Depuis les années 80, de très nombreuses études ont été faites sur les index glycémiques dans le cadre des recherches en diabétologie.

Ces travaux nous permettent d'avoir aujourd'hui une bonne maîtrise des différents phénomènes métaboliques qui apparaissent en fonction du choix des glucides.

Nous savons notamment que l'index glycémique d'un glucide peut varier en fonction de plusieurs paramètres :

• *la variété de l'espèce :* certains riz par exemple (basmati notamment) peuvent avoir un index glycémique bas (50) alors que d'autres (riz glutineux) ont un index glycémique élevé (70) ;

• *la cuisson :* les carottes crues ont un index bas (30) alors que cuites, il est de 85. Quant aux pommes de terre, leur index varie en fonction du type de cuisson qu'elles subissent : il est de 65 si elles sont cuites à l'eau dans leur peau, de 70 si elles sont pelées avant la cuisson, de 90 si elles sont transformées en purée, et de 95 si elles sont cuites au four ou frites ;

• *le traitement industriel ou le processus de transformation :* le maïs a un index glycémique de 70, qui augmente à 85 par sa transformation en maïs soufflé ou en flocons de maïs. Les pâtes blanches résultant d'une pastification à haute pression, comme les spaghettis, ont un index glycémique bas (40 à 45 en fonction du type de cuisson) alors que les raviolis ou les macaronis, qui ne résultent pas d'une pastification à haute pression, ont un index glycémique élevé (70) ;

• *le contenu en fibres et en protéines :* les lentilles, qui contiennent des fibres (solubles notamment) et des protéines, ont un index glycémique très bas (22 à 30) comparées à un autre féculent comme la pomme de terre. De même, le soja, qui a un contenu élevé en protéines, a un index glycémique très bas (15).

Un repas est généralement complexe, en ce sens qu'il est composé de l'addition d'aliments variés. Certains peuvent faire monter la glycémie, d'autres contribuent au contraire à la modérer. Ce qui est important, c'est la *résultante glycémique* du repas, car c'est elle qui induira le taux final d'hyperglycémie et, indirectement (si cette hyperglycémie est élevée), l'hyperinsulinisme, qui sera responsable du stockage anormal des graisses.

La dérive des habitudes alimentaires de notre société

•

Nous avons découvert dans les paragraphes précédents que la cause originelle de la prise de poids est l'ingestion de glucides à index glycémique élevé, qui induit un stockage anormal des graisses consommées. Nous pouvons légitimement nous demander comment certaines personnes qui consomment des glucides à index glycémique élevé tous les jours peuvent rester idéalement minces. La réponse est simple : c'est parce que leur pancréas, qui est (toujours) en bon état, ne souffre pas (encore) d'hyperinsulinisme.

Peut-on penser pour autant que l'on puisse rester mince toute sa vie en continuant à garder une alimentation hyperglycémiante ? C'est possible en effet, mais de moins en moins probable. Vous allez voir pourquoi.

Certaines personnes peuvent en effet rester minces toute leur vie alors qu'elles ont de mauvaises habitudes alimentaires. Cela veut dire qu'à leur naissance elles avaient un pancréas en très bon état et, malgré les fortes hyperglycémies qu'elles ont induites toute leur vie en consommant des mauvais glucides, leur pancréas a été assez résistant pour ne pas faire d'hyperinsulinisme.

D'autres personnes (et c'est le plus grand nombre) avaient aussi au départ un pancréas en bon état, qui leur a permis de rester minces pendant de nombreuses années malgré leurs mauvaises habitudes alimentaires. Et puis, vers 30 ou 35 ans et surtout après la quarantaine, elles ont commencé à prendre du poids. Certaines deviennent même obèses et diabétiques sur leurs vieux jours.

Cela signifie que leur pancréas a résisté pendant plusieurs décennies mais que, du fait de l'hypersollicitation dont il a fait l'objet jour après jour, année après année, pour faire face aux hyperglycémies permanentes, il s'est finalement déréglé, un peu comme un moteur qui, au fur et à mesure des mauvais traitements qu'on lui fait subir, fonctionne de plus en plus mal.

Et puis, il y a ceux (dont je faisais partie) qui sont arrivés sur terre avec un pancréas déjà en mauvais état. C'est pourquoi on mettra logiquement cette déficience sur le compte de l'hérédité. Il est vrai que, lorsque l'on a des parents obèses (donc hyperinsuliniques), la probabilité pour que l'on ait un pancréas fragile est forte. Elle est quasi certaine en tout cas si le mode alimentaire adopté dès le plus jeune âge est fortement hyperglycémiant.

En 1997, l'Organisation mondiale de la santé a dénoncé, comme nous l'avons vu, l'épidémie mondiale d'obésité. Jusqu'alors, on pensait que seuls les Américains avaient un problème de poids excessif. On a donc pris conscience que l'obésité s'était généralisée dans les pays occidentaux. Et le plus surprenant, c'est que tous les pays de la planète sont désormais concernés par ce que l'on pourrait considérer comme une véritable contamination.

Toujours en 1997, une grande étude a montré qu'aux États-Unis[4] l'obésité a paradoxalement augmenté de 31 % ces 10 dernières années alors que, pendant la même période, la moyenne des apports énergétiques avait diminué, que la consommation de graisses avait chuté de 11 % et que le nombre de personnes consommant des produits allégés était passé de 19 à 76 %.

Une enquête de Nutrition Canada montre qu'au cours des 25 dernières années les habitudes alimentaires des Canadiens ont changé. La population a diminué sa consommation en calories de 10 %, de lipides de 12 %, et celle du cholestérol a chuté de 20 %. Cependant, l'excès de poids se situe à la hausse. Il passe de 22 % à 31 % de la population.

Ces enquêtes démontrent que la cause de la prise de poids est indépendante des quantités caloriques ingérées puisque ces dernières ont considérablement diminué. Elles tendraient donc à confirmer que c'est plutôt la dégradation de la qualité nutritionnelle de l'alimentation moderne qui serait à l'origine de cette situation.

Si l'on observe attentivement le tableau des index glycémiques (page 54), on remarque que tous les aliments de la colonne de gauche, c'est-à-dire ceux ayant un *index glycémique élevé,* sont des aliments soit raffinés (farines, sucre, riz blanc), soit transformés industriellement (flocons de maïs, riz soufflé, amidon modifié, tablettes de chocolat…), soit des aliments nouveaux, c'est-à-dire qui ne sont régulièrement consommés que depuis moins de deux siècles (pommes de terre, farines blanches, sucre).

---

4. Heidi, Adrian F., «Divergent Trends in Obesity and Fat Intake Pattern – The American Paradox», *in American Journal of Medicine,* 1997, 102, p. 259-264.

Tous ces aliments sont précisément ceux qui sont majoritairement consommés aujourd'hui dans la plupart des pays occidentaux et qui, progressivement, dans le cadre de la mondialisation, envahissent les habitudes alimentaires des autres pays.

Inversement, si l'on observe la colonne de droite du tableau, c'est-à-dire celle des index glycémiques bas, force est de constater que les aliments qui y sont correspondent pour la plupart soit à des aliments qui ne sont plus guère consommés de nos jours (pain intégral, céréales complètes, farines non raffinées, riz complet…), soit à des aliments dont la consommation est de plus en plus rare (lentilles, haricots secs, pois cassés, pois chiches), ou encore trop faible (fruits, légumes verts…). Or, tous ces aliments étaient majoritairement consommés jusqu'à il y a à peine une cinquantaine d'années.

Forts de ce constat, il convient donc de prendre conscience que l'alimentation occidentale était autrefois essentiellement composée d'aliments peu glycémiants, c'est-à-dire dont l'index glycémique était bas. La résultante glycémique des repas de nos ancêtres étant faible, leur pancréas était peu sollicité dans sa fonction insulinique et le risque de faire de l'hyperinsulinisme était donc faible.

C'est ce qui explique qu'il n'y avait qu'une très faible minorité d'obèses au début du XXe siècle dans les pays occidentaux (moins de 3 % contre 20 à 33 % aujourd'hui) et que 10 à 20 % seulement de la population avait une simple surcharge pondérale, contre 30 à 65 % de nos jours, selon les pays.

Les habitudes alimentaires modernes privilégient les aliments à index glycémique élevé. La résultante glycémique des repas de nos contemporains est donc particulièrement haute, ce qui a pour conséquence de stimuler d'une manière excessive le pancréas et de conduire progressivement à une hypersécrétion d'insuline, l'hyperinsulinisme.

Alors que l'alimentation a été globalement d'une nature glycémiante identique pendant des millénaires, il s'est produit depuis le début du XXe siècle une véritable dérive des habitudes alimentaires dans les pays occidentaux. Nous sommes passés progressivement d'un mode alimentaire peu glycémiant à un mode alimentaire fortement hyperglycémiant.

Sous l'effet d'une alimentation de plus en plus hyper-glycémiante, les pancréas de nos contemporains ont donc été de plus en plus sollicités. Les plus sensibles se sont déréglés en faisant de l'hyperinsulinisme. Et progressive-ment, la proportion de ceux qui pouvaient résister est deve-nue de plus en plus faible, ce qui fait que la population des gros et des obèses n'a cessé de progresser.

Selon une étude prospective réalisée en 1997, si nous faisons une projection de la progression de ces 30 dernières années, l'obésité sera quasi générale dans tous les pays du monde dans moins de 50 ans.

Le modèle alimentaire nord-américain
•

Nous avons déjà mentionné que c'est en Amérique du Nord que l'obésité est la plus présente dans le monde : trois fois plus qu'en France notamment.

Examinons rapidement les composantes principales du mode alimentaire des Nord-Américains, et particulièrement celles de la restauration rapide, qui représentent l'essentiel de leurs habitudes alimentaires.

Les Nord-Américains consomment majoritairement :
– *des farines blanches hyperraffinées* (85), que l'on trouve dans les hamburgers, hot-dogs, sandwichs, biscuits, craquelins ;

– *du sucre* (70), que l'on trouve aussi bien dans les aliments industrialisés (conserves, moutardes, ketchups, craquelins, biscuits, plats cuisinés…) que dans les boissons (boissons gazeuses, jus de fruits, thés glacés, cola…) ;

– *des pommes de terre* consommées essentiellement en friture (95) ;

– *du maïs,* consommé brut (70) ou transformé en flocons ou maïs soufflé (85) ;

– *du riz blanc* à haut rendement (70) ou transformé en galettes de riz soufflé (85) ou en pâte à la farine de riz blanc (95).

Les Nord-Américains boivent d'une manière préférentielle de la bière (110) et consomment majoritairement des aliments précuisinés et industrialisés, qui contiennent tous du sirop de glucose (100), des maltodextrines (100) et des amidons modifiés (95).

On peut facilement en déduire qu'il y a une corrélation étroite entre le mode alimentaire américain et les pathologies métaboliques que sont l'obésité et le diabète.

Il est intéressant de remarquer que c'est parmi les couches sociales les moins favorisées en Amérique du Nord que l'obésité est la plus présente. Or, c'est précisément dans l'alimentation de ces populations que la proportion des aliments hyperglycémiants (page 54) est la plus importante. Inversement, plus les Nord-Américains sont financièrement favorisés, plus ils ont tendance à manger une nourriture plus traditionnelle et moins ils sont victimes de l'obésité.

La fin du modèle français

•

La population française est celle dont la courbe de poids moyen est la plus basse du monde occidental. En d'autres termes, il y a de plus en plus de gros et d'obèses en France, mais leur progression est inférieure à ce qu'elle est dans les pays anglo-saxons.

Il suffit d'examiner le mode alimentaire français pour comprendre pourquoi. La situation est sans doute liée au fait que les habitudes alimentaires françaises ont mieux résisté, du fait de leurs fortes traditions, à la mondialisation du mode alimentaire nord-américain. Cependant, les jeunes Français ont beaucoup moins bien résisté que leurs parents. C'est pourquoi le nombre d'obèses dans cette catégorie d'âge a progressé depuis 20 ans de manière alarmante.

On peut craindre que, dans à peine deux ou trois générations, l'ensemble de la population française soit aussi hyperinsulinique (donc obèse) qu'en Amérique du Nord.

En conclusion, nous pouvons dire, pour répondre au titre de ce chapitre, que c'est en consommant majoritairement des glucides à index glycémique élevé (associés à la prise de graisses) que nous fabriquons nos kilos en trop.

Nous allons voir dans le prochain chapitre comment nous pouvons nous en débarrasser à jamais. Ce sera en fait l'objet de l'application de la méthode Montignac.

4

LA MÉTHODE
PHASE I
LA PERTE DE POIDS

Dans les chapitres précédents, nous avons vu comment, contrairement à ce que les nutritionnistes ont cru et nous ont dit depuis plus d'un demi-siècle, le contenu énergétique des aliments n'est pas déterminant dans la prise de poids.

Si l'on grossit, et à plus forte raison si l'on devient obèse, ce n'est pas parce que l'on mange trop, mais parce que l'on mange mal.

En d'autres termes, les kilos en trop sont le résultat de mauvais choix alimentaires qui ont pour conséquence de déclencher des mécanismes métaboliques pervers conduisant à un stockage anormal de graisses de réserve.

L'application de la méthode consistera donc à modifier nos habitudes alimentaires en recentrant nos choix sur les aliments qui ont un potentiel métabolique positif. C'est essentiellement ce que nous ferons en phase II, qui est la phase de croisière dans laquelle les choix alimentaires nous permettront surtout de prévenir la prise de poids.

Personne ne vous empêche d'aborder la méthode en commençant directement par la phase II. Les témoignages de milliers de personnes nous permettent d'affirmer que vous pourriez ainsi vous débarrasser de vos kilos en trop, mais que cela pourrait par contre demander beaucoup plus longtemps pour y parvenir, surtout si vous avez une surcharge importante à éliminer.

Si vous êtes impatient de vous débarrasser à jamais de votre poids excédentaire, je vous propose donc de commencer par l'application des principes de la phase I, qui est la phase d'amaigrissement proprement dite. Elle aura le mérite d'apurer les erreurs alimentaires de votre passé et de remettre définitivement votre métabolisme dans le droit chemin.

La première chose à faire quand on commence à mettre en œuvre un projet, qui plus est un projet ambitieux, c'est de se fixer un objectif. Pour cela, vous pourrez vous aider des informations à l'Annexe I sur le calcul de votre indice de masse corporelle.

Il vous faut déterminer le poids que vous avez en trop, mais sachez que chaque organisme est animé d'une sensibilité particulière. Et puis, il faut aussi tenir compte d'autres facteurs : le sexe, l'âge, le passé alimentaire, l'historique diététique, l'hérédité.

C'est pourquoi il est difficile de prédire combien de kilos vous allez pouvoir perdre par semaine. Pour certains, ce sera un kilo, pour d'autres un peu moins. Encore que, dans de nombreux cas, il pourrait y avoir une chute importante au début, puis une diminution plus lente. Ne soyez pas inquiet si c'est plus long pour vous que pour une personne de votre entourage.

Peut-être avez-vous déjà une idée plus ou moins précise du poids que vous souhaiteriez perdre. Je sais par expérience que, comme bon nombre d'entre nous, si vous pouviez vous débarrasser de 4 ou 5 kg (alors que vous en avez peut-être 10 ou 12 de trop), vous seriez déjà très heureux.

Je vous encourage, pour ma part, à être plus exigeant que cela. Vous êtes sans doute ambitieux dans votre vie personnelle et professionnelle. Soyez-le aussi pour votre ligne.

LES ALIMENTS SOUS HAUTE SURVEILLANCE

Le principe fondamental de la méthode consiste à faire en sorte que la résultante glycémique des repas soit la plus basse possible, tout en continuant à avoir une alimentation équilibrée et ainsi à consommer normalement des glucides. Ces derniers seront en revanche choisis en fonction de leur incidence sur la glycémie.

Avant d'apprendre à faire les bons choix, voyons en détail pourquoi il importe de se méfier de certains glucides.

Le sucre

Le sucre, l'un des champions de la catégorie des mauvais glucides, devrait toujours être accompagné du symbole du danger. C'est en effet un produit qui peut être dangereux quand on en fait une consommation importante, ce qui est le cas malheureusement de la plupart de nos contemporains, et notamment des enfants.

Je lui ai consacré le chapitre 9 en entier car il est indispensable que vous soyez à jamais convaincu de son rôle néfaste dans l'alimentation et de ses conséquences, non seulement relativement aux kilos en trop, mais aussi et surtout à la fatigue *(voir chapitre 6 sur l'hypoglycémie)*, au diabète, aux caries dentaires et aux maladies coronariennes.

Certains d'entre vous sont peut-être troublés par ces affirmations en pensant que le sucre est indispensable. Eh bien non, il ne l'est pas ! La preuve en est que, pendant des dizaines de milliers d'années, l'homme n'en avait pas à sa disposition et ne s'en portait pas plus mal, bien au contraire.

Le sucre, il y a moins de deux siècles, était encore un produit de luxe peu accessible à la majorité de la population. Aujourd'hui, il fait peut-être indirectement autant de ravages que l'alcool et la drogue réunis, compte tenu de sa surconsommation.

Mais alors, vous demanderez-vous, si l'on supprime totalement le sucre, comment va-t-on pouvoir maintenir dans le sang le taux minimal indispensable? Bonne question!

Rappelez-vous que, comme cela a été précisé dans les chapitres précédents, l'organisme a besoin de glucose (qui est un substrat énergétique), et non pas de sucre. Les fruits, les aliments complets, les légumineuses et les céréales, notamment, apportent ce glucose. Et en l'absence transitoire de glucides (comme pendant certaines épreuves sportives), l'organisme sait recourir à d'autres formes d'énergie dont il a besoin, à partir des graisses de réserve par exemple. Ne consommez donc plus de sucre!

De deux choses l'une, ou bien dès maintenant vous pouvez vous en passer et je vous en félicite, ou bien vous devrez le remplacer transitoirement par un édulcorant de synthèse (*voir p. 209*).

Le pain

Le pain aurait pu faire l'objet d'un chapitre entier, car il y a beaucoup à dire à son sujet. En bien, pour le «bon pain», si rare à notre époque, mais surtout en mal, pour le décevant produit qui est vendu désormais par la grande majorité des boulangers.

Le pain ordinaire étant de nos jours fabriqué avec des farines raffinées, il est de ce fait dépourvu complètement de tout ce qui est nécessaire à un métabolisme normal. Sur le plan nutritif, il n'apporte rien, sinon de l'énergie sous forme d'amidon.

Sur le plan digestif, il induit des troubles plus ou moins évidents, étant donné que tous les composants qui devaient lui assurer une bonne digestion ont disparu avec le raffinage de la farine.

Et plus le pain est blanc, plus c'est un mauvais glucide, car sa blancheur est le signe d'un très grand raffinage de la farine.

Le pain complet ou le véritable pain intégral, fabriqué à l'ancienne avec des farines non raffinées et d'origine biologique, est préférable car il est plus riche en fibres. Par ailleurs, 100 g de pain complet contient 90 mg de magnésium et 100 g de pain blanc 25 mg seulement. C'est pourquoi son index glycémique est plus bas (50 pour le pain complet, 40 pour le véritable pain intégral). Il est donc moins « grossissant » puisqu'il entraîne une élévation moindre de la glycémie.

Aussi bon soit-il, même ce pain-là sera provisoirement supprimé au cours des deux repas principaux. D'une part, parce que son index glycémique, même s'il est bas, est encore trop élevé (> 35) et, d'autre part, parce que plus le repas comporte de glucides, même à index glycémique bas, plus il y a un risque (en phase I) d'augmenter sensiblement l'insulinémie. Si l'on consomme déjà en quantité appréciable un autre féculent comme les spaghettis ou les lentilles vertes, il n'est pas souhaitable d'y ajouter du pain. D'autant plus que, pour que ce pain ait un index glycémique de 40, il doit être fait avec des farines complètes à 100 % (sans aucun blutage) et dont la mouture soit grossière (grosses particules), ce que vous ne serez jamais certain d'avoir sauf si le fabricant le garantit.

On pourra en revanche manger normalement du pain au petit-déjeuner (c'est même particulièrement conseillé), ce que nous verrons plus en détail ultérieurement.

Les féculents

Les féculents sont des glucides complexes (farineux) constitués essentiellement d'amidon. Certains, comme les lentilles ou les pois, induisent des glycémies faibles, ce qui en fait de bons glucides, mais d'autres, comme les pommes de terre, sont au contraire des glucides à index glycémique élevé. C'est pourquoi il conviendra de supprimer ces derniers dans la phase I.

La pomme de terre

Sachez pour la petite histoire que, lorsque la pomme de terre a été rapportée du Nouveau Monde en 1540 par les navigateurs, les Français ont délibérément rejeté cette racine qu'ils jugeaient tout juste bonne à donner aux cochons. Ils la trouvèrent si mauvaise qu'ils refusèrent de la consommer. Ce ne fut pas le cas des populations nordiques, allemande, scandinave, irlandaise... qui l'adoptèrent plus volontiers. Il faut dire qu'elles n'avaient pas tellement le choix, n'ayant le plus souvent rien d'autre à se mettre sous la dent.

Les Français traitèrent donc avec mépris ce «tubercule à cochon» pendant plus de deux siècles. Il fallut attendre en 1789 la publication par Parmentier d'un *Traité sur la culture et les usages de la pomme de terre* pour que les Français se décident à en consommer. La famine de l'époque les y avait d'ailleurs beaucoup encouragés.

La pomme de terre est un bon aliment (car elle est riche en vitamines et en sels minéraux) tant qu'elle reste crue. Malheureusement, elle contient des amidons résistants que les humains ne sont pas capables de digérer car, contrairement aux cochons, ils ne disposent pas des enzymes digestives appropriées pour le faire. Voilà pourquoi, quand nous mangeons des pommes de terre, nous sommes obligés de les faire cuire préalablement. Or, si la cuisson permet une meilleure digestibilité de la pomme de terre, elle entraîne par déstructuration de ses amidons des effets métaboliques pervers.

Toutes les études réalisées sur la pomme de terre depuis une vingtaine d'années ont démontré qu'elle a un grand pouvoir hyperglycémiant.

L'index glycémique élevé de ce légume en fait un des plus mauvais glucides. L'index glycémique de la pomme de terre bouillie (sans peau) est de 70, ce qui est équivalent au sucre. Le mode de traitement et de cuisson peut, comme nous l'avons vu, faire varier très sensiblement ce taux de glycémie : il est de 90 pour la purée et de 95 pour les frites ou le gratin dauphinois.

L'index glycémique de la pomme de terre peut en revanche être maintenu à 65 si elle est bouillie dans sa peau. C'est d'ailleurs sous cette forme qu'elle était surtout consommée autrefois. De plus, à l'époque, on lui associait toujours des légumes, c'est-à-dire des fibres qui contribuaient à faire baisser la résultante glycémique du repas.

De nos jours, les pommes de terre sont surtout consommées sous leurs formes les plus hyperglycémiantes (frites, au four) et sont généralement accompagnées de viande, c'est-à-dire de graisses saturées. L'hyperinsulinisme que leur consommation entraîne se traduira par une prise de poids d'autant plus forte que les quantités de graisses consommées au même repas seront importantes. Le steak frites est donc une hérésie !

Je sais ce qu'il vous en coûtera d'abandonner la pomme de terre, mais c'est le prix à payer pour atteindre votre objectif. Lorsque vous serez parvenu au résultat que vous souhaitez, vous ne le regretterez pas.

Sachez, par ailleurs, que certains bains de fritures sont faits avec des graisses très riches en acides gras saturés, ce qui crée un risque cardiovasculaire non négligeable.

Il pourra vous arriver exceptionnellement, comme nous le verrons dans la phase II, non pas de céder devant un plat de frites, mais de décider délibérément de manger des pommes de terre sous quelque forme que ce soit. Quand on n'a plus un gramme à perdre, on peut tout décider, mais pas à n'importe quel prix. Cette décision se fera dans le cadre de ce que nous appelons la gestion des écarts.

Lorsque vous commandez votre viande au restaurant, ayez tout de suite le réflexe de demander ce qu'on sert comme accompagnement car, dans 9 cas sur 10, vous risquez de vous retrouver avec des pommes de terre dans votre assiette. Demandez plutôt des haricots verts, des tomates, des épinards, des aubergines, du céleri, du chou-fleur, des courgettes ou même encore des lentilles. Et si, par malheur, il n'y a pas d'autres garnitures que de mauvais glucides, eh bien ! prenez tout simplement de la salade.

Chez vous, lorsque vous vous demanderez ce que vous allez servir comme accompagnement avec la viande, vous devrez avoir le même réflexe.

La carotte

Comme pour les pommes de terre, l'amidon de la carotte est particulièrement sensible au traitement thermique. À telle enseigne que, selon qu'elle est cuite ou crue, la carotte peut être considérée comme un mauvais ou un bon glucide.

Quand elle est crue, la carotte a un index glycémique de 30, ce qui est très faible. Sa consommation sous cette forme ne peut donc qu'être encouragée.

En revanche, sa cuisson a pour effet de déstructurer ses amidons, ce qui a pour conséquence d'augmenter son pouvoir hyperglycémiant d'une manière importante puisque son index glycémique atteint alors 85. Il conviendra donc de s'abstenir de consommer des carottes cuites si l'on veut réussir à perdre du poids.

Paradoxalement, c'est en consommant entre autres des carottes crues, notamment râpées en salade, que l'on y parviendra. Et, contrairement à la pomme de terre, la carotte crue est tout à fait digeste.

Le riz

La plupart des riz traditionnels asiatiques (à grains longs notamment), comme le basmati par exemple, ont un index glycémique moyen (50).

En revanche, les espèces à haut rendement, qui ont été sélectionnées pour être cultivées dans les pays occidentaux, ont un index glycémique élevé. Plus un riz est glutineux, plus son index glycémique est élevé. C'est aussi le cas des riz instantanés (90).

Comme pour les carottes et les pommes de terre, la cuisson du riz peut faire varier son pouvoir glycémiant. Plus le riz est cuit longtemps et plus le volume d'eau de cuisson est important, plus le riz a tendance à gélatiniser, ce qui a pour effet d'augmenter son index glycémique. C'est pourquoi il faut toujours cuire le riz à la façon asiatique, qui consiste à mettre deux volumes d'eau pour un volume de riz, en le laissant gonfler après avoir rapidement coupé la source de chaleur.

Tout traitement industriel particulier du riz, comme toute cuisson prolongée, a pour effet d'augmenter son index glycémique. C'est le cas du riz instantané (90), des pâtes à la farine de riz blanc (95) ou encore des galettes de riz soufflé (95).

Le meilleur moyen d'éviter la déstructuration de l'amidon du riz (qui a pour effet d'augmenter son pouvoir glycémiant) est de consommer du riz complet, à grains longs notamment. Il n'est pas toujours facile à trouver au restaurant. Quant au riz sauvage, qui en fait n'a rien à voir avec le vrai riz puisque c'est une variété d'avoine, il peut être consommé sans restriction aucune puisque son index glycémique est faible (35).

Le maïs

Le maïs est une céréale que les populations indigènes d'Amérique centrale ont cultivée pendant des millénaires pour se nourrir. Le maïs ancestral, dont les variétés sont encore conservées dans les musées agronomiques, avait un index glycémique bas (35) car il était très riche en fibres solubles.

Après la découverte du Nouveau Monde, les Occidentaux se sont mis à cultiver le maïs pour eux-mêmes mais surtout pour nourrir le bétail. À travers la sélection variétale et l'hybridation, ils ont cherché surtout à en augmenter les rendements. En quelques décennies, l'index glycémique du maïs a presque doublé (70).

Et comme nous l'avons vu précédemment pour d'autres aliments, l'amidon du maïs est fragile au point que certains traitements peuvent modifier sa structure nutritionnelle. C'est ainsi que la transformation du maïs en flocons de maïs ou en maïs soufflé (deux des formes les plus consommées en Amérique du Nord) en augmente considérablement l'index glycémique, qui passe de 70 à 85.

Outre les problèmes écologiques créés par l'épuisement de la nappe phréatique, conséquence de la nécessité d'irriguer abondamment les variétés modernes, la qualité nutritionnelle de ces maïs industriels est très inférieure à celle de leurs ancêtres.

En Europe, on cultive le maïs depuis plusieurs siècles. Pourtant, on ne le mange que depuis quelques décennies seulement. Autrefois, il était presque exclusivement utilisé pour engraisser le bétail.

Les pâtes

Tout le monde sait que les pâtes sont aujourd'hui fabriquées avec des farines blanches. Vous vous attendez sans doute à ce que je vous conseille de les exclure de votre alimentation. Au risque de vous surprendre, je ne le ferai pas car j'ai, au fil des années, acquis la conviction que les pâtes, tout au moins certaines d'entre elles, sont des aliments qui non seulement ne font pas grossir mais au contraire peuvent nous aider à maigrir.

Des explications précises sont nécessaires pour bien comprendre cela. D'abord, il faut savoir que les vraies pâtes sont obligatoirement faites avec des blés durs, alors que le pain est fait avec du blé tendre. La différence, c'est que le blé dur contient plus de protéines et plus de fibres (même si la farine est raffinée), ce qui contribue à faire baisser l'index glycémique des vraies pâtes.

Ensuite, il faut savoir que certaines pâtes (les spaghettis notamment) sont soumises à la pastification, un procédé mécanique qui permet d'extruder la pâte à très haute pression. La pastification a pour effet de constituer un film protecteur autour des pâtes, qui limite considérablement la gélatinisation des amidons au cours de la cuisson, à condition toutefois que cette cuisson soit la plus courte possible (*al dente* comme disent les Italiens), environ 6 à 8 minutes.

Résumons-nous pour bien comprendre : des pâtes blanches pastifiées (spaghettis) ont, à cause de la nature du blé dur et de la pastification dont elles ont fait l'objet, un index glycémique bas (50) pour une durée de cuisson moyenne (8 à 12 minutes). Si la cuisson est plus longue (12 à 16 minutes), l'index glycémique augmente (55). En revanche, si la cuisson est plus courte (5 à 6 minutes), l'index glycémique est beaucoup plus bas (45). Enfin, le fait de refroidir les pâtes diminue leur index glycémique (phénomène de rétrogradation).

C'est ainsi que des spaghettis de blé dur, pastifiés et cuits *al dente,* ont un index glycémique de 40 s'ils sont consommés froids, en salade par exemple. Évidemment, si ces pâtes sont intégrales, leur index glycémique est dans tous les cas de figure encore plus bas (5 points de moins environ).

Ce qui vient d'être dit n'est surtout pas valable pour les pâtes faites avec des blés tendres, et encore moins pour des pâtes non pastifiées, ce qui est le cas généralement des nouilles, macaronis, lasagnes et autres raviolis.

C'est pourquoi il faudra être extrêmement vigilant dans le choix des pâtes. Dans certains pays comme la France, il y a obligation pour le fabricant de pâtes d'utiliser du blé dur. Ce n'est pas le cas ailleurs, notamment dans les pays du nord de l'Europe, où de nombreuses pâtes offertes au public sont fabriquées avec du blé tendre. Par ailleurs, le fait qu'elles soient pastifiées ou non n'est pas facile à vérifier car le fabricant n'a pas l'obligation de le mentionner sur l'étiquette. Sachez que les spaghettis le sont toujours. En revanche, les tagliatelles ne le sont pas systématiquement. Plus elles sont fines (et de fabrication industrielle), plus elles ont cependant des chances de l'être. Méfiez-vous tout de même des pâtes fraîches offertes dans certains restaurants (tagliatelles et lasagnes notamment), qui sont obtenues au moyen d'une petite machine à main qui découpe des lamelles dans une pâte préalablement préparée par le chef, comme pour faire une pizza, car elles ne sont pas pastifiées.

Vous pouvez en revanche consommer les fameux vermicelles asiatiques qui sont faites à partir de farine de haricot mungo et dont nous savons que l'index glycémique est très bas à l'origine. Comme elles sont en plus pastifiées et cuites en quelques instants, elles constituent le *nec plus ultra* en matière de pâtes à index glycémique très bas.

Prenez donc l'habitude de manger des spaghettis (les moins gros possibles), cuits *al dente* et servis avec des sauces variées (tomate, champignon, cari), ou encore en salade comme entrée.

Les légumineuses

Un obèse m'a dit un jour : « Je ne mange jamais de lentilles ni de haricots, car ma femme prétend que ce sont des féculents qui font beaucoup grossir ». Il consommait en revanche beaucoup de pommes de terre, ce qui, comme vous l'imaginez, n'arrangeait rien. Il avait tort, bien évidemment, car certaines légumineuses peuvent contribuer à la perte de poids. C'est le cas des haricots secs, des pois chiches et surtout des lentilles. Les lentilles vertes comme les pois cassés ont même des index glycémiques plus bas que les haricots verts puisqu'ils se situent à 22.

Les fruits

Le fruit est un sujet tabou et, si je me hasardais à affirmer maladroitement qu'il vaut mieux le supprimer de votre alimentation, bon nombre d'entre vous fermeraient le livre à cette page, tant ils seraient scandalisés par une telle suggestion.

Dans notre culture, le fruit est un symbole : un symbole de vie, de richesse et de santé. Je vous rassure tout de suite, nous n'allons pas supprimer les fruits car ils sont irremplaçables dans notre alimentation. Mais il faudra les manger différemment pour en tirer tous les bienfaits sans en subir les inconvénients (ballonnements).

Les fruits contiennent des glucides (glucose, saccharose et surtout fructose), mais aussi des fibres, qui abaissent l'index glycémique et diminuent ainsi l'absorption de ces sucres. La pomme et la poire sont notamment riches en pectine (fibre soluble), qui permet de limiter l'augmentation de la glycémie.

L'énergie du fruit est facilement utilisable par le muscle et donc peu susceptible de se stocker ou de favoriser l'accumulation de graisses de réserve.

Les fruits frais devraient être de préférence consommés lorsque l'on est à jeun. Ce conseil particulier a peu à voir avec la perte de poids qui nous intéresse. Il est plutôt de nature à nous assurer un meilleur confort digestif car la consommation des fruits à la fin du repas, comme c'est souvent l'habitude, peut entraîner des troubles de la digestion. Les personnes âgées y sont particulièrement sensibles, les enfants beaucoup moins. Chez les adultes, tout dépend de la sensibilité individuelle. Essayons de comprendre pourquoi.

La digestion des fruits commence dans la bouche avec la mastication pour se terminer dans l'intestin grêle. Les fruits n'ont donc rien à faire dans l'estomac, qu'ils ne devraient que traverser.

Lorsque les fruits frais sont consommés après des aliments contenant des protides-lipides, par exemple des viandes ou du fromage, ils sont bloqués un certain temps dans l'estomac par la digestion de ces derniers alors qu'autrement ils passeraient très rapidement dans l'intestin. Les fruits sont en quelque sorte prisonniers dans l'estomac et, sous l'effet de la chaleur et de l'humidité ambiantes, ils vont faire l'objet d'une fermentation qui entraînera même parfois une petite production d'alcool. L'ensemble de la digestion pourra donc en souffrir (ballonnements).

Les fruits frais doivent être consommés seuls! Voilà une règle que l'on devrait peut-être apprendre à l'école. Encore qu'à leur âge les enfants ont un organisme capable de mieux réagir. Par contre, chez un adulte et particulièrement chez une personne âgée, les fruits en fin de repas sont tout à fait à déconseiller.

Quand faut-il alors les consommer? Chaque fois que l'on est à jeun. Le matin par exemple, avant le petit-déjeuner. Il faudra attendre environ 15 minutes avant de commencer à manger autre chose pour leur laisser le temps de traverser l'estomac sans encombre. On pourra aussi manger des fruits le soir, tard, avant de se coucher, c'est-à-dire au moins trois heures après la fin du souper. Un fruit peut aussi éventuellement être consommé en milieu d'après-midi, mais il faudra s'assurer qu'il y a un décalage suffisant avec le dîner (environ trois heures) et que l'on soit encore assez loin du souper.

Comme toute règle comporte son exception, certains fruits, du fait de leur très faible concentration en sucre, ont un pouvoir de fermentation quasiment négligeable. Il s'agit des fraises, des framboises, des mûres, des groseilles et des bleuets, qui pourront être mangés sans problèmes en fin de repas. De la même façon, les fruits cuits pourront être mangés en fin de repas puisqu'ils ont perdu toute possibilité de fermenter dans l'estomac. Il ne faut pas perdre de vue cependant que la cuisson leur aura fait perdre l'essentiel de leur vitamine C.

Le citron n'étant pas fermentescible, on peut boire son jus (non sucré) à tout moment, ou s'en servir comme assaisonnement (sur le poisson ou dans les sauces à salade).

Je terminerai en ce qui concerne les fruits par une précision supplémentaire. Chaque fois que cela est possible, mangez la peau des fruits après l'avoir correctement nettoyée. La peau est en effet riche en fibres, et c'est souvent à son niveau que l'on trouve la plus grande concentration de vitamines.

Manger des fruits (de préférence d'origine biologique) avec leur peau a l'avantage d'abaisser encore leur index glycémique. Vous maigrirez mieux si vous respectez cette règle.

Les boissons

L'alcool

L'alcool fait grossir ! C'est ce que vous pensez parce que c'est ce qu'on vous a dit. On vous a même peut-être donné mauvaise conscience en insinuant que tous les kilos en trop que vous aviez devaient être mis sur le compte de l'alcool que vous buvez régulièrement. Nous allons essayer de faire objectivement le point sur cette question.

Il est vrai que l'alcool peut contribuer à la prise de poids s'il est consommé en quantité excessive. Si on reste très raisonnable, il peut être neutre. Dans la phase d'amaigrissement, il conviendra de limiter sa consommation à un seul petit verre de vin (100 ml) bu à la fin du repas. Pour mettre toutes les chances de son côté, il vaudrait presque mieux s'abstenir de cette dose symbolique pour ne pas être tenté d'en prendre plus.

Une fois la perte de poids désirée obtenue, nous verrons qu'il est tout à fait possible de boire deux à trois verres de vin par jour sans compromettre son équilibre pondéral.

L'alcool crée un apport énergétique qui sera utilisé en priorité par l'organisme. Pendant ce temps-là, le corps n'aura pas tendance à utiliser ses graisses de réserve comme carburant. Ainsi l'alcool bloque l'amaigrissement. Ceci se produit surtout lorsque l'on est à jeun. Lorsque l'estomac est déjà rempli, et particulièrement de protides-lipides (viandes, poissons, fromages), l'alcool se métabolise beaucoup moins rapidement et contribue peu à produire des graisses de réserve.

Ce qu'il faut en revanche abandonner résolument, c'est l'apéritif. Si vous ne pouvez pas faire autrement qu'accompagner vos invités, prenez quelque chose de non alcoolisé, comme un jus de tomate ou un Perrier citron. Le seul apéritif noble, à mon avis, est un verre de bon champagne, de crémant ou de bon vin. De grâce, n'acceptez pas qu'on y ajoute (la plupart du temps pour dissimuler la qualité médiocre du vin ou du champagne) de la liqueur de cassis ou tout autre sirop bizarre que chacun s'efforce d'inventer pour faire preuve d'originalité.

Si vous ne pouvez faire autrement, acceptez à l'apéritif un verre de bon champagne, mais surtout *ne le buvez pas à jeun*. Commencez d'abord par manger des amuse-gueule. Mais attention : des amuse-gueule sans mauvais glucides ! Vous apprendrez très rapidement à les reconnaître. À proscrire dans cette catégorie : les croustilles, les craquelins, les canapés au pain blanc... Sont acceptables les olives, le fromage, la charcuterie (saucisse sèche par exemple) ou encore le poisson (fumé par exemple). Deux ou trois cubes de fromage et une tranche de saucisson suffisent à fermer le pylore (sphincter qui se trouve entre l'estomac et l'intestin), retardant ainsi le passage de l'alcool dans le sang.

Il faudra cependant, dans la phase I, supprimer complètement l'apéritif, car dans cette phase de rigueur les règles de base de la méthode doivent être appliquées complètement pour être efficaces quant à la perte de poids.

Les digestifs

Faites un trait sur les digestifs. Les cognacs, armagnacs et autres fines sont peut-être délicieux (quand on peut les supporter), mais ils sont mauvais en tout point pour votre équilibre pondéral.

Peut-être êtes-vous adepte du digestif parce que vous pensez que cela vous aide vraiment à digérer. Eh bien, rassurez-vous, quand vous aurez adopté les principes alimentaires contenus dans ce livre, vous n'aurez plus du tout de problèmes de digestion, même après un repas plantureux.

La bière

La bière est une boisson dont il faut faire un usage très modéré.

Il n'est pas nécessaire d'avoir séjourné en Allemagne pour savoir quels sont les effets secondaires de la bière : ballonnements, prise de poids (surtout si la bière est consommée en dehors du repas), mauvaise haleine, indigestion malgré la présence des diastases, petits enzymes dont le rôle est précisément d'activer la digestion.

Il faut être prudent avec la bière, car elle contient à la fois de l'alcool mais aussi et surtout un glucide (le maltose) dont l'index glycémique est très élevé (110).

Il faut savoir par ailleurs que l'association de l'alcool et du sucre favorise l'hypoglycémie, à l'origine de fatigue, donc de sous-performance *(voir chapitre 6 sur l'hypoglycémie)*.

C'est pourquoi, si vous êtes un gros buveur de bière, il vaudra mieux accepter d'en consommer beaucoup moins, particulièrement en dehors des repas. Au cours des repas, vous pourrez éventuellement en consommer 200 ml au maximum, tout en sachant que votre amaigrissement serait plus efficace si, dans la phase I, vous acceptiez de vous en priver.

Le vin

Le vin a déjà été évoqué précédemment, mais il n'est pas inutile d'y revenir car il y a des choses intéressantes et même très positives à dire sur lui.

Depuis le début des années 80, de nombreuses études scientifiques ont prouvé que le vin (rouge en particulier) a d'incontestables vertus médicinales, mais aussi préventives en ce qui concerne certaines pathologies.

Il a été notamment démontré qu'une consommation modérée et régulière de vin peut être un facteur efficace de diminution du risque cardiovasculaire. Les études conduisant au constat du paradoxe français ont montré en effet que si les Français ont trois fois moins de risques de faire un infarctus que les Nord- Américains, c'est précisément parce qu'ils boivent 11 fois plus de vin.

Plus récemment (1995), il a été mis en évidence que l'effet particulièrement bénéfique du vin est surtout à mettre au crédit des antioxydants très puissants qu'il contient : les polyphénols. Il a même été démontré que certains de ces polyphénols permettent, dans le cas d'une consommation modérée de vin, de prévenir certains cancers et même la maladie d'Alzheimer [1].

Ce qui nous intéresse ici particulièrement, c'est de savoir si la consommation de vin peut être à l'origine de l'embonpoint. Nous avons déjà répondu qu'une quantité excessive de vin (alcool) peut contribuer à la prise de poids. Une consommation de 2 à 3 verres devrait en revanche être à peu près neutre. Un petit verre de vin (100 ml) à la fin du repas peut même, selon certains experts, avoir des effets positifs sur la sécrétion insulinique.

---

1. Voir *Boire du vin pour rester en bonne santé,* Michel Montignac, Flammarion, Paris, 1997.

Si vous avez suffisamment de volonté pour vous en tenir à ces faibles doses, votre amaigrissement n'en sera que plus efficace. Pour les autres, il est plutôt recommandé de s'abstenir de boire du vin pendant toute la phase I d'amaigrissement. En phase II, comme nous le verrons ultérieurement, le vin pourra être consommé quotidiennement sans préjudice pour le maintien du poids. L'ingestion de vin devra cependant être habilement gérée avec les autres prises de glucides.

En phase I, c'est-à-dire celle où l'on doit être très ferme avec les principes, il vous sera peut-être difficile d'assister à un repas de famille ou à une réunion avec des amis sans boire une goutte de vin car, si d'emblée vous annonciez que vous ne buvez pas, cela pourrait être gênant pour les autres. Mon conseil est le suivant : Laissez votre verre se remplir et prenez-le dans la main aussi souvent que si vous buviez normalement. Trempez-y les lèvres au lieu de boire. En un mot, faites illusion, ce qui, je vous l'accorde, n'est pas facile. J'ai personnellement appliqué cette méthode pendant plusieurs semaines et, croyez-moi, personne n'a jamais remarqué que je ne « participais » pas.

De la même manière, personne n'a jamais remarqué que je ne mangeais pas une miette de pain. Pour faire illusion, j'entame toujours mon morceau de pain, mais il reste rompu sur la table. Jamais je n'y touche réellement.

Pour terminer sur ce point, précisons que la quantité d'alcool contenue dans le vinaigre est tout à fait négligeable. Il peut donc être utilisé pour assaisonner les crudités et les salades, à moins qu'on ne préfère le citron.

Le café

Le vrai café, l'espresso à l'italienne bien corsé, n'est pas, comme le croient certains, le plus dangereux car, à cause de la pression de vapeur dont il est l'objet, la dose de caféine n'y est pas forcément très élevée, même si son goût est marqué.

C'est le café infusé dans le filtre tel que le préparent les Nord-Américains qui est le plus redoutable car, même lorsqu'il est supposé être léger (parce qu'il est clair comme du thé), il reste fort en caféine.

Si l'on souhaite réussir son programme d'amaigrissement, il faut mettre toutes les chances de son côté. Or, il est important de savoir que, bien que la caféine ne soit pas un mauvais glucide, elle n'en a pas moins le pouvoir d'entraîner une légère augmentation de la sécrétion d'insuline, notamment chez ceux qui sont fortement hyperinsuliniques. C'est pourquoi il vous est recommandé de mettre la pédale douce sur le café et même de le supprimer, tout au moins dans un premier temps.

Si vous êtes un grand buveur de café très fort, c'est sans doute parce que vous ressentez le besoin d'un excitant pour vous réveiller. Si vous avez régulièrement ces coups de pompe, notamment vers onze heures du matin ou pendant la digestion dans le milieu de l'après-midi, c'est parce que vous faites de l'hypoglycémie *(voir le chapitre 6 qui lui est consacré)*. Buvez du café décaféiné ou, à la limite, du café pur Arabica, qui contient beaucoup moins de caféine.

La consommation excessive de café relève (comme pour le sucre, la cigarette ou l'alcool) d'une espèce de dépendance qui s'est développée au fil des années. Il importe de casser ce lien une bonne fois pour toutes. Si votre motivation pour obtenir un amaigrissement substantiel est assez forte, profitez-en pour aller jusqu'au bout des résolutions qui sont nécessaires. Lorsque vous aurez obtenu les résultats que vous poursuivez et que votre pancréas sera revenu à un fonctionnement normal, vous pourrez, de temps en temps (en phase II), pour terminer un bon repas, vous permettre de prendre un bon espresso.

Les limonades et les boissons gazeuses

Ces boissons sont généralement préparées à partir d'extraits de fruits ou de plantes, presque toujours synthétiques, et elles ont toutes le même défaut majeur : elles contiennent beaucoup de sucre (index glycémique 70).

Elles sont donc condamnables et à exclure totalement, non seulement parce qu'elles comportent beaucoup de sucre mais aussi parce que le gaz artificiel qu'elles renferment a pour effet d'entraîner de l'aérophagie.

Même si elles sont faites à base d'extraits naturels, il faut se méfier des boissons gazeuses car elles peuvent être toxiques. On remarque en effet, dans les extraits naturels d'agrumes, des traces importantes de substances nocives, comme les terpènes.

Les pires d'entre elles, celles à base de cola, devraient soit être interdites, soit faire l'objet d'une mention spéciale comme celle qui se trouve sur les paquets de cigarettes : « Ceci est un produit dangereux qui peut nuire gravement à votre santé. »

Il est regrettable en tous cas que la consommation de boissons au cola ait pris l'ampleur qu'on lui connaît dans tous les pays du monde. Je laisse au docteur Émile-Gaston Peeters vous faire part de ses commentaires sur la question :

> « À l'heure actuelle, les boissons dites au cola présentées sur le marché européen contiennent, pour 190 ml (contenu moyen d'une petite bouteille), environ 21 mg de caféine et 102 mg d'acide

phosphorique. La caféine possède des propriétés excitantes. L'acide phosphorique est intensément acidifiant et sa haute concentration en phosphore risque de déséquilibrer le rapport calcium/phosphore de l'alimentation, avec un danger grave de déficit dans la fixation osseuse du calcium. Enfin, il faudrait être certain que l'acide phosphorique utilisé ne contienne pas de traces trop tapageuses de métaux lourds toxiques. La conclusion est simple. Les boissons dites au cola doivent être, dans leur composition actuelle, formellement déconseillées aux enfants et aux adolescents. Elles ne sont bénéfiques pour personne. »

Cette déclaration se passe de commentaire. Que ce soit pour vos enfants ou pour vous-même, la ferme recommandation est la même : pas de limonade, pas de boisson gazeuse et surtout pas de cola !

Le lait

Le lait entier est un aliment complexe puisqu'il comporte à la fois des protéines, des glucides (le lactose) et des lipides.

Comme nous le verrons plus loin, les lipides du lait sont plutôt mauvais car saturés. C'est pourquoi il vaut mieux consommer du lait écrémé. Le lait en poudre écrémé est, à mon avis, très préférable car, si l'on met une plus grande quantité de poudre que ce qui est normalement recommandé, on obtient un liquide onctueux riche en protéines qui constitue une aide supplémentaire à l'amaigrissement.

Le fromage blanc à 0 % de matières grasses sera aussi très souvent recommandé dans l'application de la méthode. C'est un aliment intéressant du fait de sa richesse en protéines et de sa faiblesse en glucides (5 g pour 100 g). Il est préférable de toujours choisir du fromage frais bien égoutté, de type faisselle, Damablanc ou quark, de manière à se débarrasser le plus possible du lactose (petit lait). Certains fromages blancs battus homogénéisés par un processus industriel devront être évités, de type Philadelphia par exemple. Parmi les laitages, il conviendra de préférer les yogourts (maigres), compte tenu des multiples vertus de leurs ferments lactiques pour la santé.

Les jus de fruits

Ce qui a été dit précédemment sur les fruits est aussi valable pour les jus de fruits frais, c'est-à-dire le jus obtenu immédiatement après avoir pressé le fruit.

Leur index glycémique est cependant plus élevé que celui du fruit dont ils sont issus, pour la simple raison qu'il leur manque la pulpe, c'est-à-dire les fibres. Les jus de fruits pouvant élever la glycémie (sauf le citron), il sera préférable durant la phase d'amaigrissement de consommer plutôt des fruits.

Quant aux jus de fruits du commerce, même s'ils sont «pur fruit» et sans sucre ajouté, ils sont plus pauvres en vitamines et en fibres qu'un jus de fruits frais. Ils ont, par ailleurs, une acidité beaucoup trop excessive. Leur usage ne devra être que très exceptionnel.

MISE EN PRATIQUE
DE LA PHASE I

La phase I de notre méthode n'est pas difficile à mettre en œuvre. Pour la réussir vraiment, il faut avoir parfaitement assimilé les éléments basiques du système. Si j'en crois mon expérience, c'est certainement à cette étape-là que l'on peut rencontrer quelques ratés.

Loin de moi l'idée de mettre en cause vos capacités intellectuelles à intégrer un nouveau concept! Dans le cas qui nous intéresse ici, la tâche consiste à évacuer préalablement les idées reçues, qui sont d'autant plus ancrées dans notre subconscient qu'elles relèvent d'un véritable conditionnement culturel. Les idées pourtant simples et les principes scientifiques élémentaires qui sont exposés ici n'ont malheureusement pas encore dépassé les murs de quelques rares cabinets médicaux. Il ne faut donc pas compter sur votre entourage pour vous aider dans votre entreprise.

En plus du respect des grands principes métaboliques que vous avez découverts dans les chapitres précédents, il conviendra, pour être le plus efficace possible, d'appliquer certaines règles qui, elles, relèvent davantage du bon sens.

L'une d'entre elles est qu'il est impératif de *ne jamais sauter de repas* (notamment celui de midi) : cela aurait pour effet d'affoler l'organisme, qui, au repas suivant, serait tenté de faire des réserves anormales. Il faut donc faire trois repas par jour, et éventuellement une collation. Prenez un petit-déjeuner copieux, un dîner normal et un souper léger. Le même aliment, surtout s'il est gras, est plus grossissant le soir que le matin.

La mise en œuvre de la phase I repose sur un principe qui est le fondement de la méthode et sur deux règles d'application :
• *Le principe fondamental :* faire des choix alimentaires entraînant une résultante glycémique qui soit la plus basse possible à la fin du repas, de manière à limiter au minimum la réponse insulinique.
• *Les règles d'application :* deux types de repas sont possibles :
– soit le repas sera majoritairement protido-lipidique (viande et poisson par exemple) et ne comportera que des glucides à index glycémique très bas (inférieur ou égal à 35), comme les lentilles vertes, les pois chiches, les légumes verts…

– soit le repas sera majoritairement protido-glucidique et ne comportera donc que très peu, voire aucune graisse saturée et peu de graisses poly et monoinsaturées. Les glucides seront choisis parmi ceux dont l'index glycémique est inférieur à 50.

LE PETIT-DÉJEUNER
Formule n° 1

Il sera majoritairement protido-glucidique, c'est-à-dire qu'il comportera peu de lipides et beaucoup de glucides à index glycémique bas.

On pourra dès le réveil manger un ou plusieurs fruits, puis, environ un quart d'heure après, commencer le petit-déjeuner. Entre-temps, on pourra en profiter pour faire sa toilette ou regarder les nouvelles matinales à la télévision.

Première option : il sera majoritairement composé de pain riche en fibres (pain complet, de préférence du véritable pain intégral).

• Aucune norme précise n'existant en la matière, chaque boulanger est libre de faire son pain dit « spécial » comme il l'entend. C'est pourquoi son pain complet n'a le plus souvent de complet que le nom, car il est généralement le résultat d'un mélange de farine blanche avec une certaine quantité de matières qui ont été retenues à l'étape du raffinage. Le pain complet peut être aussi réalisé tout simplement avec une farine moins raffinée.

• Le pain de son est, quant à lui, issu d'un mélange de farines blanches et d'une certaine proportion de son. Là encore, aucune norme n'indique au professionnel à partir de quel pourcentage il aura droit à l'appellation. Le son ajouté est par ailleurs issu très souvent de blés de culture agro-industrielle intensive moderne, c'est-à-dire qu'il y a de grands risques pour qu'il contienne des résidus de pesticides.

• Je conseille donc de sélectionner du véritable pain intégral (frais ou grillé), ce qui, il faut l'avouer, n'est pas toujours très facile. De plus en plus de boutiques de produits naturels en proposent. Un véritable pain intégral conserve *l'intégralité* des composants du grain de blé, ce qui en fait un bon glucide à index glycémique bas (40). Il est en plus riche en fibres, en protéines, en sels minéraux, en oligoéléments et en vitamines du groupe B.

Vous pouvez aussi acheter du pain noir de type allemand (schwarzbrot ou pumpernickel), que l'on trouve parfois dans les grandes surfaces, mais vérifiez bien sa composition : il contient souvent du sucre et surtout des graisses hydrogénées (trans) ou saturées (huile de palme). C'est aussi le cas des fameux petits pains grillés suédois.

• En option, ou simplement pour varier les plaisirs, vous pouvez aussi faire appel à des craquelins riches en fibres ou contenant de l'avoine (céréales riches en fibres solubles).

• Dans tous les cas de figure, il conviendra d'exclure toute forme de biscottes classiques, qui, outre le fait qu'elles sont fabriquées avec des farines blanches, contiennent généralement des mauvais lipides et du sucre.

• Que va-t-on mettre sur le pain intégral ou ce qui lui tient lieu de substitut ? Il est naturellement préférable en phase I de n'y mettre ni beurre ni margarine ni beurre d'arachide comme nous pourrons éventuellement le faire en phase II. N'y mettez surtout pas non plus du miel, dont l'index glycémique est élevé (85), ni même de la confiture classique, qui contient 65 % de sucre. Je vous propose deux options :

– soit vous utilisez de la tartinade de fruits sans sucre, c'est-à-dire de la pulpe de fruits gélifiée avec de la pectine et garantie sans sucre ajouté. Même si le goût est proche (en moins sucré cependant), cela n'a rien à voir avec de la confiture classique. L'index glycémique de ce produit est bas (22), ce qui en fait un excellent accompagnement pour le pain intégral ;

– soit du fromage frais à 0 % de matières grasses ou un yogourt nature, que l'on pourra consommer brut ou aromatisé de tartinade sans sucre ajouté, ou encore salé, poivré… La différence de contenu en graisses entre un yogourt maigre et un yogourt nature est de 1,2 g pour 100 g, ce qui est très négligeable.

Deuxième option : le petit-déjeuner de phase I peut aussi être constitué de céréales complètes, achetées avec le plus grand soin car elles ne devront comporter ni sucre, ni miel, ni caramel, ni maïs, ni riz soufflé… Les mueslis ayant les mêmes caractéristiques pourront eux aussi être les bienvenus.

• Les céréales complètes (flocons d'avoine, flocons cinq céréales, mueslis…) pourront être consommées avec du lait écrémé (chaud ou froid) ou encore mélangées avec du fromage frais à 0 % m.g. ou du yogourt nature. On pourra même y incorporer un peu de tartinade de fruits sans sucre.

• Il conviendra en tout cas d'éviter à tout prix les céréales faites avec des farines raffinées, celles qui sont les plus couramment vendues comme celles qui comportent du riz soufflé (index glycémique 85), ou encore celles qui sont faites à partir de farines de maïs raffinées comme les trop fameux flocons de maïs (ou flocons de riz), dont nous avons vu que l'index glycémique est de 85. Les céréales de son de type All Bran pourront en revanche être intégrées en petite quantité car elles sont très riches en fibres mais contiennent malheureusement du sucre.

• Naturellement, la consommation conjointe de pain intégral et de céréales complètes est possible.

• Pour terminer, précisons qu'il est tout à fait possible de faire un petit-déjeuner à base de fruits en y ajoutant un laitage écrémé et un yogourt de manière à obtenir un apport protéique suffisant.

Formule n° 2

Il sera majoritairement protido-lipidique, et donc salé. Il peut être à base de jambon, de bacon, de fromage, ou encore d'œufs (brouillés, à la coque ou au plat).

• C'est un petit-déjeuner de type continental, à la différence près que, en phase I, il est préférable de s'abstenir de consommer des glucides, de manière à éviter une amplification du risque cardiovasculaire (les lipides étant déjà majoritairement saturés) par une élévation de l'insulinémie qui favoriserait le stockage de ces graisses nocives. Donc pas de toast, même si le pain est intégral.

• C'est la formule idéale quand on est à l'hôtel, où le pain riche en fibres et les céréales complètes sont quasi inexistantes, ou encore durant la fin de semaine quand on dispose d'un peu plus de temps pour la préparation de son petit-déjeuner.

• Ce petit-déjeuner n'est pas conseillé, en revanche, à ceux qui souhaitent consacrer leur matinée au sport, car l'absence de glucides prépare peu l'organisme à effectuer des exercices physiques intenses.

• Il est cependant important d'en faire seulement une exception car il est très riche en lipides saturés. Il faut même préciser qu'il est tout à fait contre-indiqué pour ceux qui souffrent d'hypercholestérolémie ou de problèmes cardio-vasculaires en général.

• Comme ce petit-déjeuner est faible en glucides, à part le lactose du lait et du yogourt éventuels, il conviendra, dans un souci d'équilibre alimentaire, d'en tenir compte dans les choix que l'on fera par ailleurs dans la journée. Cela veut dire que les autres repas de la journée devront être riches en bons glucides et pauvres en mauvais lipides (saturés).

Les boissons du petit-déjeuner

Le choix des boissons au petit-déjeuner, quelle que soit l'option, pourra être fait parmi les propositions suivantes :
– café décaféiné (ou café peu riche en caféine comme l'Arabica) ;
– thé léger (sinon, il peut être trop riche en théine, proche de la caféine) ;
– chicorée (pure ou en association avec le café) ;
– lait écrémé (celui qui se présente en poudre permet de réaliser un mélange onctueux plus concentré) ;
– café de céréales (type Bio-café ou Bambou), qui a l'avantage de ne pas contenir de caféine.
• En phase I, il faudra éviter les boissons chocolatées, sauf à la rigueur chez l'enfant (mais attention de choisir une poudre sans sucre et dégraissée, comme le cacao).
• Toutes ces boissons seront bien entendu prises sans sucre, à la rigueur avec un édulcorant de synthèse (aspartame) ou un peu de fructose, avec néanmoins le souci de se déshabituer petit à petit du goût du sucré pour progressivement s'en passer.

LE DÎNER

Le dîner, qu'il ait lieu à la maison ou en dehors, sera le plus souvent composé de protéines, de lipides et de glucides à index glycémique très bas.
– Les protéines proviendront essentiellement des viandes, des poissons, des œufs et des laitages.
– Les lipides seront soit ceux qui sont généralement associés aux protéines, soit ceux que l'on aura ajoutés dans les

préparations (l'huile d'olive, par exemple). Le choix des graisses sera particulièrement important, dans un souci de prévention des risques cardiovasculaires.

– Les glucides qui seront consommés au cours de ce repas seront choisis exclusivement parmi ceux dont l'index glycémique est inférieur ou égal à 35, dont vous trouverez la liste dans le tableau page 54 et qui sont rappelés dans les pages suivantes.

Le menu type du dîner sera le suivant:
– crudités ou potage (froid ou chaud);
– poisson, ou viande, ou volaille;
– accompagnements (aliments glucidiques à index glycémique inférieur ou égal à 35);
– salade;
– fromage ou yogourt;
– boisson (eau, éventuellement 100 ml de vin rouge ou 200 ml de bière, à la fin du repas).

Entrées

• Toutes les salades sont autorisées, pour autant qu'aucune des composantes ne soit un mauvais glucide, ce qui est le cas généralement lorsque vous commandez une salade niçoise. Prenez la précaution, avant de commander quoi que ce soit, de vérifier que la salade ne comportera ni pomme de terre, ni maïs, ni carotte cuite, ni betterave.
• Les crudités peuvent être assaisonnées avec de l'huile d'olive, de tournesol ou de canola et du vinaigre ou du citron.
• Si vous êtes au restaurant, vous pourrez choisir une salade aux petits lardons. Attention, cependant, car il faudra en la commandant préciser « sans croûtons » car, dans la plupart des cas, les restaurateurs ont la fâcheuse manie d'en ajouter.

Soyez vigilant ! Ne commencez pas à tolérer ces «petites erreurs», qui sont en fait énormes eu égard à l'objectif que vous poursuivez. Montrez-vous exigeant avec le serveur du restaurant. Si vous avez précisé «sans croûtons» ou «sans maïs», ne soyez pas complaisant en acceptant «pour cette fois» parce qu'il est débordé. Si vous voulez que le maître d'hôtel ou le serveur vous prenne au sérieux, il faut être convaincant en insistant sur le fait qu'il est absolument exclu que vous trouviez la moindre trace de ce que vous ne désirez pas dans ce que l'on va vous servir.

Personnellement, j'ai trouvé que la meilleure façon de se faire respecter sur ce plan est de dire que l'on est allergique. Cela marche à tous les coups.

Tant que vous trouverez dans votre salade des haricots verts, des poireaux, des artichauts, du chou, du chou-fleur, des tomates, des endives, des asperges, des champignons, des radis, du fromage ou de la charcuterie, ou même encore des lentilles, des pois chiches ou des haricots secs, mangez-en autant que vous voudrez.

À exclure de cette liste de hors-d'œuvre : la salade de betterave rouge, car son index est de 65, et aussi, nous l'avons déjà dit, le maïs.

• En ce qui concerne les œufs, il n'y a comme vous le savez aucune restriction, même avec de la mayonnaise. Eh oui ! Un peu de mayonnaise, comme un peu de crème fraîche allégée, est tout à fait acceptable car leur contenu calorique ne nous intéresse pas. Ce n'est pas une raison pour en faire une orgie. Si vous aimez cela, mangez-en normalement (si elle est en tube ou en pot, vérifiez-en la composition, car la probabilité pour qu'elle contienne du sucre, du glucose ou une farine est assez forte). Si vous avez tendance à avoir du cholestérol, il vaut mieux être prudent et les éviter *(voir chapitre 8)*.

• Comme entrée, vous pouvez prendre aussi du thon, des sardines à l'huile, du crabe, des langoustines, du saumon, qu'il soit fumé ou mariné.

Plat principal

• Le plat principal sera essentiellement composé de viande, de volaille ou de poisson, qu'on accompagnera d'un légume. Il n'y a aucune restriction à formuler dans ce domaine, si ce n'est dans la préparation, bien qu'il soit souhaitable que vous privilégiez le poisson dans votre choix étant donné que ses graisses sont bien meilleures sur le plan de la prévention des risques cardiovasculaires. Par ailleurs, on sait désormais que les graisses de poisson se stockent beaucoup moins facilement que les autres. Certaines études ont même montré qu'elles pourraient contribuer à favoriser l'amaigrissement.

• La viande et le poisson ne devront *jamais être panés* car la chapelure est un très mauvais glucide transformé en éponge à mauvaise graisse. Le poisson, de la même façon, ne devra pas être roulé préalablement dans la farine. Méfiez-vous des soles dites « meunières ». Prenez l'habitude de toujours demander votre poisson grillé.

• Évitez par ailleurs les graisses de cuisson et de friture, pas toujours faciles à digérer, mais surtout mauvaises sur le plan des risques cardiovasculaires.

• Attention aux sauces ! Si vous êtes un adepte de la nouvelle cuisine, les sauces sont généralement très légères dans la mesure où elles ne contiennent pas de farine. La plupart du temps, elles sont le résultat d'un déglaçage du plat de cuisson avec un bouillon ou de la crème fraîche allégée. Dans la cuisine traditionnelle, la sauce est généralement bétonnée à la farine blanche, ce qui la rend dangereuse par rapport à nos principes. Si vous mangez une bonne viande grillée, vous pouvez éventuellement l'accompagner d'une sauce béarnaise, dans la mesure où vous n'avez pas de problème avec votre cholestérol car elle contient du beurre et du jaune d'œuf.

• Si vous prenez de la moutarde, évitez celle qui est douce car elle contient du sucre.

• En ce qui concerne les accompagnements, vous choisirez en priorité les légumes à fibres qui seront disponibles. De la tomate à la courgette en passant par le haricot vert, l'aubergine, le chou-fleur, les brocolis ou encore les lentilles vertes, vous aurez l'embarras du choix. Consultez la liste, page 54, de manière à bien les connaître car ils sont nombreux.

Comme je vous l'ai conseillé, s'il n'y a rien d'autre de disponible lorsque vous êtes au restaurant et que l'on ne vous propose que des mauvais glucides, mangez tout simplement de la salade (laitue, mâche, frisée, scarole, pissenlit ou romaine). Vous pouvez en manger autant que vous voulez, en entrée, en plat principal, et avant ou avec le fromage.

Fromage

Consommer du fromage en fin de repas est une habitude très française, mais même si vous êtes dans un autre pays que la France où les habitudes alimentaires sont différentes, personne ne vous empêche d'en consommer si vous aimez cela et si vous avez encore faim après votre plat principal.

• Il faudra vous habituer à manger le fromage sans pain car, même si vous avez à votre disposition du véritable pain intégral, son index glycémique sera au mieux de 40. Ce n'est pas la peine de prendre des risques inutiles, surtout en phase I. Le mieux est donc de manger le fromage avec de la salade. Autre technique : vous pouvez utiliser un fromage dur (emmenthal, gruyère, cheddar...) pour y tartiner un fromage mou.

• En phase I, tous les fromages sont autorisés. On peut à la rigueur finir un repas de ce type par un yogourt ou du fromage frais bien égoutté. Il faudra cependant ne jamais exagérer la consommation de fromage frais (certaines personnes ont tendance à faire tout leur repas avec) car on peut penser, comme le font certains auteurs, que les protéines du lait contiennent un facteur de croissance et même de prise de poids (nécessaire à l'engraissement du petit veau et qui pourrait être actif aussi chez l'homme). Cela expliquerait que la consommation trop importante d'un laitage puisse compromettre la perte de poids.

Certaines personnes, notamment du troisième âge, supportent mal les laitages ; elles souffrent d'une intolérance au lactose, ayant un déficit enzymatique (la lactase) pour le digérer. Cette intolérance (qui n'a rien à voir avec une allergie) peut être source de fermentation et de ballonnements intestinaux fort désagréables.

Desserts

Le gros problème avec les desserts classiques, c'est qu'ils sont par définition fabriqués à partir de trois ingrédients principaux : de la farine blanche, du sucre et du beurre.

• Certains desserts pourront être faits à partir de fruits cuits (pommes, poires, abricots, pêches…), d'œufs et de fructose, un sucre naturel dont l'index glycémique est bas, mais ils pourront être faits aussi à partir de chocolat amer à plus de 70 % de cacao. J'ai beaucoup traité de la confection de ces desserts sans mauvais glucides dans mes différents livres de recettes *(voir aussi à l'Annexe VI)*, mais leur consommation est plutôt réservée à la phase II de stabilisation.

En phase I, vous pourrez, de temps en temps, le dimanche par exemple, vous permettre d'en intégrer un à votre menu, dans la mesure où vous êtes certain que les glucides avec lesquels ils sont faits ont un index glycémique inférieur ou égal à 35.

• Certains desserts peuvent être réalisés avec des édulcorants, dans la mesure où ils ne nécessitent pas une cuisson importante, comme, par exemple, les flans, la crème anglaise ou les œufs à la neige. Ma préférence va au fructose, qui se travaille beaucoup mieux en pâtisserie car il a la même consistance que le sucre et supporte bien la chaleur.

Boissons

• Dans la phase 1, nous avons déjà dit qu'il était préférable d'éviter toute boisson alcoolisée, sauf si l'on est capable de se limiter à un petit verre de vin rouge (100 ml) ou de bière (200 ml) au milieu ou en fin de repas (jamais à jeun). Buvez donc de l'eau, du thé léger ou encore des tisanes.

• De toute manière, *il est recommandé de boire peu au cours des repas,* car vous risquez de noyer vos sucs gastriques, ce qui tend à perturber la digestion. En tout cas, quand vous buvez, *commencez uniquement à partir de la deuxième moitié du repas.* Évitez de boire en vous mettant à table. C'est une déplorable habitude que trop de gens ont prise. Buvez plutôt entre les repas (un litre et demi au minimum). Pensez-y ! On oublie trop souvent de le faire.

• Si vous avez l'obligation (professionnelle par exemple) de faire de gros repas pendant la phase I, je vous rappelle que vous devez vous soustraire à l'apéritif alcoolisé. Prenez un jus de tomate ou un Perrier.

Si vous devez absolument accepter une boisson alcoolisée (un kir, par exemple, a été préparé pour tout le monde et on vous le remet à votre arrivée), acceptez-le, mais ne le buvez pas. Trempez vos lèvres de temps en temps dedans pour participer, mais ne le consommez pas. Au moment opportun, vous pourrez ensuite « l'oublier » quelque part sans que personne ne s'en rende compte. Dans certaines circonstances, il sera peut-être plus difficile de vous en débarrasser. Faites alors preuve d'imagination. Mettez-le à la portée de ces gros buveurs qui s'arrangent toujours pour s'emparer distraitement du verre des autres, particulièrement lorsque celui-ci est plein. Si cette espèce n'existe pas dans votre entourage immédiat, ce qui serait surprenant car il s'en trouve partout, il vous reste la ressource du seau à champagne, de la fenêtre si c'est en été, ou du lavabo des toilettes.

RÉCEPTION OU INVITATION

Si vous êtes en phase I et assistez à une réception, voici quelques conseils :

• Acceptez, comme nous l'avons évoqué précédemment, le verre de champagne qu'on vous glisse dans la main. Gardez-le à la main un certain temps et posez-le ensuite discrètement.

• La nourriture servie au cours d'une réception constitue toujours un véritable problème, mais il n'y a pas de problème sans solution. Il est naturellement hors de question que vous mangiez des sandwichs (canapés), aussi petits soient-ils, car ils sont faits en partie à base de mauvais glucides. En revanche, ce qu'il y a sur les sandwichs est très souvent acceptable : tranche de saumon, saucisson, rondelle d'œuf, asperge, tomate, etc. Si vous êtes assez astucieux pour séparer la partie supérieure du socle de pain, bravo !

• Rien n'est impossible quand on est motivé. Il existe toujours dans une réception des choses tout à fait en accord avec nos règles alimentaires. Cherchez le fromage ! Il y a souvent du fromage sous une forme ou sous une autre. Mangez-en une tranche ou quelques petits cubes. Sinon, cherchez le saucisson ou la petite saucisse de cocktail.

• Si vous pensez faire partie de ces gens qui ne peuvent pas résister devant un étalage de nourriture, si vous croyez que vous allez inéluctablement succomber parce que, lorsque vous avez faim, vous ne pouvez pas vous dominer, voici une solution : avant d'aller à votre réception, grignotez quelque chose de permis pour vous caler l'estomac.

Au milieu du XIXᵉ siècle, mon aïeul (arrière-arrière-grand-père), qui avait six enfants, était une fois par an invité à souper avec sa famille chez le directeur de la compagnie pour laquelle il travaillait. Mon arrière-arrière-grand-mère, m'a-t-on rapporté, prenait soin ce jour-là de faire manger préalablement à ses six enfants une épaisse soupe. Leur estomac bien calé, les charmants bambins montraient un enthousiasme beaucoup moins excessif à consommer les plats exceptionnels qu'on ne leur servait jamais à la maison. Mes aïeuls avaient ainsi rapidement acquis la réputation d'avoir des enfants extrêmement bien élevés.

• Si vous avez peur de ne pas résister devant la débauche de nourriture d'un buffet, mangez avant d'aller à votre réception un œuf dur ou un morceau de fromage. Vous pouvez prendre l'habitude d'avoir avec vous des petits fromages du genre Babybel. (Ces en-cas peuvent aussi servir à combler un petit creux éventuel en fin de matinée ou d'après-midi. Encore qu'un fruit – une pomme par exemple – riche en fibres, serait de loin préférable.)

• Contrairement à l'enfant, pour qui la collation est nécessaire, si vos repas sont bien composés et, notamment, suffisamment riches en protéines et en fibres, vous ne devriez pas avoir faim entre les repas. De toute façon, ne confondez jamais en-cas ou collation et grignotage !

Si vous êtes invité chez des amis, vos choix seront, par défi-nition, plus difficiles dans la mesure où votre marge de manœuvre sera considérablement réduite.

• Ces amis sont peut-être des gens que vous connaissez bien. Il peut s'agir même de membres de votre famille. Alors, profitez de la liberté que vous avez avec eux pour leur annoncer discrètement la couleur. Demandez préalable-ment ce qu'il y aura à manger et n'ayez aucune crainte à faire des suggestions.

• Dans l'hypothèse où vous auriez très peu d'intimité avec vos hôtes, il vous faudra aviser au dernier moment et impro-viser. Si cette invitation a un caractère exceptionnel, le repas sera en rapport. Il serait donc surprenant que l'on vous serve en priorité du riz, du maïs ou des pommes de terre.

• S'il y a du foie gras, mangez-le sans arrière-pensée car il est tout à fait acceptable, étant donné les bonnes graisses qu'il contient. De grâce, *ne mangez pas le craquelin que l'on vous sert avec, qui est forcément à base de farines blanches.* Rien ne vous y oblige, pas même la bienséance.

• Si l'on vous sert un magnifique soufflé au fromage, mangez-en comme tout le monde, bien qu'il contienne de la farine, mais sous prétexte que vous êtes «dans le rouge», ne vous laissez pas aller. N'aggravez pas la situation en accep-tant d'en reprendre trois fois.

• Si l'entrée est un pâté en croûte, mangez l'intérieur, qui est généralement un protide-lipide, et laissez le reste dans votre assiette. Dans la mesure où vous n'êtes pas en com-pagnie de familiers, personne n'aura l'impolitesse de vous faire remarquer: «Tiens, vous laissez le meilleur!» Même si elle se pose la question intérieurement, la maîtresse de maison se gardera bien de vous demander pourquoi vous n'avez «pas aimé» sa croûte.

• En ce qui concerne le plat principal, vous n'aurez, je pense, aucun problème avec les accompagnements, qui sont généralement variés. Dans un souper, on sert rarement un seul légume. C'est pourquoi, à côté des pommes de terre que vous n'êtes pas obligé de prendre, il y aura sans doute des haricots verts, des brocolis, des champignons ou tout autre légume qui est pour vous acceptable.

• Si le service se fait à l'assiette, le choix sera plus difficile. De toute façon, quoi que vous ayez dans votre assiette, personne ne vous oblige à le manger.

• Si après cela vous avez toujours faim, rattrapez-vous sur la salade et surtout sur le fromage. Si vous faites honneur au fromage, la maîtresse de maison appréciera et vous pardonnera plus facilement d'avoir laissé la croûte de son pâté. Pour qu'un plateau de fromage soit beau, il faut qu'il soit garni d'une grande variété d'espèces. Les invités n'en prennent généralement pas beaucoup car, après tout le pain (blanc) qu'ils ont mangé, ils n'ont plus de place pour le fromage. Faites honneur au plateau !

• Le moment critique est évidemment celui du dessert, car il est toujours difficile de dire : «Non merci, je n'en veux pas». Insistez alors pour n'avoir qu'un tout petit morceau et faites comme ceux qui n'ont plus faim, laissez-en une bonne partie dans votre assiette.

• Enfin, attendez le plus longtemps possible pour commencer à boire. Buvez le vin rouge en priorité, particulièrement avec le fromage, mais limitez-vous au minimum.

• Si la situation a été pire que ce à quoi vous vous attendiez, si vous n'avez absolument pas pu faire preuve d'imagination pour échapper à l'agression des mauvais glucides alors que vous êtes au beau milieu d'une phase I, il ne vous reste plus qu'à être encore plus vigilant à l'avenir dans la mise en œuvre de vos nouveaux principes alimentaires.

Car il vous faut savoir qu'en phase I vous restez encore très fragile. Tant que votre pancréas n'aura pas connu une longue période de repos, il sera toujours tenté de répondre avec un excès d'insuline à toute sollicitation intempestive.

C'est pourquoi si, du jour au lendemain, vous apportez à votre organisme une grande quantité de mauvais glucides après l'en avoir privé complètement pendant quelque temps, attendez-vous à ce qu'il s'en donne à cœur joie. Vous courrez donc le risque de reconstituer en une soirée les graisses que vous aviez perdues en plusieurs jours.

Plus vous serez avancé dans le suivi de la phase I (qui doit s'étaler sur au moins deux ou trois mois), moins la reprise de poids sera catastrophique.

En revanche, si vous faites un gros excès deux ou trois semaines après avoir commencé la phase I, vous risquez de revenir subitement à un poids très proche de celui où vous étiez lorsque vous avez commencé. Cela peut être complètement décourageant. Dites-vous cependant, comme en d'autres circonstances, qu'une bataille perdue ne compromet pas pour autant vos chances de gagner la guerre.

LE SOUPER

La grande différence entre le dîner et le souper, c'est que ce dernier est la plupart du temps pris à la maison, ce qui est à la fois un avantage et un inconvénient. C'est un inconvénient parce que, chez soi, le choix des aliments est toujours plus limité. Et puis chez soi, la plupart du temps, on est en famille et il y a un menu commun pour tout le monde. Si vous avez su convaincre votre entourage familial et donner les recommandations qui conviennent, vous devriez n'avoir aucune difficulté. Le souper sera :

• soit identique au dîner (c'est-à-dire protido-lipidique) mais en plus léger, c'est-à-dire limitant la consommation de lipides au profit de légumes ;
• soit protido-glucidique comme le petit-déjeuner, c'est-à-dire composé majoritairement de bons glucides, évitant les apports de graisses saturées (viande, beurre, laitages entiers...) et limitant au minimum les apports de lipides poly et monoinsaturés (juste à la rigueur la vinaigrette d'une salade).

Ce sont les graisses du souper qui sont les plus facilement stockables. L'activité hormonale nocturne et l'équilibre du système nerveux végétatif facilitent la constitution de graisses de réserve. Les graisses du souper (particulièrement si elles sont saturées) risquent davantage d'être stockées que si elles avaient été consommées dans la première partie de la journée.

Formule n° 1

• Comme pour le dîner, il pourra comprendre une entrée, par exemple une salade, des crudités mais aussi un potage ne comportant que de bons glucides. Le plat principal sera constitué de protéines et de lipides (viandes, poissons, œufs...) accompagnés d'un légume figurant dans la liste des glucides à index glycémique très bas.
•   L'idéal serait de commencer le repas du soir par une soupe de légumes épaisse. Dans cette soupe, on pourra mettre des poireaux, du céleri, du chou, etc. Elle sera composée exclusivement des légumes figurant dans le tableau des index glycémiques très bas. Attention ! il ne faut pas être tenté d'y ajouter une pomme de terre même si elle a la propriété de lier la soupe. Le céleri pourra jouer ce rôle. Il y a un autre moyen de bien lier la soupe de légumes, c'est d'y ajouter un jaune d'œuf ou quelques champignons de Paris passés au

mélangeur et réduits en purée. Par ailleurs, il a été montré qu'une soupe qui contient de gros morceaux favorise plus l'amaigrissement que si elle est passée au mélangeur et trop liquide.

• Le soir, il vaudra mieux éviter de manger de la viande, sauf si c'est de la volaille maigre. Prenez plutôt du poisson car, comme nous l'avons déjà dit, les graisses de poisson sont beaucoup moins facilement stockables. Certaines études prétendent même qu'elles favoriseraient l'amaigrissement.

• Évitez la charcuterie le soir, notamment si vous avez mangé de la viande de bœuf, veau, mouton ou porc le midi. Cela constituerait un apport trop important de graisses saturées pour la journée. Ces graisses sont plus propices au stockage la nuit et leur consommation en excès peut mettre en péril votre taux de cholestérol.

• Comme laitage, le fromage reste le bienvenu mais il convient d'alterner avec le yogourt, dont nous savons qu'il recèle d'importantes vertus nutritionnelles. Le yogourt permet d'équilibrer la flore intestinale. On a même découvert récemment qu'il contribue à faire baisser le cholestérol mais aussi à renforcer la résistance aux infections et à lutter contre la constipation. Mais attention ! ne mangez que de bons yogourts, sans parfums artificiels ni fruits sucrés. Vous serez sûr de ne pas vous tromper en achetant les yogourts nature ou au bifidus (bactérie lactique).

Comme vous mangez le plus souvent chez vous au souper, profitez-en pour manger des choses permises, simples et que vous aimez comme le bouilli de bœuf (dégraissé), le foie ou les sardines. Mangez des choses que vous ne trouvez jamais au restaurant, comme les artichauts bouillis. Ils sont délicieux, riches en sels minéraux et comportent beaucoup de fibres, ce qui améliore le transit intestinal et fait baisser la glycémie.

• N'oubliez surtout pas de manger des légumes (tomates, épinards, endives, aubergines, choux-fleurs, poireaux, courgettes, brocolis, champignons), que vous pouvez préparer de différentes manières, cuits à la vapeur par exemple, et que l'on peut (pour certains) regrouper de façon à en faire un plat à part entière (ratatouille).

Formule n° 2

La formule n° 2 est de loin le souper qui vous permettra d'obtenir les meilleurs résultats dans la poursuite de votre programme d'amaigrissement.

• Comme le petit-déjeuner, il sera surtout composé de glucides à index glycémique bas et surtout très bas, de protéines, et il comportera peu, voire très peu de graisses (aucune graisse saturée et un minimum de graisses poly et monosaturées).

• Pour composer ce repas, on pourra choisir parmi les plats suivants :

– soupe de légumes (sans pomme de terre ni carotte) ;

– riz complet avec un coulis de tomates ;

– pâtes, et plus particulièrement des spaghettis, cuites *al dente* (si elles sont complètes, c'est encore mieux), que l'on pourra accompagner d'une sauce tomate au basilic ou aux herbes de Provence ;

– lentilles aux oignons ;

– haricots blancs ou rouges ;

– semoule complète (boulghour, couscous) avec des légumes ;

– artichaut avec une vinaigrette à l'huile d'olive ou maigre (citron, moutarde et yogourt maigre) ;

– salade assaisonnée avec une vinaigrette normale à l'huile d'olive ou une vinaigrette maigre comme précédemment.

• Pour le dessert, on pourra toujours avoir recours au fromage frais à 0 % ou au yogourt nature (son contenu en graisses est négligeable) ou maigre, dont le goût peut être relevé avec un peu de tartinade de fruits sans sucre. On pourra aussi consommer des fruits cuits (pommes, poires, abricots, pêches...) Ils n'ont pas du tout les mêmes effets secondaires que les fruits crus (ils ne fermentent pas) ; c'est pourquoi ils peuvent être consommés en fin de repas.

Appliquez cette formule n° 2 deux, trois ou quatre fois par semaine ou tous les jours si vous le souhaitez. Elle vous permettra un rééquilibrage de votre alimentation en privilégiant des bons glucides et notamment les légumineuses (lentilles, haricots, pois chiches...) qui contiennent des protéines végétales.

Pour une répartition harmonieuse des plats principaux sur une semaine, il est souhaitable de manger:
3 fois par semaine: de la viande (ou de la charcuterie)
3 fois par semaine: des volailles
1 à 2 fois par semaine: des œufs
3 à 4 fois par semaine: du poisson
3 à 4 fois par semaine: des bons glucides (aliments complets, légumineuses) en dehors des accompagnements qu'ils peuvent constituer dans les plats principaux précédents.

• Les féculents dont l'index glycémique est bas (lentilles, haricots, pois, pâtes complètes, riz complet...) non seulement peuvent faire partie du souper, mais doivent y figurer en bonne place.

Trop de personnes hésitent devant cette recommandation car elles pensent encore que «les féculents, ça fait grossir». Eh bien non ! Comme nous l'avons vu précédemment, il y a les bons et les mauvais féculents. Il suffit de choisir.

Rappelez-vous que adopter la méthode Montignac, c'est d'abord balayer les idées reçues. Ainsi, si des féculents figurent sur la liste des glucides à index glycémique bas et surtout très bas, vous devez en manger, pas seulement en accompagnement, mais aussi en plat principal.

PIQUE-NIQUE

Au stade où nous en sommes, vous avez, j'en suis persuadé, définitivement chassé de votre esprit le sandwich jambon-beurre et, plus encore je l'espère, l'infâme hamburger de la restauration rapide. Je vous dirai en conclusion de ce livre tout le mal que je pense des déplorables habitudes alimentaires modernes qui contaminent toutes les cultures dans le cadre de la mondialisation. La restauration rapide n'en est pas moins une réponse pratique à l'organisation nouvelle de notre société. Ce qui est regrettable, c'est que l'essentiel des aliments qui sont privilégiés dans cette forme de restauration sont des glucides à index glycémique élevé et même très élevé.

Pendant plusieurs décennies, les Nord-Américains ont été obsédés par les graisses, qu'ils ont cherché à chasser de tous leurs repas. L'industrie agroalimentaire a rivalisé d'imagination pour les supprimer, tout en gardant leur goût ou encore pour les remplacer par des substituts. Si cela n'a pas servi à grand-chose dans la lutte contre l'obésité, puisque les graisses constituaient une fausse piste, cela nous a au moins prouvé que l'industrie alimentaire était toujours capable d'ingéniosité.

Lorsque les responsables auront compris que l'ennemi est moins les lipides que les mauvais glucides, ils seront sans aucun doute capables de nous concocter des mets dont les glucides seront exclusivement choisis dans la colonne des glucides à index glycémique bas et très bas. Ce qui ne veut pas dire qu'ils ne soit pas important de s'occuper aussi de la nature des graisses.

En attendant que cela existe, vous pouvez inventer pour vous-même un repas rapide acceptable. Nous pouvons ainsi imaginer un sandwich Montignac :

• Le pain devra d'abord être obligatoirement du véritable pain intégral. Il pourra même être grillé, car le fait de faire griller du pain réduit son index glycémique (phénomène de rétrogradation) ;

• Entre les deux tranches de pain, il sera possible de disposer n'importe quel glucide à index glycémique bas, en évitant toutes les graisses, sauf celles de poisson ou encore l'huile d'olive. Les viandes très maigres (blanc de poulet, filet de dinde) seront aussi acceptables.

GARNITURES POSSIBLES POUR UN SANDWICH AU VÉRITABLE PAIN INTÉGRAL		
Salade	Fromage à 0 % m.g.	Saumon fumé
Concombre	Yogourt nature à 0 % m.g.	Harengs
Tomates	Moutarde forte	Thon
Carottes crues	Fromage cottage à 0 % m.g.	Blanc de poulet (cuit à la vapeur)
Artichauts		Filet de dinde (cuit à la vapeur)
Purée de lentilles vertes		Jambon blanc (maigre)
Purée de pois chiches		
Oignons		
Champignons		
Poivrons		

En dehors du sandwich au pain intégral garni exclusivement avec les ingrédients listés dans ce tableau, il est toujours possible d'emporter son dîner dans un thermos dans lequel on aura réalisé un plat à partir des aliments que nous avons listés précédemment, notamment du blanc de poulet, du gruyère, du thon, des crudités, des lentilles, etc.

• Si vous n'avez pas pu préparer votre dîner, vous pouvez toujours en improviser un en achetant au dernier moment tout ce qu'il vous faut pour faire une dînette. Vous pourrez par exemple vous procurer :
– *du jambon* (blanc ou de pays). Je recommande le Parme car il est toujours coupé en très fines tranches qui peuvent être mangées sans fourchette ni couteau ;
– *du saucisson* (le moins gras possible), mais il vous faudra un couteau. Un coupe-papier peut faire l'affaire ;
– *des œufs cuits durs* ;
– *des tomates* : si vous prenez la précaution d'avoir en permanence à portée de la main des mouchoirs en papier, la tomate est idéale ;
– *du fromage* : tous peuvent faire l'affaire, mais nous devons, dans cette rubrique, rester avant tout pratiques. J'exclurai d'office tous ceux dont la manipulation n'est pas facile parce qu'ils coulent par exemple, ou encore parce que leur odeur un peu forte pourrait ne pas être appréciée de vos proches voisins, surtout si vous êtes dans le train. Faites votre sélection parmi les gruyère, cheddar, mozzarella, saint-paulin et autres. Tout cela sera mangé sans pain, même intégral.
• Si vous êtes complètement à jeun, vous pourrez, comme je vous l'ai déjà signalé, faire pour votre pique-nique un repas de fruits frais (pommes, poires notamment) ou secs (abricots, figues). Mangez-en autant que vous voulez

jusqu'à satiété. L'ennui avec les fruits, c'est qu'ils se digèrent rapidement. C'est pourquoi l'idéal est de les manger avec quelque chose de plus consistant contenant des protéines : des amandes, des noisettes, des noix ou encore un yogourt buvable.

LA COLLATION

Si vous suivez correctement les principes de la méthode et si votre repas du midi est assez consistant, vous ne devriez pas ressentir le besoin de manger avant le souper. Quoi qu'il en soit, si en fin d'après-midi vous ressentez une faim tenace, il est préférable de manger quelque chose.

• Surtout n'ayez jamais recours aux mauvais glucides interdits, tels que les petits gâteaux secs, les croustilles, le maïs soufflé…. et encore moins aux tablettes pseudo-chocolatées et autres coupe-faim. Mangez alors une ou deux pommes, ou encore des fruits secs (abricots ou figues). Vous pouvez encore manger un yogourt avec un peu de tartinade aux fruits sans sucre ajouté.

• Si vous pratiquez un sport en fin de journée, un quart d'heure avant cet effort physique, vous pouvez manger des fruits (frais ou secs). L'énergie apportée par ces bons glu-cides sera utilisée immédiatement pour le fonctionnement musculaire nécessaire à l'effort.

AUTRES RECOMMANDATIONS

Nous arrivons au terme des explications fondamentales nécessaires à la mise en œuvre de la phase I.

Si, avant l'adoption de ces principes alimentaires, vous mangiez normalement du sucre, que vous étiez un grand amateur de friandises ou de gâteaux, et surtout que vous consommiez une quantité importante de pain blanc sous toutes ses formes et plus encore de pommes de terre, vous pourrez perdre quatre à cinq kilos dès le premier mois.

Ne vous arrêtez surtout pas à ce moment-là, en revenant à vos anciennes mauvaises habitudes alimentaires, car les mêmes causes produisant les mêmes effets, vous auriez toutes les chances de reprendre rapidement ce que vous avez perdu. Il faut éviter à tout prix l'obésité accordéon.

Après cette première période, l'amaigrissement se poursuivra dans la mesure où vous appliquerez scrupuleusement mes recommandations.

Cette perte de poids devrait suivre un rythme soutenu, bien que son amplitude soit de nature tout à fait individuelle. Pour certaines personnes, c'est en effet beaucoup plus rapide que pour d'autres.

L'expérience montre que des résultats rapides sont obtenus souvent plus facilement chez les hommes que chez les femmes, sauf peut-être chez les gens très anxieux ou chez ceux qui suivent des traitements médicaux particuliers (certains médicaments favorisent la prise de poids).

L'excès de poids chez les hommes est presque exclusivement dû à l'hyperinsulinisme. Les femmes, quant à elles, sont soumises à une plus grande influence de leur système hormonal, ce qui peut contribuer à perturber leur poids. Cela ne veut pas dire pour autant que l'on parviendra à terme à de moins bons résultats. On a pu cependant remarquer que certains sujets féminins avaient parfois plus de difficultés que d'autres.

Quatre causes possibles ont été reconnues comme facteurs de ralentissement :
– l'anxiété, qui stimule anormalement la sécrétion d'insuline ;
– les dérèglements hormonaux au moment de l'adolescence et de la ménopause ;

– les problèmes thyroïdiens (hypothyroïdie), somme toute assez rares ;
– certains organismes féminins opposent une certaine forme de résistance à l'amaigrissement, tout au moins au début, du fait des multiples privations dont ils ont pu être victimes à la suite de régimes hypocaloriques abusifs et successifs qui ont même pu contribuer à augmenter le nombre de cellules graisseuses. *(Pour en savoir plus sur les résistances à l'amaigrissement, voir Annexe II.)*

Si vous aviez préalablement quelques problèmes avec votre taux de cholestérol, il n'y aura désormais plus de raison d'avoir la moindre crainte. L'expérience a montré que la consommation de glucides à index glycémique bas, associée à un bon choix des graisses, comme je le conseille dans ce livre, conduit dans la très grande majorité des cas à sa normalisation.

Il s'agit notamment d'éviter les graisses saturées, qui augmentent la cholestérolémie, et de choisir de préférence les graisses qui font baisser le mauvais cholestérol, comme celles qui font augmenter le bon. Ces notions sont, enfin, définitivement admises par tous les spécialistes du monde et les publications scientifiques dans ce domaine sont très nombreuses *(voir chapitre 8 sur l'hypercholestérolémie)*.

Bien que cela soit improbable, il se pourrait que votre médecin ne soit pas tout à fait d'accord avec cette nouvelle approche alimentaire, qui ne correspond pas à ce qui lui a été enseigné. L'évolution des mentalités se fait, dans ce domaine comme dans beaucoup d'autres, avec une certaine lenteur, même lorsque des faits scientifiques irréfutables leur sont opposés.

Sachez en tout cas qu'*il n'y a aucune contre-indication à suivre les principes de ma méthode.* Quel risque pourrait-il y avoir à consommer plutôt des aliments naturels, complets, riches en fibres et en micronutriments (vitamines, sels minéraux, oligoéléments), ce que nos ancêtres ont fait avant nous pendant des millions d'années?

Comment pourrait-on être stupide au point de soutenir que la consommation de glucides à index glycémique élevé (le sucre, les farines raffinées, les pommes de terre, les espèces hybrides modernes à haut rendement, les produits ayant subi des traitements industriels) est meilleure pour la santé? Une telle affirmation relèverait de la même inconscience que de prétendre qu'il est plus sain de vivre dans l'atmosphère polluée d'une grande ville que dans l'air pur de la moyenne montagne.

Si certains critiquent vos nouveaux choix alimentaires, laissez-les faire et regardez-les simplement s'étonner des résultats que vous ne manquerez pas d'obtenir, pas seulement relativement à votre poids, mais aussi aux paramètres de votre bilan sanguin.

En respectant normalement les règles de la phase I, il est impossible que vous n'obteniez pas de résultat. Si c'était le cas, ou si l'amaigrissement était anormalement long, c'est qu'il y aurait quelque chose que vous ne feriez pas correctement *(voir Annexe II)*. Il faudrait alors, pendant quelque temps, dresser une *liste exhaustive* de tout ce que vous mangez du matin au soir. À la lumière du contenu de ce carnet alimentaire, vous trouveriez certainement ce qui ne va pas en passant en revue tous les principes que nous venons de voir. Vous pourriez, par exemple, consommer beaucoup trop de yogourt ou de fromage frais, ou encore faire une consommation régulière de potages qui, selon les dires de votre entourage, ne contiennent que des légumes «autorisés» tels que tomates, oseille, poireaux, etc., ce qui se révélerait être faux.

Soyez toujours plus suspicieux et vérifiez vous-même à la source. Vous pourriez, par exemple, découvrir que les fameux potages proviennent de soupes en boîte ou en sachet. Or, si vous prêtez attention à leur composition, obligatoirement précisée sur l'étiquette, vous remarquerez avec stupéfaction qu'en plus des légumes autorisés ils contiennent de nombreux mauvais glucides sous la forme de fécule d'amidon, sucres, dextrose et autres agents épaississants tels que les amidons modifiés.

Soyez méfiant ! Même si nos principes alimentaires ne sont pas difficiles à mettre en œuvre, ils demandent, tout au moins dans la première phase, de faire quelques efforts et, avouons-le, quelques sacrifices. Ne prenez donc pas le risque de les compromettre sans réfléchir.

Mais attention ! si vous suivez actuellement (ou si vous avez très récemment suivi) un régime hypocalorique, ne passez pas trop brusquement à l'application de la méthode. Votre organisme rationné a gardé la mémoire de ces récentes frustrations. La survenue brutale d'une quantité plus importante de nourriture pourrait (ce n'est jamais systématique) inciter votre corps à faire des réserves. Il existerait alors un petit risque de prendre un ou deux kilos avant de commencer à maigrir. Pour éviter cette reprise de poids inutile, commencez à appliquer la méthode, mais en surveillant encore les quantités pendant quelques jours, et en augmentant progressivement votre ration jusqu'à ce que vous soyez arrivé à un degré normal de satiété.

Si vous sortez d'une période hypocalorique pendant laquelle votre régime était mal équilibré, vous risquez aussi de constater (au début seulement de la méthode) que votre poids ne bouge pas beaucoup, bien que votre silhouette s'affine. Vous sentez que vous maigrissez, et pourtant votre pèse-personne n'accuse pas de perte de poids. L'explication est simple : c'est tout simplement parce que vous êtes en train de reconstituer votre masse musculaire. Vous perdez de la graisse, mais celle-ci fait place à du muscle, qui prend moins de place que la graisse mais dont le poids est supérieur.

Enfin, si vous aviez auparavant une alimentation très pauvre en fibres, ne les introduisez en plus grande quantité que *très progressivement* afin que votre intestin s'y habitue. La flore du côlon se modifiera progressivement, ce qui permettra une bonne digestion de cette ration plus notable de fibres sans pour autant que vous ayez des troubles intestinaux. Si vous augmentez trop rapidement votre apport en fibres (céréales complètes, légumineuses, fruits, légumes, crudités), vous risquez les premiers temps d'avoir des ballonnements, des petites douleurs abdominales, voire des selles très molles et fréquentes.

DURÉE DE LA PHASE I

La question légitime que l'on ne manque pas de poser une fois parvenu à la fin de ce chapitre est : Combien de temps doit-on rester en phase I ?

Au risque de faire sourire, je répondrai par une formule chère à un grand comique français aujourd'hui disparu : « Un certain temps ! » car cela dépend en fait d'un grand nombre de paramètres.

On pourrait répondre que la phase I doit durer le temps nécessaire à chacun pour se débarrasser de sa surcharge pondérale, sachant que la progression de l'amaigrissement se fait généralement selon des critères individuels.

On pourrait par ailleurs énoncer comme règle que la fin de la phase I correspond à l'atteinte du poids idéal. Pour calculer ce dernier, il suffit de se reporter à l'Annexe I. Au lieu de parler de poids idéal, nous devrions plutôt parler de poids-santé ou d'équilibre, une notion très individuelle qui correspond à l'atteinte d'un seuil au-delà duquel l'organisme décide de lui-même de se stabiliser et de ne plus maigrir.

Si vous avez 10 ou 15 kilos à perdre, la phase I pourrait durer de quelques semaines à quelques mois. Si vous n'en avez que 4 ou 5 à perdre, vous pouvez être tenté de l'écourter sitôt l'objectif atteint. Je vous rappelle que *le but de la phase I, outre de se délester de ses kilos en trop, est surtout de rééquilibrer le fonctionnement de son pancréas pour lui permettre ainsi de remonter son seuil de tolérance au glucose.* Ceci nécessite au moins 2 à 3 mois. En conséquence, si vous écourtez prématurément la phase I, vous risquez, bien que des kilos aient disparu, de n'avoir pas encore donné à votre pancréas tout le temps nécessaire pour qu'il se refasse une santé.

Dans l'hypothèse où vous n'auriez pas de kilos à perdre et que vous suiviez les principes de la méthode uniquement pour retrouver une plus grande vitalité physique et intellectuelle, le problème serait le même. Vous avez en effet intérêt à prolonger le plus longtemps possible la phase I, pour réharmoniser d'une manière définitive toutes vos fonctions métaboliques et digestives.

En réalité, la question de la durée de la phase I ne devrait pratiquement pas se poser, car le passage en phase II ne se fera pas du jour au lendemain mais alternativement et très progressivement. Et puis, vous constaterez que la phase I n'est aucunement contraignante puisqu'elle ne fait pas l'objet de limitations quantitatives. Vous verrez d'ailleurs que vous serez tellement bien en phase I que vous aurez même du mal à en sortir.

Nous avons, dans cette première partie, découvert progressivement deux nouvelles catégories de glucides, les «bons», que l'on pourra consommer sans préjudice pour l'embonpoint, et les «mauvais», qu'il faudra traquer et éviter systématiquement. Leur différence s'explique par l'importance de l'absorption intestinale du glucose, qui est fonction de plusieurs paramètres : le contenu en fibres, le contenu en protéines, le degré de cuisson qui conditionne la gélatinisation de leur amidon et le traitement industriel éventuel qu'ils ont subi.

C'est ainsi que plus la farine est raffinée, plus son index glycémique est élevé et plus la réponse insulinique sera élevée, voire excessive. Or, cet excès d'insuline favorise, comme nous l'avons vu, le stockage des graisses présentes dans le repas.

Plus la pomme de terre subit une cuisson forte (friture, four), plus son index glycémique s'accroît. Cette conséquence est la même pour tous les féculents, y compris ceux qui *a priori* ont un index glycémique bas. C'est le cas des lentilles (22 à 30), qui, lorsqu'elles sont cuites pendant des heures au point qu'elles forment une crème épaisse et gélatineuse (comme on le fait couramment en Inde), peuvent se retrouver avec un index glycémique élevé (60 à 70).

Comme vous l'avez découvert, cette *notion d'index glycémique est basique dans la méthode Montignac.* Vous avez bien compris que si l'on grossit (et *a fortiori* si l'on devient obèse), c'est parce que l'on est hyperinsulinique. Et si l'on est hyperinsulinique, c'est parce que nos glycémies à la fin des repas (postprandiales) sont beaucoup trop élevées. Et si nous sommes ainsi périodiquement en hyperglycémie, c'est parce que notre alimentation est trop hyperglycémiante, ce qui est dû au fait que les glucides que nous consommons ont un index glycémique beaucoup trop élevé.

Il n'est pas inutile de rappeler une fois de plus que, pendant près d'un demi-siècle, les nutritionnistes et autres diététiciens se sont trompés de piste. Ils ont mis l'accent sur le *quantitatif* de l'alimentation, en recommandant aux obèses de diminuer leurs apports caloriques, alors que nous découvrons aujourd'hui que c'est le *qualitatif* des aliments qui est déterminant.

Vous avez réalisé dans les chapitres précédents qu'il y a de «bons» et de «mauvais» glucides, les uns faisant maigrir et les autres grossir en induisant des mécanismes métaboliques différents. De même, il y a de bonnes et de mauvaises graisses, certaines faisant (indirectement) augmenter le cholestérol alors que d'autres le font précisément baisser *(voir chapitre 8.)*

Avant de passer aux tableaux récapitulatifs de ce que nous venons de découvrir, j'aimerais vous faire prendre conscience du formidable espoir qu'il y a dans la méthode Montignac pour tous ceux qui se battent désespérément avec les kilos en trop.

Avec ce qu'il faut bien qualifier de «diététique de l'échec», par nature hypocalorique, il fallait manger toujours moins, se dépenser toujours plus, et il n'y avait pratiquement pas de résultats. Avec les principes de la méthode Montignac, nous réalisons qu'il existe une véritable *réversibilité* dans la pathologie métabolique que représente l'obésité. En mangeant normalement à sa faim, mais en choisissant judicieusement nos aliments, nous pouvons enfin nous débarrasser définitivement de nos kilos en trop, retrouver une meilleure santé en général et une plus grande joie de vivre en particulier. *(Pour connaître la perte de poids obtenue en suivant la méthode, voir Annexe V.)*

RÉSUMÉ DES GRANDS PRINCIPES DE LA PHASE I

- Manger à satiété sans restrictions quantitatives et sans compter les calories.
- Faire à heures fixes trois repas par jour et ne jamais sauter de repas.
- Éviter toute forme de grignotage entre les repas. Une collation est acceptable en fin d'après-midi si elle permet d'alléger le souper.
- Les repas doivent être structurés et variés.
- L'équilibre alimentaire entre les trois principaux nutriments (glucides, lipides, protéines) doit se faire sur la journée, mais chaque repas devra obligatoirement comporter des glucides et des protéines.
- Le petit-déjeuner sera centré sur les bons glucides, avec peu ou pas de graisses.
- Le dîner sera protido-lipido-glucidique, mais les glucides auront obligatoirement un index glycémique très bas (inférieur ou égal à 35).
- Le souper sera soit identique au dîner, mais en plus léger et avec peu de graisses, soit essentiellement centré sur les glucides. Dans ce dernier cas, s'il y a un apport en graisses saturées, les glucides devront avoir un index glycémique inférieur ou égal à 35. S'il n'y a pas d'apport en graisses saturées et que les graisses poly et monoinsaturées sont réduites au minimum, l'index glycémique des glucides pourra être aussi compris entre 35 et 50.
- Limiter la consommation de graisses saturées (viandes, charcuteries grasses, beurre, laitages entiers) au profit des graisses de poisson et de l'huile d'olive, tournesol…
- Éviter de boire des boissons sucrées.
- Ne pas consommer plus d'un verre de vin (100 ml) ou de bière (200 ml) à chaque repas.
- Éviter les cafés trop forts : prendre l'habitude de boire du décaféiné.
- Prendre son temps pour manger. Bien mastiquer et éviter toute tension au cours des repas.

PETIT-DÉJEUNER SALÉ			
	Recommandé	**Acceptable**	**Interdit**
Fruits*		Pommes Fraises Framboises Citron Abricots	Fruits confits Salade de fruits en conserve Bananes Châtaignes
Œufs		Œufs au plat Œufs à la coque Omelette Œufs brouillés	
Poissons	Saumon fumé Truite fumée Harengs Crevettes		
Charcuteries		Bacon Saucisses Jambon cru Jambon blanc	Saucisses de Francfort
Fromages		Fromages fermentés • cheddar • havarti • brick Fromages frais • cottage • quark • ricotta Yogourt	
Pain Viennoiseries Céréales Sucreries		Avec le poisson seulement: • pain intégral grillé • petit suédois intégral** • craquelins riches en fibres Éviter le pain avec les graisses saturées: • charcuteries • œufs • fromages	Tous les pains Toutes les céréales Toutes les viennoiseries Tous les gâteaux Le sucre Le miel Le sirop d'érable
Boissons	Tisanes Lait écrémé Café décaféiné Thé léger Chicorée Chocolat	Lait 2 %	

* À consommer impérativement 15 à 20 minutes avant le reste du petit-déjeuner.

** Sans sucre ni huile de palme

PETIT-DÉJEUNER À DOMINANTE GLUCIDIQUE

	Recommandé	Acceptable	Interdit
Fruits frais*	Pomme, poire, orange, citron, pamplemousse, kiwi, pêche, raisin, nectarine, cerises, prune, fraises, framboises	Ananas Papaye Mangue	Banane Châtaigne Fruits en conserve sucrés
Pain Viennoiseries Gâteaux et sucreries	Pain intégral	Pain complet Pain noir allemand Pain de seigle complet Sablé intégral Petit suédois complet grillé Pain complet grillé Bagel intégral	Pain blanc Biscotte Croissant Pain au lait Madeleine Muffin Biscuit Gaufre Sucre Miel Sirop d'érable
Céréales et levures	Céréales complètes sans sucre Son d'avoine Germe de blé Levure de bière	Muesli sans sucre Flocons d'avoine Son de blé	Céréales sucrées Flocons de maïs Flocons sucrés Riz soufflé Maïs soufflé
Confitures	Tartinade de fruits sans sucre ajouté Compote de pommes sans sucre	Confiture au fructose Purée de noisettes sans sucre	Confitures Gelée de coings Purée de noisettes sucrée (Nutella)
Laitages et soja	Yogourt 0 % ou nature Fromage blanc 0 % Fromage cottage 0 % Yogourt au soja naturel	Yogourt entier Fromage blanc à 15 % Fromage cottage à 15 %	Yogourt entier sucré Yogourt aux fruits Yogourt au soja sucré
Boissons	Lait écrémé en poudre Café décaféiné Thé léger Chicorée Chocolat dégraissé Boisson de soja Tisane	Jus de fruits frais* Jus de légumes Lait 2 %	Jus de fruits sucré Boisson gazeuse Limonade Boissons au cola Boissons alcoolisées Lait entier Farines Boissons chocolatées

* À consommer impérativement 15 à 20 minutes avant le reste du petit-déjeuner.

EXEMPLES DE PETITS-DÉJEUNERS À DOMINANTE GLUCIDIQUE

Jus d'orange frais Pêche	Jus de carotte frais Orange	Jus de pamplemousse/ orange Kiwi
Pain intégral Tartinade de fruits sans sucre ajouté Yogourt 0 %	Flocons d'avoine Confiture au fructose Fruits secs Yogourt 0 %	Muesli sans sucre Son d'avoine Germe de blé Fromage cottage 0 %
Café décaféiné Lait écrémé en poudre	Thé Lait écrémé en poudre	Café léger Lait écrémé en poudre
Jus de pomme frais Framboises	Jus d'orange/citron Poire	Jus d'abricot Pruneaux
Pain intégral Beurre /huile d'olive Yogourt 0 % Germe de blé	Petit suédois intégral* Compote sans sucre Yogourt 0 % Levure de bière	Craquelins riches en fibres* Purée de noisettes sans sucre Yogourt au soja
Café/chicorée Lait écrémé en poudre	Céréales torréfiées Lait écrémé en poudre	Thé léger Lait écrémé en poudre

*   Sans sucre et sans huile de palme

EXEMPLES DE PETITS-DÉJEUNERS SALÉS

Jus d'orange frais Pomme	Jus de carotte frais Framboises	Jus de pomme frais Fraises
Saumon fumé Petit suédois intégral* Tomates Concombres	Œufs à la coque Jambon cru dégraissé Salade Tomates	Œufs brouillés Jambon blanc dégraissé Fromages fermentés Champignons Tomates
Café Lait de soja	Thé Lait	Café décaféiné Lait écrémé en poudre

*   Sans sucre et sans huile de palme

REPAS ÉQUILIBRÉS PHASE I (DÎNER OU SOUPER) AVEC GLUCIDES À INDEX GLYCÉMIQUE TRÈS BAS (35)

ENTRÉES

CRUDITÉS	POISSONS	CHARCUTERIES*	AUTRES
RECOMMANDÉS			
Asperges	Saumon fumé	Saucisson sec	Mortadelle
Tomates	Saumon mariné	Jambon cru	Mozzarella
Concombres	Sardines	Jambon blanc	Chèvre chaud
Artichauts	Maquereaux	Merguez	Ris de veau
Poivrons	Harengs	Saucisse sèche	Cuisses de
Céleri	Anchois	Viande de grison	grenouille
Champignons	Thon	Frisée aux lardons	Escargots
Haricots verts	Foie de morue	Salade de gésiers	Omelette
Poireaux	Crevettes	Rillettes d'oie	Œufs durs
Cœurs de palmier	Coquilles	Pâtés de foie	Œufs brouillés
Chou	St-Jacques	Foie gras	Œufs mimosa
Chou-fleur	Langouste		Aspic d'œufs
Cornichons	Homard		Soupe de poisson
Avocats	Caviar		Quinoa
Germes de soja	Coques		Lentilles
Laitue	Bigorneaux		Haricots secs
Endives	Crabe		Pois chiches
Mâche	Escargots		
Pissenlit	Calmars		
Scarole	Seiches		
Cresson	Pétoncles		
Brocolis	Huîtres		
Radis	Langoustines		
Carottes crues	Truite		
	Doré		
	Plie		
À PROSCRIRE			
Carottes cuites		Boudin blanc	Feuilletés
Betteraves		Quenelles	Bouchées à la
Maïs		Terrines contenant	reine
Riz		de la farine	Quiches
Taboulé			Crêpes
Pommes de terre			Soufflés
Pâtes			Blinis
			Biscottes
			Croûtons
			Pizzas
			Beignets
			Fondue savoyarde

* Les charcuteries devront être choisies en fonction de leur faible concentration
en graisses saturées *(voir chapitre 8).*

REPAS ÉQUILIBRÉS PHASE I (DÎNER OU SOUPER) AVEC GLUCIDES À INDEX GLYCÉMIQUE TRÈS BAS (35)			
PLATS PRINCIPAUX			
POISSONS	VIANDES	VOLAILLES	CHARCUTERIES, ABATS, GIBIERS
RECOMMANDÉS			
Saumon	Bœuf	Poulet	Lièvre
Maquereau	Veau	Poule	Lapin de garenne
Thon	Porc	Chapon	Chevreuil
Sardine	Mouton	Pintade	Sanglier
Hareng	Agneau	Dinde	Andouillette
Bar	Cheval	Oie	Boudin noir
Cabillaud		Canard	Jambon
Colin		Caille	Cœur de bœuf
Plie		Faisan	Ris de veau
Sole		Pigeon	Rognons
Limande			Pieds de porc
Saumonette			Lapin
Lotte			
Merlan			
Morue			
Rouget			
Truite			
Doré			
En général, tous les poissons de mer et de rivière			
À PROSCRIRE			
Poisson pané	Morceaux trop gras	La peau	Consommation trop fréquente

* Dans un but de prévention des risques cardiovasculaires, les charcuteries devront être choisies en fonction de leur faible concentration en graisses saturées (voir chapitre 8).

REPAS PHASE I (DÎNER OU SOUPER)
AVEC GLUCIDES À INDEX GLYCÉMIQUE TRÈS BAS (35)

ACCOMPAGNEMENTS

RECOMMANDÉS		À PROSCRIRE
Lentilles	Oignons	Couscous
Pois chiches	Poivrons	Châtaignes
Pois cassés	Ratatouille	Pommes de terre
Haricots secs	Chou-fleur	Carottes cuites
Haricots verts	Chou	Riz
Brocolis	Choucroute	Navets
Aubergines	Salades vertes	Panais
Courgettes	Mousse de légumes	Gourgane
Épinards	(sans pomme de terre)	Potirons
Champignons	Artichauts	Rutabagas
Salsifis		Gnocchis
Céleri		Maïs
Bettes à carde		Millet
Oseille		Pâtes
Endives		Nouilles asiatiques, macaronis
Poireaux		Raviolis
Tomates		Lasagnes

Condiments, ingrédients
Assaisonnements et épices divers

À CONSOMMER				À PROSCRIRE
DE PRÉFÉRENCE EN QUANTITÉS NORMALES			EN QUANTITÉS RAISONNABLES (NE PAS ABUSER)	
Cornichons	Huiles :	Persil	Moutarde	Fécule de
Cornichons marinés	• olive	Estragon	Sel	pommes de terre
Petits oignons	• tournesol	Ail	Poivre	Fécule de maïs
Vinaigrette maison	• arachide	Oignon	Sauce mayonnaise	Ketchup
Sauce vietnamienne	• noix	Échalote	Sauce béarnaise	Mayonnaise
Nuoc-mâm	• noisette	Thym	Sauce hollandaise	industrielle
Olives vertes	• pépins	Laurier	Sauce crème	Sauce béchamel
Olives noires	de raisin	Cannelle	fraîche	Sauce farine
Purée d'olives	• canola	Basilic		Sucre
noires	Citron	Ciboulette		Caramel
Sel de céleri	Parmesan	Sarriette		Huile de palme
	Gruyère	Aneth		ou de paraffine
				Maltodextrine
				Amidons modifiés

EXEMPLES DE MENUS **PHASE I**	
Dîners équilibrés avec glucides à index glycémique très bas	
Salade de tomates Escalope de veau Lentilles vertes Fromage	Salade de concombres Filet de sole (sauce tomate) Petits pois Yogourt
Radis au beurre Escalope de dinde Purée de pois chiches Fromage	Salade d'endives aux noix Steak haché grillé Brocoli Yogourt
Taboulé de quinoa Filet de saumon Gratin de courgettes Fromage	Cœurs de palmier Côtelettes de porc Purée de céleri Yogourt
Poireaux vinaigrette Rognons grillés Salade de carottes râpées Fromage	Carotte râpée Gigot d'agneau Haricots blancs Yogourt
Sardines à l'huile Saucisses merguez Chou Fromage	Asperges vinaigrette Boudin grillé Purée de chou-fleur Yogourt
Laitue frisée aux lardons (sans croûtons) Dinde grillée Brocoli Fromage	Bouillon de viande dégraissé Bouilli de bœuf Poireaux-chou Yogourt
Saumon fumé Magret de canard Champignons persillés Salade-fromage	Thon à l'huile d'olive Steak tartare Salade verte Yogourt
Chou rouge Plie aux câpres Purée de haricots verts Fromage	Carottes râpées Saumon grillé Épinards Yogourt
Mozzarella et tomates Poulet grillé Haricots verts Fromage	Cœurs d'artichaut vinaigrette Entrecôte Aubergines Yogourt
Boisson: eau, thé léger, tisane, 100 ml de vin ou 200 ml de bière	

EXEMPLES DE SOUPERS ÉQUILIBRÉS	
PHASE I AVEC GLUCIDES À INDEX GLYCÉMIQUE TRÈS BAS	
Potage de lentilles (maison) Œufs au plat Ratatouille Yogourt	Soupe de poisson Jambon blanc Salade verte Fromage
Soupe aux pois cassés Tomates farcies Craquelins Salade verte Yogourt	Artichauts vinaigrette Saumon fumé Salade verte Yogourt
Soupe à l'oignon Flan de thon (recette en annexe) Salade verte Fromage frais égoutté	Potage aux poireaux Blancs de poulet froids, mayonnaise Salade verte Fromage
Salade d'endives Concombres à la crème allégée Filet de dinde, sauce tomate basilic Yogourt	Asperges Filet de poisson blanc poché Épinards Fromage
Boisson : eau, thé léger, tisane, 100 ml de vin ou 200 ml de bière	

SOUPERS À DOMINANTE GLUCIDIQUE (SANS LIPIDES*)

Soupe de légumes (maison) Riz (complet ou sauvage) à la tomate et aux lentilles Yogourt nature 0 %	Potage de lentilles (maison) Spaghettis intégraux à la tomate Légumes verts, cuits vapeur Fromage frais 0 % égoutté	Carottes râpées Pois chiches à la tomate Riz complet Compote de pommes sans sucre
Lentilles aux oignons, sauce fromage frais 0 % accompagnées de pâtes complètes Salade au citron Yogourt nature 0 %	Tomates persillées au four Haricots secs, sauce fromage frais 0 % sur un nid de quinoa Yogourt nature 0 %	Potage aux champignons Riz complet au tamari et aux pois chiches Yogourt nature 0 %
Couscous (intégral) de légumes (IG < 50), sans viande ni matières grasses Pois chiches Sauce à base de fromage frais 0 % harissa + cumin + bouillon de légumes	Concombre en salade Aubergines farcies à la purée de champignons et lentilles + fromage frais 0 % Riz complet Yogourt nature 0 %	Soupe de lentilles Quinoa au coulis de tomates Pomme au four Légumes verts cuits vapeur
Boisson: eau, thé léger, tisane, 100 ml de vin ou 200 ml de bière		

* Sauf éventuellement huile d'olive.

SOUPERS PHASE I À DOMINANTE GLUCIDIQUE RICHES EN FIBRES

	ENTRÉES	PLATS	DESSERTS
Bons glucides au choix	Potage de légumes Velouté de champignons Soupe de lentilles Velouté de tomates etc.	Pois chiches Lentilles Haricots secs Pois secs Riz complet Pâtes intégrales Couscous complet Boulghour Spaghettis *al dente*	Fromage frais 0 % Yogourt nature 0 % Compote de fruits cuits Tartinade de fruits sans sucre ajouté
Recommandation	Sans graisses, sans pommes de terre ni carottes cuites ni betteraves ni maïs	Sans graisses (sauf huile d'olive et poisson), servis avec coulis de tomates ou sauce champignons ou encore un accompagnement de légumes	Sans graisses, sans sucre

5

LA MÉTHODE
PHASE II
LE MAINTIEN DE L'ÉQUILIBRE
PONDÉRAL

L a découverte de la phase II va nous donner l'occasion
de revenir sur les principes de base de la méthode. Pour
bien comprendre cette phase de maintien de l'équilibre
pondéral, il faut la resituer dans le contexte général des effets
métaboliques liés aux amplitudes glycémiques des repas.

Vous avez compris à travers les explications des chapitres précédents que c'est la résultante glycémique du repas
(glycémie postprandiale) qui est le facteur déclenchant
éventuel du processus de stockage des graisses consommées au cours du même repas.

Rappelons que la résultante glycémique est l'élévation
moyenne de la glycémie obtenue à la fin du repas, complexe
du fait de l'interaction entre les différents aliments qui l'ont
composé. Une sucrerie aura pour effet d'élever la glycémie
alors que des légumes riches en fibres contribueront au contraire à la faire baisser, si auparavant on a mangé des aliments à index glycémique élevé (pomme de terre...).

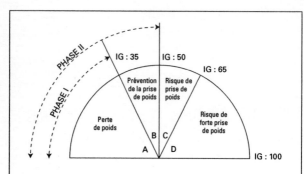

Amplitude des risques de prise de poids et des possibilités d'amaigrissement en fonction de la résultante glycémique des repas selon la méthode Montignac

Zone A – IG de 0 à 35: perte de poids
Zone B – IG de 35 à 50: prévention de la prise de poids
Zone C – IG de 50 à 65: risque de prise de poids
Zone D – IG de 65 à 100: risque de forte prise de poids (obésité)

Dans le schéma ci-dessus, vous constatez que si la résultante glycémique du repas se situe entre 65 et 100, il existe une forte probabilité de prise de poids (obésité). C'est ce qui explique le degré élevé d'obésité en Amérique du Nord, où la majorité des aliments consommés ont un index glycémique élevé: sucre (70), pommes de terre frites (95), farines hyperraffinées (85), flocons de maïs et maïs soufflé (85), etc.

Si la résultante glycémique du repas est comprise entre 50 et 65, l'hyperglycémie est inférieure à la précédente, mais elle est encore suffisamment importante pour constituer un risque potentiel de prise de poids.

Cette situation est probablement celle des populations française, italienne ou espagnole, qui bien que consommant aussi des glucides à index glycémique élevé (pomme de terre, farines blanches, sucres) consomment conjointement des aliments à index glycémique bas (légumes verts, lentilles, haricots, pois chiches, fruits, spaghettis, etc.). La résultante glycémique de leurs repas est donc légèrement au-dessus de la moyenne, ce qui se traduit par un moindre risque de générer des obésités. Lorsqu'elles existent, celles-ci sont plus légères, mais l'importance de l'embonpoint reste néanmoins préoccupante.

Pour maigrir, la résultante glycémique du repas ne doit donc pas dépasser 35. C'est uniquement dans ces conditions que la sécrétion d'insuline (insulinémie) sera suffisamment basse pour inhiber la lipogénèse (stockage des graisses) et stimuler la lipolyse (déstockage des graisses de réserve).

C'est ce que nous avons fait dans la phase I, où nous avons limité le choix des glucides à ceux dont l'index glycémique est très bas. Et c'est ainsi que, sans se préoccuper des apports caloriques, nous avons pu déclencher la perte de poids.

La phase II, quant à elle, consiste à maintenir l'équilibre pondéral, c'est-à-dire à maintenir la perte de poids substantielle obtenue en phase I en ne consommant que des glucides à index glycémique très bas.

Certes, vous pourriez rester toute votre vie en phase I, car les conseils qui vous ont été donnés conduisent à une alimentation parfaitement équilibrée et très riche sur le plan nutritionnel. C'est ce que font certaines personnes qui ont découvert un tel bien-être en phase I qu'elles ne veulent jamais en sortir.

Mais même si la phase I doit rester une référence nutritionnelle permanente, on peut lui reprocher d'exclure certains aliments qui font tout de même partie de notre paysage alimentaire courant. Certes, cette phase conduit à générer une espèce d'idéal métabolique, mais son relatif intégrisme peut être de nature limitative pour continuer à vivre une vie sociale normale, et notamment une vie de gourmet.

Quand on suit des régimes hypocaloriques, on en vient rapidement à entretenir une relation conflictuelle avec la nourriture, que l'on considère comme l'ennemi. L'anorexie en est l'une des conséquences les plus graves. La méthode Montignac, au contraire, nous réconcilie avec la nourriture, mais sa véritable ambition, c'est d'aller encore plus loin. C'est en effet de faire de vous (si vous ne l'étiez déjà) un véritable gourmet.

Manger doit être considéré comme une des valeurs suprêmes de l'existence. C'est pourquoi la cuisine est un art véritable, au même titre que la musique ou la peinture, un art à la portée de tous, qui symbolise bien cette qualité de la vie à laquelle nous aspirons.

Cultiver cet art, c'est non seulement prendre conscience de l'intérêt vital de l'aliment, mais surtout des joies sensorielles gustatives qu'il peut nous procurer à travers la découverte d'aliments différents et d'accommodements variés. C'est pourquoi il serait dommage de se priver à jamais d'aliments qui, bien qu'ayant des effets métaboliques critiques, n'en ont pas moins une dimension gastronomique.

Lorsque j'étais petit (j'avais 10 ans en 1955), mes parents m'emmenaient deux ou trois fois par an au cirque et quatre ou cinq fois dans l'année au cinéma. À chacune de ces occasions, on m'achetait, comme à tous les enfants (sages) de l'époque, une crème glacée au chocolat.

La crème glacée n'a aucune caractéristique nutritionnelle véritablement positive si l'on fait l'analyse de sa composition (sucres, graisses saturées…). En consommer une dizaine par an comme nous le faisions à l'époque ne prêtait à aucune conséquence. À défaut d'avoir une valeur nutritionnelle, cet aliment avait une valeur affective. Aujourd'hui, le compartiment congélation de la plupart des réfrigérateurs des familles occidentales regorge de crèmes glacées. On en fait désormais une consommation quotidienne. En Amérique du Nord, la fréquence est même quasi permanente.

De la même manière, 100 % des restaurants «rapides» ou seulement ordinaires servent systématiquement des frites avec le plat principal. Dans la plupart d'entre eux, même si vous précisez que vous désirez autre chose à la place (une salade par exemple), on vous les apporte quand même, tant il est difficile pour le personnel de ces établissements de déroger à cette pratique qui relève désormais du systématisme dans la restauration grand public.

En 1994, j'avais, dans un article d'une revue gastronomique, épinglé un restaurant qui, malgré son étoile dans le guide *Michelin,* proposait d'office avec 10 des 12 plats principaux de sa carte un accompagnement composé exclusivement de gratin dauphinois.

Manger une fois de temps en temps une crème glacée, une assiette de pommes de terre ou encore de la tarte aux prunes de chez un pâtissier réputé n'a jamais fait de mal à personne. Mais, si l'on en mange souvent et *a fortiori* tous les jours ou, pire encore, plusieurs fois par jour, il ne faut pas s'étonner de subir certains effets secondaires indésirables. Comme le disait très justement le célèbre Hippocrate : «C'est la dose (et la fréquence) qui fait le poison !»

Si c'est parmi la population d'Amérique du Nord que l'on trouve le plus d'obèses et de diabétiques, c'est malheureusement parce que leur consommation de glucides à index glycémique élevé est permanente. Le problème de l'Amérique du Nord, qui progressivement devient celui de tous les pays du monde, c'est que la consommation d'aliments pervers (à index glycémique élevé), qui aurait dû rester exceptionnelle pour être acceptable, est devenue régulière et systématique.

La méthode Montignac ne propose rien d'autre *qu'un rééquilibrage et un recentrage des habitudes alimentaires* par rapport à ces critères. Contrairement à ce que certains auraient tort de croire, la pratique de la phase II ne consiste surtout pas à revenir périodiquement pendant quelque temps (quelques jours, voire quelques semaines) aux habitudes alimentaires anciennes et perverses que l'on avait avant de commencer la méthode, puis, après avoir repris quelques kilos, de refaire avec rigueur la phase I. L'organisme pourrait accepter trois ou quatre fois ce jeu de yo-yo mais, progressivement, il développerait des résistances, au point que même la phase I n'aurait plus la même efficacité.

C'est pourtant ce qu'ont fait certaines personnes qui, ayant occulté la lecture des trois quarts de mon livre, se sont contentées d'en appliquer quelques principes sans chercher à les comprendre et surtout sans les replacer dans une vision nutritionnelle globale. D'autres sont allées encore moins loin, considérant que la phase I n'était qu'un régime parmi tant d'autres dont le seul mérite à leurs yeux était d'être plus efficace et moins pénible que les autres. Une fois l'amaigrissement obtenu, elles ont ainsi, du jour au lendemain, cessé d'en appliquer les principes, recommençant à consommer comme avant une alimentation hyperglycémiante.

Un présentateur d'une célèbre émission télévisée française m'a dit un jour, avant de monter sur le plateau de l'émission où il m'avait invité : « J'ai essayé votre régime,

Montignac. Il faut avouer que c'est facile à faire et que c'est très efficace. Le seul inconvénient, c'est que, dès qu'on arrête, on reprend vite du poids. » Je lui ai alors répondu qu'en vertu du principe que les mêmes causes produisent les mêmes effets il me paraissait logique qu'il regrossisse en remangeant du pain blanc, du sucre et des pommes de terre à tous les repas. «Pourquoi n'avez-vous pas fait la phase II?» lui demandai-je. Il me regarda avec étonnement et m'avoua qu'il ne savait pas de quoi je parlais. En réalité, il n'avait jamais lu mon livre, et s'était contenté d'en appliquer quelques principes glanés dans le résumé maladroit qui tenait sur une page et qu'il avait récupéré auprès d'un de ses confrères journalistes.

Voilà pourquoi, pour faire avec succès la phase II, qui durera jusqu'à la fin de vos jours, il convient d'abord de bien comprendre les principes de base de la méthode.

La phase II peut être poursuivie de deux manières différentes : avec ou sans écarts. Dans les deux cas, le but est le même : *parvenir à une résultante glycémique du repas qui ne dépasse pas la moyenne (50).*

LA PHASE II SANS ÉCARTS

C'est celle qui consiste à pratiquer une phase I élargie, dont elle est en quelque sorte le prolongement.

Rappelons qu'en phase I, dans les repas protido-lipidiques (c'est-à-dire comportant des viandes, des œufs, des laitages entiers et des graisses diverses), les glucides qui y sont associés sont impérativement choisis parmi ceux qui ont un index glycémique très bas (35). La phase II sans écarts va élargir l'éventail des possibilités en permettant de consommer des glucides à index glycémique inférieur ou égal à 50.

Vous allez pouvoir par exemple manger de temps en temps du riz basmati (50) ou des spaghettis *al dente* (45), en accompagnement d'un poisson, de même que vous allez pouvoir boire du jus d'orange (40), manger des haricots rouges (40) ou même des patates douces (50).

Au cours des repas, vous pourrez boire plus d'un verre de vin (2 à 3 sont possibles) ou même une bière entière (330 ml) sans préjudice aucun pour votre nouvel équilibre pondéral. Votre glycémie moyenne, même si elle augmente légèrement, sera encore suffisamment basse pour empêcher toute sécrétion insulinique intempestive susceptible de générer une reprise de poids.

Évidemment, toutes les recommandations complémentaires faites précédemment devront continuer à être appliquées, notamment celles qui consistent à privilégier les bons lipides (huile d'olive, graisses de poisson…) ou encore à limiter la consommation de graisses saturées, particulièrement le soir.

LA PHASE II AVEC ÉCARTS

Elle est un plus compliquée à mettre en œuvre car elle est d'une nature plus subtile. Elle va consister à permettre la consommation exceptionnelle de glucides à index glycémique élevé, *mais sous conditions.* C'est-à-dire qu'à chaque fois qu'un aliment à index glycémique élevé sera introduit dans le repas, il faudra avoir comme souci de compenser impérativement cet aliment critique par un aliment contraire. En d'autres termes, si l'on consomme un aliment qui fait monter la glycémie, comme les pommes de terre, il faudra obligatoirement en consommer un autre qui aura pour effet de contribuer à obtenir un abaissement de la résultante glycémique.

Dans la deuxième moitié du XIXe siècle en Europe, la consommation de pommes de terre s'était beaucoup répandue, parmi les populations pauvres notamment et principalement chez les paysans.

La plupart d'entre eux mangeaient des pommes de terre tous les jours et ils n'étaient pas gros pour autant. L'explication est simple : d'abord, les pommes de terre qu'ils consommaient étaient presque exclusivement cuites avec leur peau, dans l'eau ou sous la cendre, ce qui n'entraîne *a priori* qu'une élévation relative de la glycémie (index glycémique de 65, comparé à celui des frites et du gratin dauphinois, de 95). Mais l'habitude consistait surtout à toujours consommer les pommes de terre au sein d'une grosse soupe épaisse qui contenait de nombreux légumes, donc des fibres. En France, la pomme de terre était consommée avec du chou. En Espagne, c'était plutôt avec des lentilles.

Chaque fois que les gens consommaient des pommes de terre (index glycémique élevé), ils mangeaient en même temps une quantité importante de glucides à index glycémique très bas. La résultante glycémique était donc moyenne.

De la même façon, on peut s'étonner, l'index glycémique du riz étant plutôt au-dessus de la moyenne (selon les espèces, il varie entre 50 à 70), que les Chinois n'aient jamais développé d'obésité. L'explication est la même que pour nos ancêtres à propos des pommes de terre : dans les habitudes alimentaires des Chinois, le riz (glucide à index glycémique plutôt élevé) est toujours consommé avec des légumes, dont l'index glycémique est très bas du fait de leur richesse en fibres. La résultante glycémique de leurs repas est donc inférieure à 50.

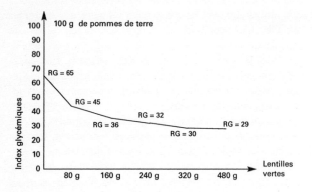

(Évolution de la résultante glycémique (RG) théorique d'un repas composé de 100 g de pommes de terre cuites à l'eau dans leur peau (IG 65) en fonction de différents apports de lentilles vertes (IG 22)).

Dans la phase II, c'est exactement le souci que nous devrons avoir : quoi que nous mangerons, il faudra nous débrouiller pour aboutir à une résultante glycémique du repas la plus basse possible.

Ce calcul ne pourra jamais être fait d'une manière très précise car, pour y parvenir, il faudrait non seulement peser tous les glucides que l'on mange, mais surtout avoir recours à un ordinateur, tant il y a de paramètres à prendre en compte. L'expérience montre que cela n'est pas vraiment nécessaire, car on peut très bien y parvenir en appliquant uniquement quelques règles de base. Pour bien comprendre ces principes, il y a quelques notions fondamentales à découvrir.

Contrairement à ce que l'on a cru pendant longtemps, *les aliments glucidiques ne sont pas tous équivalents.* Certains ont des amplitudes glycémiques élevées (pommes de terre); d'autres, au contraire, ont des amplitudes glycémiques basses (lentilles). Ce qu'il faut savoir aussi, c'est que leur contenu en glucide pur est différent.

Pour 100 g de produit, il y a 55 g de glucide pur dans le pain (baguette), il y en a 33 g dans la pomme de terre frite, 49 g dans les croustilles, 14 g dans la pomme de terre bouillie avec sa peau, 17 g dans les lentilles, 6 g seulement dans les carottes cuites et 5 g dans la salade verte ou le brocoli.

Dans le souci de comparer ce qui est comparable, le calcul des index glycémiques a donc été fait «à quantité de glucide pur égale». Ainsi peut-on comparer l'index obtenu en consommant 100 g de sucre avec 300 g de frites, 200 g de croustilles, 588 g de lentilles, 714 g de pommes de terre bouillies ou encore 2 kg de salade. Toutes ces portions sont comparables, du point de vue de leur index glycémique, parce qu'elles ont toutes quelque chose en commun: elles contiennent 100 g de glucide pur.

Le but de la phase II est la gestion des écarts, mais ce qui complique un petit peu sa pratique, c'est qu'il faut gérer deux paramètres à la fois: d'une part, la nature glycémiante du glucide mesuré par l'index glycémique et, d'autre part, la concentration en glucide pur du glucide.

L'index glycémique du glucide

•

Pour faire la différence entre les glucides à index glycémique élevé et les glucides à index glycémique bas, il suffit de se reporter à la table page 54.

En phase I, les choix étaient simples puisque chaque fois que l'on décidait de consommer un glucide, on le choisissait parmi ceux qui ont un index très bas. En phase II, nous allons toujours garder les yeux rivés sur le tableau des index glycémiques, car même si nous entendons nous permettre des écarts (consommer de temps en temps un mauvais glucide), notre volonté doit être de limiter au maximum l'incidence de cet écart.

Par exemple, il est bien compréhensible que nous ayons envie de manger quelquefois des pommes de terre. Le tableau des index glycémiques va donc nous aider à choisir notre écart, tout en essayant de minimiser ses conséquences. En donnant la préférence aux pommes de terre bouillies avec leur peau (65), nous ferons un écart, certes, mais il restera limité. Plus l'écart sera modeste dans ses conséquences glycémiques, plus il sera facile à compenser.

L'écart étant fait, il reste à déterminer comment le compenser. Le bon sens vous fera penser que si vous choisissez de compenser avec un glucide à index glycémique de 40 (comme les haricots rouges), vous aurez du mal à faire tomber la résultante glycémique au-dessous de 50. C'est pourquoi le même bon sens vous conduira plutôt à choisir des glucides de compensation parmi ceux qui ont les index glycémiques les plus bas. Et vous pourriez logiquement penser que plus l'index glycémique est très bas, plus l'effet compensatoire est efficace. Vous pourriez ainsi penser que n'importe quel légume vert à index glycémique de 15 constituerait un choix idéal. Vous auriez raison si leur concentration en glucide pur était la même. Or, elle est différente d'un glucide à l'autre.

La concentration en glucide pur
•

L'index glycémique d'un aliment glucidique est important, mais il doit être corrélé avec sa concentration en glucide pur.

Nous constatons dans le tableau à cet effet (page 169) que les aliments glucidiques ont des concentrations différentes en glucide pur. Dans la diététique traditionnelle, la carotte était seulement considérée comme un glucide, au même titre que tous les autres, pommes de terre ou lentilles par exemple. Or, en dehors de leurs différents potentiels glycémiants, il est important de savoir que leur contenu en glucide pur peut être très différent d'un produit à l'autre. D'abord, il peut y avoir des différences au sein même d'une famille. Par exemple, l'index glycémique des pommes de terre varie en fonction du traitement et de la cuisson qu'on leur fait subir. La concentration en glucide pur varie en fonction des mêmes paramètres.

Le recoupement des tableaux d'index glycémique et de concentration de glucide pur réserve ainsi quelques bonnes et mauvaises surprises. Parmi les bonnes surprises, on peut souligner que les carottes cuites, dont l'index glycémique était critique, n'ont qu'une faible concentration de glucide pur (6 g/100 g), ce qui est juste un peu plus élevé que la salade verte. On pourra donc considérer qu'un écart sur la carotte cuite aura peu de conséquences glycémiques, surtout s'il est minime. Pour avoir la même incidence glycémique que la pomme de terre au four, la carotte devra être consommée dans des proportions quatre à cinq fois plus importantes et six fois plus importantes par rapport aux pommes de terre frites. En d'autres termes, il faudrait manger 600 g de carottes cuites pour générer la même résultante glycémique critique que 100 g de frites.

La conclusion que vous pouvez en tirer, c'est qu'en phase II vous pouvez ne plus être obsédé par les carottes cuites comme vous l'étiez en phase I. Si, au détour d'un plat, vous rencontrez quelques rondelles de ce glucide coloré, mangez-les sans mauvaise conscience, sans même vous demander comment vous allez pouvoir les compenser.

La même démarche pourra s'appliquer à tous les glucides à index glycémique élevé dont la concentration en glucide pur est faible ou très faible, notamment les navets (3 %), le potiron (7 %), la pastèque (7 %), le melon (6 %) et la betterave (7 %). Si vous n'en faites pas un usage fréquent et pléthorique, ils pourront bénéficier de votre part d'une certaine tolérance.

En ce qui concerne les mauvaises surprises, c'est malheureusement encore sur le plan des glucides les plus suspects, eu égard à leur mauvais index glycémique, que nous allons les découvrir. Citons d'abord la pomme de terre frite. Nous découvrons que parmi toutes les formes de préparation–cuisson de cet aliment, c'est elle qui, non seulement a l'un des index glycémiques les plus élevés (95) mais aussi la concentration en glucide pur la plus importante : 33 g/100 g, soit 5,5 fois plus que les carottes cuites mais aussi 3,5 fois plus que la pomme de terre bouillie avec sa peau. Les croustilles font encore pire que les frites, puisque leur concentration en glucide pur est de 49 g/100 g, avec, il faut le reconnaître, un index glycémique légèrement inférieur (90).

Autre mauvaise surprise, mais on pouvait s'y attendre : le sucre. Son index glycémique est élevé (70) et sa concentration en glucide maximale (100 %), soit 3 fois plus que les pommes de terres frites, et 16,6 fois plus que les carottes. Il faudra donc environ 140 g de lentilles vertes pour compenser 25 g de sucre et abaisser la résultante glycémique à seulement 50.

La dernière mauvaise surprise concerne, on s'en doute, les farines blanches, qui, outre leur index glycémique élevé (75 pour la baguette, 85 pour le pain de type hamburger), ont des taux de concentration en glucide pur élevés (58 % pour le pain blanc tranché, 55 % pour la baguette, 74 % pour le couscous raffiné). Donc, si vous faites un écart sur du pain blanc ou sur tout ce qui est fabriqué à base de farine raffinée (pizza, viennoiserie, gâteaux, feuilletés, crêpes, gaufres…), vous le paierez très cher car, si les quantités sont substantielles, vous aurez beaucoup de mal à pouvoir compenser avec de bons glucides.

Comment peut se faire la mise en œuvre de cette gestion des écarts ? Imaginez que vous fassiez un écart sur un sandwich au pain blanc tranché dont l'index glycémique est de 85. Pour compenser 200 g de ce produit (qui a une concentration en glucide pur de 58 %), il faudrait théoriquement consommer 682 g de lentilles vertes, et encore vous n'arriveriez à faire descendre la résultante glycémique qu'à 53.

Étant donné les circonstances dans lesquelles vous allez tenter de gérer ce type d'écart, il est improbable que vous ayez des lentilles à votre disposition. Sur l'autoroute, il vous restera la pomme comme glucide de compensation. Le seul ennui est que la pomme a un index glycémique supérieur à celui des lentilles (30 au lieu de 22) et qu'elle contient moins de glucide pur (12 g contre 17 g). C'est ainsi que, pour ramener la résultante glycémique à seulement 57, il faudrait théoriquement manger 966 g de pommes, ce qui est quasiment impossible.

Heureusement, la réalité n'est pas aussi cruelle que la théorie, car d'autres phénomènes peuvent contribuer à relativiser la résultante glycémique. On a observé en effet que si les glucides à index glycémique bas sont consommés préalablement aux mauvais glucides, le phénomène de compensation est beaucoup plus efficace.

C'est pourquoi, dans l'exemple ci-dessus, il conviendra de manger *d'abord les pommes* (deux ou trois suffiront), de manière à générer une glycémie basse, *puis le sandwich* au pain blanc. L'élévation de la glycémie qui en résultera sera beaucoup moins importante.

Des études ont confirmé ce phénomène et souligné que l'élévation de la glycémie du fait de l'ingestion d'un glucide à index glycémique élevé était d'autant moins forte que le mauvais glucide en question était introduit en fin de repas.

En vertu de ce principe, nous pouvons considérer qu'un écart effectué en fin de repas (pâtisserie, pain avec le fromage, sucrerie…) a une incidence moindre sur l'élévation de la résultante glycémique. Au contraire, si l'on commence le repas avec des écarts (salade de pommes de terre, feuilletés, raviolis, crêpes, canapés…), l'élévation de la glycémie sera rapide et forte et sa compensation par la consommation de glucides à index très bas plus difficile.

En d'autres termes, le rendement des glucides compensatoires (lentilles, salades, pois chiches, soja, haricots, légumes verts, spaghettis *al dente*, quinoa, pommes, poires…) est toujours beaucoup plus efficace lorsque le glucide en question est ingéré préalablement à l'écart.

L'une des grandes règles à appliquer dans la gestion de la phase II, c'est donc d'*anticiper l'écart*. C'est le seul moyen d'en organiser la compensation préalable.

C'est dimanche ! La tradition dans les familles québécoises est de faire un très bon repas. Imaginez alors que vous ayez envie de manger du gâteau ou de la tarte aux fraises. Ce gâteau représente un écart puisqu'il contient à la fois des farines blanches hyperraffinées (85) et du sucre (70). Il est d'autant plus hyperglycémiant que la farine blanche et le sucre ont un taux de concentration en glucide pur élevé (respectivement 58 et 100 %).

Pour tenter de compenser cet écart, vous allez composer le reste du repas en choisissant des glucides à index glycémique (exclusivement) parmi ceux qui sont très bas. D'abord, vous devez choisir une entrée à base de crudités (tomates, concombres, aubergines, champignons, salades, chou, germes de soja, taboulé de quinoa ou salade de lentilles vertes…) dont vous savez que l'index glycémique est très bas. Ensuite, l'accompagnement du plat principal devra aussi être choisi parmi des glucides à index glycémique très bas (brocolis, choux-fleurs, haricots verts et lentilles). Vous devrez par ailleurs vous dispenser de pain, même intégral, avec votre fromage car le véritable pain intégral est encore très rare et celui qu'on vous a vendu comme tel risque d'avoir un index glycémique légèrement supérieur à 40. Même si vous buvez trois verres de vin au cours de ce repas dominical qui se terminera par un écart (la fameuse tarte), la résultante glycémique sera moyenne, suffisamment modeste en tout cas pour n'entraîner aucun risque de sécrétion insulinique excessive.

Mais attention ! si vous vous autorisez une portion de mauvais glucides dans votre repas, la seule chose à faire n'est pas seulement d'ajouter des bons glucides en guise de compensation. Il ne s'agit pas de manger *plus* pour compenser le fait que vous avez mangé *mal*. Si vous ingurgitez un kilo de frites, il n'est pas raisonnable, pour le compenser, d'envisager d'avaler, préalablement, quatre kilos de salade. La gestion des écarts doit se faire dans le cadre de portions qui devraient être modulées en fonction de leur taux de concentration en glucides.

Même si l'index glycémique des carottes cuites et des frites est très semblablement élevé, la concentration en glucide pur est huit fois plus importante dans les frites.

Cela veut dire que si vous faites un écart sur les frites, il faudra toujours que la portion reste modeste, voire symbolique. Vous devrez appliquer la même règle de prudence avec les farines blanches et le sucre, qui sont, avec les frites et les croustilles, les superschampions des mauvais glucides puisqu'ils ont à la fois un index glycémique très élevé et une concentration de glucide pur très importante.

Rappelez-vous que vous devez toujours anticiper l'écart de manière à en décider préalablement la compensation. Ne vous mettez jamais à table sans savoir ce que vous allez manger du début à la fin. Si vous faites un gros écart, il peut être trop tard ensuite pour pouvoir le compenser. C'est pourquoi il importe toujours de savoir dès le début du repas ce qui vous attend afin de pouvoir faire vos choix en conséquence.

L'écart peut être fait à l'étape de l'entrée (feuilleté...). Il peut être fait à l'étape du plat principal (une pomme de terre bouillie en accompagnement du poisson). Il peut avoir lieu au moment du fromage si vous décidez de manger aussi du pain. Il peut enfin être fait au dessert. Il ne serait pas raisonnable de faire un écart à l'entrée (crêpes ou blinis), puis un autre au plat principal (purée de pommes de terre ou polenta), et d'arriver ensuite au dessert en se disant : «Maintenant, il faut que je compense», car il vous resterait peu de choix, à moins de terminer votre repas en mangeant 1 kg de lentilles vertes ou 5 kg de salade, ce qui ne serait qu'une solution purement théorique car la quantité totale de glucides que cela représenterait augmenterait de toute manière la glycémie.

La phase II est une phase de liberté, mais pas n'importe quelle liberté. C'est une liberté conditionnelle ou encore une liberté surveillée, dans l'exercice de laquelle les principes doivent être des réflexes. Ces principes doivent devenir rapidement pour vous une seconde nature.

Tous les écarts sont possibles, à condition toutefois qu'ils respectent deux principes : ils doivent être exceptionnels et gérés en tenant compte de leur index glycémique et de leur taux de concentration en glucide pur.

Si l'on ne devait retenir qu'un principe élémentaire sans trop entrer dans le détail des considérations techniques que nous venons d'élaborer, ce serait le suivant : les écarts devraient essentiellement être faits sur des aliments à faible concentration de glucide pur car, leur incidence glycémique étant faible, ils sont toujours faciles à compenser.

Il peut être tentant de relativiser la gravité de l'écart en cultivant la distinction entre petit et grand écart, ce dernier étant le seul à retenir notre attention. On peut considérer comme un petit écart le fait de boire trois verres de vin au cours d'un repas ou encore de manger un canapé de pain blanc tant il est vrai que l'incidence négative qu'ils pourraient avoir sur notre poids est presque négligeable. Cette attitude n'est pas sans inconvénients, car elle risque de banaliser ledit « petit » écart au point que, rapidement, il devienne une habitude. Et de même que les petits ruisseaux font les grandes rivières, plusieurs petits écarts non compensés au cours d'un repas peuvent avoir les mêmes effets pervers qu'un grand.

Le plus ennuyeux est sans doute qu'en étant un peu trop tolérant on peut devenir laxiste au point que, petit à petit, on en oublie les principes fondamentaux de la méthode. C'est pourquoi, même si l'on fait un petit écart, il faut en prendre conscience et l'intégrer systématiquement dans une stratégie de rééquilibrage glycémique. Pour le principe !

L'une des règles qu'il convient de respecter, c'est de ne jamais se laisser aller, même dans les situations difficiles. C'est vrai que les circonstances de la vie sociale et professionnelle peuvent vous piéger au point que l'on vous serve dans un repas trois mauvais glucides : par exemple, un feuilleté en entrée, des pommes de terre en accompagnement du plat principal, et un gâteau bétonné à la farine, au beurre et au sucre.

D'aucuns pourraient, dans une situation critique comme celle-ci, se dire que dès lors que l'on ne vous a pas donné le choix, il n'y a pas grand-chose à faire, sinon subir. Je crois, pour ma part, que cette attitude est condamnable car il n'existe pas, à mon sens, de situation dans laquelle il n'y ait aucune marge de manœuvre possible. Dans tous les cas, aussi désespérés semblent-ils, on peut toujours limiter les dégâts. Si vous avez des convictions (et après une bonne phase I, il serait surprenant que vous n'en ayez pas), il devrait vous être possible de résister.

Pensez aux végétariens. Ils ont décidé, pour des raisons personnelles, de ne pas manger de viande, ce qui est parfaitement respectable. Et leurs convictions sont toujours assez fortes pour que leur décision ne souffre jamais d'exceptions. Même s'ils se trouvent invités à un méchoui, ils n'en mangent pas.

Dans l'application de la méthode Montignac, les choix ne sont jamais aussi manichéens puisqu'il existe toujours une relative tolérance. Alors, face à un feuilleté débarquant sans crier gare dans votre assiette, il vous suffira d'examiner son contenu pour en extirper quelque chose de consommable, en laissant soigneusement le reste dans l'assiette. Personne ne vous obligera ensuite à manger les pommes de terre, que vous pouvez laisser de côté. Il serait surprenant que vous ne trouviez pas un peu de salade, voire un peu de fromage. Vous pouvez alors ensuite, sans trop de scrupule, faire votre écart sur le gâteau, encore que, même là, on puisse le décortiquer pour n'en consommer que les parties vraiment «consommables». Sortez du repas en ayant pris conscience que, même si vous avez évité la catastrophe, vous n'avez pas pu pour autant organiser une compensation satisfaisante. Gardez cette information présente dans votre esprit, de manière à être particulièrement vigilant dans l'organisation des repas suivants, où la plus élémentaire sagesse vous conduira à repasser en phase I.

Quoi qu'il en soit, le véritable contrôleur de la gestion de votre alimentation restera toujours l'aiguille du pèse-personne. Si vous reprenez un peu de poids, cela peut être pour deux raisons : soit votre pancréas n'a pas encore retrouvé un degré de tolérance acceptable et il maintient une grande sensibilité à la moindre élévation de glycémie, soit l'amplitude et la fréquence de vos écarts sont trop importantes. Vous prendrez les mesures qui conviennent, en redoublant d'attention et surtout en revenant le plus souvent possible en phase I.

Il existe un autre indicateur de la gestion de vos écarts, c'est l'état de votre forme. Dès que vous serez allé un peu trop loin, vous en constaterez rapidement les effets délétères sur votre vitalité. Vous prendrez donc, d'instinct en quelque sorte, les mesures de correction qui conviennent.

EXEMPLE DE GESTION DES ÉCARTS

- **Les écarts sont indiqués en gras**
- **Les glucides de compensation sont en italique**

• *Salade de lentilles vinaigrette à l'huile d'olive*	• *Carottes râpées*	• *Salade «César» sans croûtons*
• Escalope de veau		
• **Riz blanc**	• *Morue*	• Saucisse
• *Salade verte*	• *Haricots verts*	• *Purée de pois cassés*
• Yogourt		
	• **Crème brûlée**	• **Crème glacée vanille (avec alginates)**
• *Spaghettis al dente en salade*	• Foie gras **avec 3 biscottes**	• 12 huîtres **+ 2 tranches de pain de seigle complet**
• **Portion de pizza**		• Saumon mariné
	• Magret de canard	
	• *Ratatouille*	
• *Salade verte*	• *Salade verte*	• *Salade verte*
• Compote de pomme sans sucre		• *Mousse au chocolat 70 % de cacao*
	• Fromages	
• Saumon fumé + *salade verte*	• *Soupe de légumes (poireaux, choux, céleri, courgettes)*	• *Salade verte*
• Gigot d'agneau	• Omelette à l'oseille	• Chili con carne
• *Flageolets*	• *Salade verte*	
• Fromage **+ 2 tranches de pain blanc**	• **Crème caramel**	• **Tarte aux prunes**
• *Poireaux* vinaigrette	• *Soupe de pois cassés*	• *Cœurs d'artichauts*
• Petit salé aux *lentilles*	• Jambon blanc	• *Spaghettis al dente* sauce: crème de soja au cari
	• **Purée de pommes de terre à l'huile d'olive**	
• **Éclair au chocolat**		
	• *Fraises sans sucre*	• **Gâteau au fromage**
• *Salade de spaghettis al dente*	• **Melon**	• **Melon d'eau**
• Côtelette de porc	**Crêpe au sarrasin** avec œufs et jambon	• Entrecôte
	• *Salade verte*	• *Brocolis*
• *Lentilles vertes*		
• Fromage **+ 2 tartines de pain de son**	• *Framboises*	• *Abricots frais pochés au fructose*

CONCENTRATION MOYENNE EN GLUCIDE PUR POUR 100 G D'ALIMENT GLUCIDIQUE ET INDEX GLYCÉMIQUE	Glucide pur	Index glycémique
Bière (maltose)	5 g	110
Pomme de terre cuite au four	25 g	95
Pomme de terre frite	33 g	95
Riz soufflé	85 g	85
Purée de pommes de terre	14 g	90
Riz instantané	24 g	90
Galette de riz blanc soufflé	24 g	95
Miel	80 g	85
Carottes cuites	6 g	85
Flocons de maïs	85 g	85
Maïs soufflé (sans sucre)	63 g	85
Pain blanc	58 g	85
Croustilles	49 g	90
Fèves cuites	7 g	80
Tapioca	94 g	80
Craquelins	60 g	80
Potiron, citrouille	7 g	75
Pain (baguette)	55 g	75
Melon d'eau	7 g	75
Pain de campagne	53 g	70
Céréales sucrées	80 g	70
Tablette de chocolat	60 g	70
Pommes de terre bouillies (pelées)	20 g	70
Sucre (saccharose)	100 g	70
Navet	3 g	70
Fécule de maïs	88 g	70
Maïs	22 g	70
Riz glutineux	24 g	70
Boissons gazeuses	11 g	70
Macaronis, raviolis	23 g	70
Pommes de terre bouillies (avec la peau)	14 g	65
Couscous raffiné	25 g	65
Confiture sucrée	70 g	65
Melon	6 g	65
Banane	20 g	65
Jus d'orange industriel	11 g	65
Raisins secs	66 g	65
Riz à grains longs blanc	23 g	60
Biscuit sablé	68 g	55
Biscuit sec (type Petit Beurre)	75 g	55
Pâtes blanches cuisson normale	23 g	55
Pain complet	47 g	50
Farine de sarrasin	65 g	50
Crêpe au sarrasin	25 g	50
Patate douce	20 g	50
Kiwi	12 g	50
Riz basmati	23 g	50
Riz brun	23 g	50

CONCENTRATION MOYENNE EN GLUCIDE PUR POUR 100 G D'ALIMENT GLUCIDIQUE ET INDEX GLYCÉMIQUE *(suite)*	Glucide pur	Index glycémique
Sorbet	30 g	50
Pâtes complètes	19 g	50
Pain au son	40 g	50
Boulghour entier	25 g	45
Spaghettis *al dente*	25 g	45
Pain noir pumpernickel	45 g	40
Pois frais	10 g	40
Raisins	16 g	40
Jus d'orange frais	10 g	40
Jus de pomme nature	17 g	40
Pain de seigle complet	49 g	40
Pâtes intégrales	17 g	40
Haricots rouges	11 g	40
Pain intégral	45 g	40
Crème glacée (aux alginates)	25 g	35
Vermicelles asiatiques (haricot mungo)	15 g	35
Quinoa	18 g	35
Pois secs (cassés)	18 g	35
Yogourt entier	4,5 g	35
Yogourt maigre	5,3 g	35
Orange	9 g	35
Poire, figue	12 g	35
Abricots secs	63 g	35
Lait 2 %	5 g	30
Carottes crues	7 g	30
Céréales de type All Bran	46 g	30
Pêche	9 g	30
Pomme	12 g	30
Haricots secs	17 g	30
Haricots verts	3 g	30
Lentilles brunes	17 g	30
Pois chiches	22 g	30
Tartinade de fruits sans sucre ajouté	37 g	22
Chocolat noir + 70 % de cacao	32 g	22
Lentilles vertes	17 g	22
Pois cassés	22 g	22
Cerise	17 g	22
Prune, pamplemousse	10 g	22
Fructose	100 g	20
Soja (cuit)	15 g	15
Arachides	9 g	15
Abricots frais	10 g	15
Noix	5 g	15
Oignons	5 g	10
Ail	28 g	10
Légumes verts, salades, champignons, tomates, aubergines, poivron, chou, brocolis, etc.	3 à 5 g	10

6

L'HYPOGLYCÉMIE, UN FACTEUR MAJEUR DE LA FATIGUE

La fatigue aurait-elle changé de visage ? Autrefois, quand on était physiquement épuisé, il suffisait de se reposer, mieux encore de se coucher, car en une bonne nuit de sommeil on pouvait faire disparaître toute forme de lassitude.

Aujourd'hui, le temps de travail est plus réduit. Nous avons de plus en plus de loisirs et, pourtant, nous n'avons jamais été aussi fatigués. Le dernier quart de ce siècle a même engendré des adolescents constamment épuisés.

Près d'une consultation sur deux chez le médecin est motivée par la fatigue. Or, une enquête faite auprès de 1000 praticiens généralistes indiquait que dans 100 % des cas, il y avait prescription de fortifiants et dans 33 % de psychotropes (antidépresseurs, neuroleptiques, tranquillisants, anxiolytiques). De plus, dans 57 % des cas, cela donnait lieu à un arrêt de travail.

La piste de la cause alimentaire ne semble toujours pas, aujourd'hui comme hier, être explorée. Une mauvaise alimentation, dont les effets métaboliques peuvent se traduire par une hypoglycémie, entraîne pourtant très souvent des symptômes de fatigue.

L'insuline (hormone sécrétée par le pancréas) joue un rôle déterminant dans la métabolisation des glucides. La fonction basique de l'insuline est d'agir sur le glucose contenu dans le sang de manière à le faire pénétrer dans les cellules et à assurer ainsi le fonctionnement des organes ainsi que la formation du glycogène musculaire et hépatique, et parfois des graisses de réserve. L'insuline chasse le glucose du sang, ce qui a pour conséquence de faire baisser le taux de sucre contenu dans le sang (glycémie).

Si la quantité d'insuline produite par le pancréas est trop forte, disproportionnée par rapport au glucose qu'elle doit aider à métaboliser, le taux de sucre contenu dans le sang va tomber à un niveau anormalement bas. On va se trouver, dans ce cas, en situation d'hypoglycémie.

L'hypoglycémie n'est donc pas toujours due à une carence en sucre dans l'alimentation, mais souvent à une sécrétion trop importante d'insuline (hyperinsulinisme), conséquence d'une consommation abusive de glucides à index glycémique élevé (pommes de terre, pain blanc, maïs…).

Si vous vous sentez tout à coup fatigué vers 11 h, cela indique, dans la plupart des cas, que le taux de sucre (glucose) dans votre sang est sous la normale. Vous êtes en hypoglycémie. Si vous ingérez un mauvais glucide sous la forme d'un biscuit ou d'une friandise sucrée, vous allez très rapidement le métaboliser en glucose. La présence de ce glucose va faire remonter le taux de sucre de votre sang et vous allez en ressentir un certain bien-être. Mais cette remontée de glucose va automatiquement déclencher une nouvelle sécrétion d'insuline, qui aura pour effet de faire disparaître ce glucose et de restituer votre hypoglycémie avec un taux de sucre encore plus bas. C'est ce phénomène qui va déclencher le cercle vicieux qui vous conduira immanquablement à des abus.

Un grand nombre de scientifiques expliquent l'alcoolisme comme étant la conséquence d'une hypoglycémie chronique. Dès que le taux d'alcoolémie baisse dans son sang, l'alcoolique se sent mal et éprouve le besoin de boire. Comme, la plupart du temps, il consomme aussi des glucides à index glycémique élevé, l'alcool a pour effet de majorer le risque d'hypoglycémie, ce qui provoque une fatigue supplémentaire. Cette nouvelle baisse de tonus sera volontiers soulagée par la consommation d'une nouvelle boisson alcoolisée, qui donnera une impression illusoire et transitoire de «coup de fouet». On comprend ainsi que le risque d'hypoglycémie soit amplifié lorsque la boisson alcoolisée est elle-même sucrée (bière, kir, gin tonic, whisky-cola, vodka-orange, sangria, porto, pineau…).

Les adolescents, grands consommateurs de boissons très sucrées, ont ainsi une courbe de glycémie en dents de scie proche de celle des alcooliques. Des médecins américains ont constaté que cette situation prédisposait les jeunes à l'alcoolisme, qui sévit d'ailleurs de plus en plus dans les campus universitaires. Leur organisme est en quelque sorte préparé et presque conditionné à basculer de la boisson gazeuse à l'alcool. Raison de plus pour attirer l'attention des parents sur les risques potentiels de l'abus de certains mauvais glucides.

Les symptômes de l'hypoglycémie sont les suivants : fatigue, «coup de pompe», irritabilité, nervosité, agressivité, impatience, anxiété, bâillements, manque de concentration, maux de tête, transpiration excessive, mains moites, manque d'efficacité, troubles digestifs, nausées, difficultés à s'exprimer.

Cette liste n'est pas exhaustive, et pourtant elle est impressionnante. Faire de l'hypoglycémie ne veut pas dire pour autant que l'on présente tous ces symptômes. Ces symptômes n'apparaissent pas non plus d'une manière permanente. Certains sont très éphémères et peuvent disparaître dès que l'on mange. Vous avez peut-être remarqué que certaines personnes deviennent progressivement nerveuses, instables, agressives même, au fur et à mesure que l'heure de leur dernier repas s'éloigne.

Parmi tous ces symptômes, il en est un, plus fréquent peut-être que les autres, que vous avez probablement remarqué sur vous-même et sur votre entourage, c'est la *fatigue*. L'une des caractéristiques de notre époque est la généralisation de la fatigue. Plus les gens dorment, plus ils ont des loisirs, du temps libre, des vacances, plus ils sont fatigués. Le matin quand ils se lèvent, ils sont déjà «crevés». En fin de matinée, ils n'en peuvent plus. En début d'après-midi, ils dorment presque sur leur bureau. C'est le coup de pompe d'après dîner. En fin d'après-midi, ils épuisent leurs dernières ressources avant de rentrer chez eux. Ils s'y traînent littéralement. Le soir, ils ne font rien, ils somnolent devant leur téléviseur. La nuit, en revanche, ils cherchent le sommeil. Quand ils l'ont enfin trouvé, il est presque temps de se lever et un nouveau cycle recommence. On accuse le stress de la vie moderne, le bruit, les transports, la pollution, le manque de magnésium…

Pour lutter contre ce phénomène, on ne sait trop que faire, sinon boire du café fort, avaler des vitamines en comprimés et des sels minéraux en gélules, ou faire du yoga. Or, la plupart du temps, la fatigue est un problème de glycémie lié à de mauvaises habitudes alimentaires.

Entre les repas, le taux de sucre dans le sang (glycémie) de nos contemporains est, chroniquement, anormalement bas. Cette situation est la conséquence d'une alimentation excessive en mauvais glucides (glucides à index glycémique élevé). Trop de sucre, trop de boissons sucrées, trop de pain blanc, trop de pommes de terre, de riz blanc et de craquelins, etc., entraînent une sécrétion excessive d'insuline.

Pendant longtemps, on a cru que seuls les sujets qui avaient tendance à grossir facilement étaient hypoglycémiques. De récentes études ont montré que de nombreux maigres sont eux aussi victimes d'hypoglycémie, étant donné leur consommation excessive de sucre et de glucides à index glycémique élevé. La différence avec les autres se trouve dans le métabolisme, les autres grossissent, eux pas. Mais pour ce qui concerne le taux de sucre dans le sang, le phénomène et ses conséquences sont les mêmes.

Les femmes sont particulièrement sensibles aux variations glycémiques. Il a été démontré que les dépressions postnatales sont la conséquence directe d'un état hypoglycémique lié aux suites de l'accouchement.

Si vous mettez sérieusement en pratique la méthode Montignac, vous pourrez très rapidement constater qu'en plus de la perte de poids, elle amène d'autres conséquences positives.

Vous ressentirez plus de joie de vivre, d'optimisme et de vitalité. Si vous éprouviez des coups de pompe, ce ne sera plus jamais le cas. Vous ferez l'objet d'un réel renouveau physique et mental.

Quand on supprime la consommation de sucre et limite celle des mauvais glucides, ce qui par voie de conséquence supprime toute sécrétion excessive d'insuline, le taux de sucre dans le sang se stabilise à son niveau idéal. Les bons glucides (ceux qui ont un index glycémique bas) ne provoquent pas d'hypoglycémie réactionnelle.

Selon de nombreux spécialistes, l'hypoglycémie serait l'une des maladies les plus mal diagnostiquées. Ses symptômes sont si nombreux et variés que les médecins généralistes ne l'admettent que très rarement. L'une des raisons est, semble-t-il, une mauvaise information sur un sujet dont l'enseignement en médecine n'occupe que trop peu de place.

Le meilleur moyen de savoir si l'on est ou non hypoglycémique, c'est de mettre en pratique les règles alimentaires énoncées dans les précédents chapitres. Moins d'une semaine après avoir commencé, vous constaterez avec enthousiasme l'amélioration phénoménale de votre forme. Vous vous redécouvrirez une vitalité qui n'avait pu s'exprimer depuis des lunes.

Beaucoup de fatigues inexpliquées peuvent aussi trouver leur origine dans un état de subcarence en vitamines, en sels minéraux et en oligoéléments. Les adeptes des régimes hypocaloriques sont particulièrement carencés en micronutriments, en raison des faibles quantités d'aliments ingérées. Le phénomène de carence est de plus accentué par le fait que les sols, trop sollicités, se sont depuis quelques décennies appauvris et que les végétaux en contiennent moins.

C'est pourquoi, pour être en forme et éviter les hypoglycémies, il faut consommer des glucides à index glycémique bas (fruits, aliments complets, légumineuses, légumes verts…) et, lorsque c'est possible, de préférence crus. On est ainsi sûr d'obtenir une ration correcte de micronutriments, garants d'un fonctionnement optimal de l'organisme.

7

VITAMINES, SELS MINÉRAUX ET OLIGOÉLÉMENTS

L'alimentation moderne est carencée en nutriments essentiels que sont les vitamines, les sels minéraux et les oligoéléments. Non seulement les techniques de raffinage les ont fait disparaître, mais la plupart des processus industriels, que ce soit de production ou de conservation, tendent à en réduire considérablement la présence, sans compter l'effet parfois nocif des modes de cuisson.

Pendant longtemps, on a su à peu près quelles étaient les conséquences de leur absence totale. On découvre tous les jours les effets pervers de leur insuffisance. Parmi eux, il faut noter la fatigue, mais aussi un ralentissement de l'amaigrissement.

LES VITAMINES
•••

Le mot *vitamine* vient du latin *vita*, qui signifie « vie », qui évoque forcément la vitalité. Aucune réaction chimique de notre organisme ne pourrait avoir lieu sans les vitamines : elles interviennent dans le fonctionnement de centaines d'enzymes en jouant le rôle de catalyseurs de réactions biochimiques des cellules de notre corps.

Dans les pays occidentaux, où il y a abondance alimentaire, nous ne devrions logiquement jamais manquer de vitamines. C'est pourtant ce qui se passe couramment dans une bonne partie de la population.

Non seulement les adeptes des régimes hypocaloriques, qui ne peuvent trouver dans leur alimentation restrictive le contenu nutritionnel dont ils ont besoin, mais aussi le reste de la population en manquent, du fait de leurs mauvais choix alimentaires.

C'est dans les fruits et les aliments riches en fibres que l'on trouve une concentration importante de vitamines. Or, selon les statistiques du professeur Cloarec, 37 % des Français ne mangent jamais de fruits, et 32 % jamais de légumes verts. Dans les autres pays (anglo-saxons notamment), la consommation de fruits et légumes est encore plus faible. Au Canada, 25 % de la population ne consomme aucun légume tandis que 40 % consomme une seule portion de fruits par jour. Cette situation est d'autant plus critique que les mêmes individus privilégient dans leur alimentation des produits raffinés, dont on a, par définition, enlevé les vitamines : farine blanche, riz blanc…

Les vitamines sont pourtant indispensables au fonctionnement de notre organisme, dans lequel elles agissent à doses infinitésimales. Comme il n'est pas capable de les synthétiser, c'est-à-dire de les fabriquer lui-même, il doit les puiser dans notre alimentation quotidienne.

On distingue :
• les vitamines solubles dans les graisses (liposolubles), qui sont stockables. Parmi elles, les vitamines A, D, E, et K ;
• les vitamines solubles dans l'eau (hydrosolubles), qui ne sont pas stockables dans l'organisme. Ce sont les vitamines du complexe B ainsi que la vitamine C, souvent perdue dans l'eau de cuisson, qui n'est plus récupérée pour faire la soupe comme autrefois.

La pauvreté vitaminique

•

Après la Deuxième Guerre mondiale, les transformations des sociétés occidentales et l'augmentation de la population se sont traduites par deux phénomènes : l'urbanisation et la désertion des campagnes.

À côté de la nécessité de produire plus, il a fallu produire différemment car, pour la première fois dans l'histoire de l'humanité, les lieux de consommation et les lieux de production étaient différents. C'est ainsi que, pour augmenter les rendements, l'agriculture s'est développée de manière intensive en utilisant les engrais chimiques, les pesticides, les insecticides, les herbicides et les fongicides.

Pour pallier le problème du délai d'acheminement des denrées sur les lieux de consommation, de nouvelles techniques de conservation furent élaborées. C'est ainsi que fut généralisée l'utilisation des additifs et des agents de conservation chimiques. L'ensemble de ces mesures aboutit à un appauvrissement progressif des sols, tout en surchargeant les produits cultivés de substances chimiques nocives.

C'est ainsi que les fruits, les légumes et les céréales sont considérablement appauvris en vitamines, de même qu'en oligoéléments et en sels minéraux. C'est pourquoi les taux de vitamines A, B1, B2, B3 et C ont diminué de plus de 30 % dans certains légumes.

La vitamine E a quasiment disparu des laitues, des petits pois, des pommes et du persil, de la même façon qu'il n'y a plus de vitamine B3 dans les fraises. D'un épinard à l'autre, on a pu trouver pour 100 g des teneurs globales en vitamines allant de 3 à 150 mg.

La mode du pain blanc au siècle dernier a encouragé la recherche de procédés de raffinage des farines. En 1875, la découverte du moulin à cylindre sonnait le glas nutritionnel du pain. Par le raffinage industriel systématique, le pain allait être ainsi débarrassé de la plupart de ses substances nutritionnelles : fibres, protéines, acides gras essentiels, vitamines, sels minéraux et oligoéléments.

Vidé de toutes ses composantes vitales par un blutage obstiné, le grain de blé n'est plus que de l'amidon presque pur, dont le potentiel est uniquement énergétique.

On peut augmenter la teneur en vitamines de certains aliments, en faisant par exemple germer les graines, mais cette pratique n'est en vigueur que dans les milieux encore très isolés qui sont très soucieux de leur santé, comme par exemple chez les adeptes de la culture biologique.

L'altération des vitamines par la cuisine
•

Un trop long stockage, l'oxydation à l'air ou encore la cuisson peuvent entraîner une importante déperdition en vitamine C des fruits et des légumes. Les pertes les plus importantes ont lieu au cours d'une cuisson très longue.

Une cuisson courte à faible température entraîne une plus faible déperdition. Cela rend suspect le mijotage d'un plat des heures sur le feu.

Le manque de vitamines par insuffisance alimentaire
•

Si la ration alimentaire est insuffisante, ce qui est forcément le cas dans les régimes hypocaloriques, il se crée un déficit vitaminique.

RÉGIME HYPOCALORIQUE (1500 CALORIES)	
Vitamines	**Pourcentage des apports conseillés obtenus**
A	30 %
E	60 %
B1 (thiamine)	40 %
B2 (riboflavine)	48 %
B3 (niacine)	43 %
B5 (acide pantothénique)	40 %
B6 (pyridoxine)	49 %
B9 (folate)	38 %
C	45 %

COMMENT ÉVITER LES DÉPERDITIONS VITAMINIQUES ?

- Utiliser des produits de première fraîcheur plutôt que des aliments ayant déjà été stockés quelques jours.
- Acheter si possible vos légumes au jour le jour, au marché et chez un maraîcher local.
- Utiliser le moins d'eau possible dans la préparation (lavage, trempage).
- Préférer les fruits et les légumes crus (sauf en cas d'intolérance digestive).
- Éplucher le moins possible et râper peu.
- Éviter les cuissons prolongées et à haute température. Cuire à basse température, et notamment à la vapeur douce (pour les légumes en particulier).
- Éviter de maintenir trop longtemps les plats au chaud.
- Conserver l'eau de cuisson pour faire du potage, elle contient les vitamines hydrosolubles.
- Cuisiner de manière à éviter les restes qui séjourneront au réfrigérateur et seront réchauffés.
- Réduire les quantités, mais choisir la qualité, en privilégiant les produits de culture biologique.
- Les rôtis et les grillades conservent davantage les vitamines des viandes.
- Les produits congelés sont plus riches en vitamines que les conserves.
- Ne pas exposer le lait à la lumière.

VITAMINES	SOURCES	SIGNES DE CARENCE
LIPOSOLUBLES A (rétinol)	Foie, jaune d'œuf, lait, beurre, carottes, épinards, abricots	Troubles de la vision nocturne Sensibilité à la lumière Sécheresse de la peau Intolérance cutanée au soleil Sensibilité aux infections ORL
Provitamine A (bêta-carotène)	Carottes, cresson, épinards, mangues, melon, abricots, brocolis, pêches, beurre	
D (calciférol)	Foie, thon, sardine, jaune d'œuf, champignons, beurre, fromage Le soleil	Enfants : rachitisme Personne âgée : ostéomalacie + ostéoporose = déminéralisa- tion osseuse
E (tocophérol)	Lait, germe de blé, œufs, noix et graines, poisson, céréales, huiles végétales, chocolat noir	Fatigabilité musculaire Risques d'accidents cardiovasculaires Vieillissement cutané
K (ménadione)	Fabriquée par les bactéries du côlon Foie, chou, épinards, œufs, brocolis, viande, chou-fleur	Accidents hémorragiques
HYDROSOLUBLES B1 (thiamine)	Levure de bière, germe de blé, porc, abats, poisson, céréales complètes, pain complet	Fatigue, irritabilité Troubles de la mémoire Manque d'appétit, dépression, faiblesse musculaire
B2 (riboflavine)	Levure de bière, foie, rognons, fromage, amandes, œufs, poisson, lait, cacao	Dermite séborrhéique Acné rosacée Photophobie Cheveux fragiles et ternes Lésions aux lèvres Fissures aux commissures de la bouche
B3 (ou niacine ou acide nicotinique)	Levure de bière, son de blé, foie, viande, rognons, poisson, pain complet, dattes, légumineuses, flore intestinale saine	Fatigue, insomnie Anorexie État dépressif Lésions de la peau (lucite) et des muqueuses
B5 (acide pantothénique)	Levure de bière, foie, rognons, œufs, viande, légumes verts, céréales, légumineuses	Fatigue, maux de tête Nausées Vomissements Troubles caractériels Hypotension Chute des cheveux

VITAMINES	SOURCES	SIGNES DE CARENCE
B6 (pyridoxine)	Levure de bière, germe de blé, soja, foie, rognons, viande, poisson, riz complet, avocats, légumineuses, pain complet	Fatigue État dépressif, irritabilité Vertiges, nausées Lésions de la peau Désir de sucreries Maux de tête dus au glutamate
B8 (ou biotine ou vitamine H)	Flore intestinale, levure de bière, foie, rognons, chocolat, œufs, champignons, poulet, chou-fleur, légumineuses, viande, pain complet	Fatigue, manque d'appétit Nausées, fatigue musculaire Peau grasse, chute des cheveux Insomnie, dépression Troubles neurologiques
B9 (acide folique)	Levure de bière, foie, huîtres, soja, épinards, cresson, légumes verts, légumineuses, pain complet, fromage, lait, germe de blé	Fatigue Troubles de la mémoire Insomnie, état dépressif Confusion mentale (vieillard) Retard de cicatrisation Troubles neurologiques
B12 (cyanocobalamine)	Foie, rognons, huîtres, hareng, poisson, viande, œufs (origine animale seulement)	Fatigue, irritabilité Pâleur, anémie, manque d'appétit Troubles du sommeil Douleurs neuromusculaires Troubles de la mémoire Dépression
C (acide ascorbique)	Baies, cassis, persil, kiwis, brocolis, légumes verts, fruits (agrumes), foie, rognons	Fatigue, somnolence Manque d'appétit Douleurs musculaires Faible résistance aux infections Essoufflement rapide à l'effort

LES SELS MINÉRAUX ET LES OLIGOÉLÉMENTS
• • •

L'organisme humain est en permanence le lieu de multiples réactions chimiques. Ces différentes réactions ne pourraient se produire sans la présence de sels minéraux et d'oligoéléments agissant indirectement par le biais des enzymes.

Par exemple, il ne pourrait pas y avoir de transmission de l'influx nerveux sans sodium ou potassium. Il n'y aurait pas d'activité musculaire sans calcium et pas d'hormones thyroïdiennes sans iode. De la même manière, il n'y aurait pas d'oxygénation du sang en l'absence de fer, ni d'assimilation correcte du glucose sans chrome.

Parmi ces micronutriments, on distingue :
– les sels minéraux comme le calcium, le phosphore, le potassium, le sodium, le soufre et le magnésium ;
– les oligoéléments comme le chrome, le cobalt, le zinc, le cuivre, le sélénium, etc., qui agissent en quantité infinitésimale.

Un manque de sels minéraux et d'oligoéléments peut constituer un facteur de perturbation. Un déficit en manganèse favorise l'hyperglycémie, et un déficit en nickel, en chrome et en zinc pérennise l'insulinorésistance.

La supplémentation est-elle une bonne solution ?
•

D'aucuns pourraient croire qu'un déficit en micronutriments lié à de mauvaises habitudes alimentaires pourrait être facilement comblé par une supplémentation sous forme de comprimés ou d'ampoules. Ces produits de synthèse, même s'ils peuvent aider en cas de carence grave, sont *mal absorbés* par l'intestin.

Il convient de chercher dans une alimentation normale et variée les quantités de sels minéraux et d'oligoéléments dont l'organisme a besoin. D'où l'importance de consommer des fruits, des légumes, des crudités, des légumineuses et des céréales complètes.

La seule supplémentation que l'on peut encourager est celle qui consiste à prendre quotidiennement de la levure de bière et du germe de blé, deux produits naturels qui contiennent des nutriments dont notre alimentation moderne est largement dépourvue.

De plus, la levure de bière est riche en chrome, ce qui contribue à améliorer la tolérance au glucose, entraînant par conséquent une baisse de la glycémie et de l'insulinémie. *C'est donc indirectement une aide à l'amaigrissement!*

POUR 100 G	LEVURE SÈCHE DE BIÈRE	GERME DE BLÉ
Eau	6 g	11 g
Protéines	42 g	26 g
Glucides	19 g	34 g
Lipides	2 g	10 g
Fibres	22 g	17 g
Potassium	1 800 mg	850 mg
Magnésium	230 mg	260 mg
Phosphore	1 700 mg	1 100 mg
Calcium	100 mg	70 mg
Fer	18 mg	9 mg
Bêta-carotène	0,01 mg	0 mg
Vitamine B1	10 mg	2 mg
Vitamine B2	5 mg	0,7 mg
Vitamine B3	46 mg	4,5 mg
Vitamine B5	12 mg	1,7 mg
Vitamine B6	4 mg	3 mg
Acide folique B9	4 mg	430 mg
Vitamine B12	0,01 mg	0 mg
Vitamine E	0 mg	21 mg

On pourra mettre 1 cuillerée à thé de levure de bière ou de germe de blé, en alternance un jour sur deux, dans son laitage du petit-déjeuner.

8

HYPERCHOLESTÉROLÉMIE, MALADIES CARDIOVASCULAIRES ET HABITUDES ALIMENTAIRES

Selon l'expression d'un médecin, « le sida tue peu mais à grand bruit, alors que les maladies cardiovasculaires tuent à chaque instant mais en silence ! »

Un Américain meurt toutes les 90 secondes d'une crise cardiaque ! Les affections cardiovasculaires restent, et de loin, la première cause de décès (près de 40 % en France, devant le cancer, qui lui représente environ 25 % des décès). Au Canada, malgré une diminution de la mortalité cardiovasculaire de 40 % depuis 20 ans, la maladie coronarienne demeure la principale cause de décès avec 60 000 nouveaux infarctus annuellement et une mortalité d'environ 30 % dans l'année qui suit.

De gros efforts d'information ont été faits ces deux dernières décennies dans tous les pays occidentaux, et particulièrement en Amérique du Nord, pour permettre une meilleure prévention. Le combat est loin d'être gagné, car la fréquence des maladies cardiovasculaires est inversement proportionnelle au degré d'instruction, aux qualifications professionnelles et au revenu familial.

Or, c'est dans les milieux défavorisés, qui sont les plus touchés, que les taux de natalité sont les plus élevés. C'est pourquoi il y a tout lieu de craindre une augmentation du nombre de morts par maladies cardiovasculaires au XXIe siècle, malgré les campagnes de prévention actives.

Les facteurs de risque des maladies cardiovasculaires sont connus : LDL-cholestérol, triglycérides, hypertension artérielle, diabète, obésité, mais aussi tabagisme, sédentarité, stress. Ils mettent en principe 30 à 40 ans à se manifester pour devenir une menace vitale, mais dans certaines de leurs formes une cause héréditaire peut aggraver le pronostic. C'est ainsi que près de 5 % des sujets mourant d'affections cardiovasculaires ont moins de 25 ans.

La consommation de glucides à index glycémique élevé étant le principal responsable de la prise de poids, cela ne veut pas dire que l'on peut manger des lipides *ad libitum*, car leur excès pourrait compromettre notre santé en général.

Nous avons par ailleurs beaucoup insisté sur le fait qu'il importe de faire les bons choix parmi les lipides, car certains peuvent aggraver les risques de pathologies cardiovasculaires alors que d'autres ont au contraire l'avantage de constituer un facteur de prévention.

Avant de revenir plus en détail sur les propriétés des lipides en fonction de la nature de leurs acides gras, il importe de faire une mise au point sur le cholestérol.

LE CHOLESTÉROL : UN FAUX INTRUS

Le cholestérol n'est pas un intrus. Cette substance est même indispensable à la formation d'un certain nombre d'hormones. Le corps en contient environ 100 g, répartis entre les tissus du système nerveux, les nerfs et les différentes cellules.

Le cholestérol est en grande partie synthétisé par l'organisme (à 70 %). La bile en déverse 800 à 1200 mg par jour dans l'intestin grêle.

Seulement 30 % du cholestérol de notre organisme provient de notre alimentation. C'est pourquoi on peut considérer que le taux de cholestérol sanguin est peu dépendant de la quantité de cholestérol contenu dans les aliments. Il est plutôt lié au type d'acides gras consommés (saturés, mono ou polyinsaturés).

Le bon et le mauvais cholestérol
•

Le cholestérol ne se trouve pas isolé dans le sang, il est fixé sur des protéines de deux catégories :

• les lipoprotéines de faible densité ou LDL *(Low Density Lipoproteins)*, qui distribuent le cholestérol aux cellules, et notamment à celles des parois artérielles qui sont victimes de ces dépôts graisseux.

Le LDL-cholestérol a été baptisé « mauvais cholestérol » car il recouvre à la longue l'intérieur des vaisseaux, qui s'encrassent. Cette obstruction des artères peut entraîner des problèmes cardiovasculaires : une artérite des membres inférieurs, une angine de poitrine ou un infarctus du myocarde, ou un accident vasculaire cérébral pouvant entraîner éventuellement une paralysie.

• les lipoprotéines de haute densité, ou HDL *(High Density Lipoproteins)*, qui conduisent le cholestérol au foie pour qu'il y soit éliminé.

On a appelé le HDL-cholestérol le « bon cholestérol » car il n'est source d'aucun dépôt vasculaire. Il a, au contraire, la propriété de nettoyer les artères de leurs dépôts athéromateux. Ainsi, plus le taux de HDL est élevé, plus le risque d'accident cardiovasculaire diminue.

Les dosages sanguins
•

Les normes actuelles sont beaucoup moins laxistes que celles qui ont prévalu pendant de nombreuses années. Trois notions doivent être retenues :
– le cholestérol total (HDL + LDL) doit être inférieur ou égal à 2 g par litre de sang ;
– le LDL-cholestérol doit être inférieur à 1,30 g/l ;
– le HDL-cholestérol doit être supérieur à 0,45 g/l chez l'homme et 0,55 g/l chez la femme.

Les risques de pathologies cardiovasculaires
•

Ils sont multipliés par 2 si le taux de cholestérol total est de 2,2 g/l et par 4 s'il est supérieur à 2,60 g/l. On a observé que 15 % des infarctus survenaient chez des sujets ayant un pourcentage de cholestérol total inférieur à 2 g/l. C'est pourquoi cette notion n'a qu'une signification toute relative.

Ce qui est le plus important, c'est le dosage LDL et HDL, mais aussi et surtout le rapport entre le cholestérol total et le HDL, qui doit impérativement être inférieur à 4,5 g/l.

Près de la moitié de la population canadienne présente un taux de cholestérol sanguin supérieur à 2,50 g/l, tandis que 45 % des Français ont des taux supérieurs à la normale, parmi lesquels environ 8 millions ont un cholestérol total supérieur à 2,50 g/l. Or, quand on sait que faire baisser le cholestérol de 12,5 % permet de diminuer de 19 % le taux d'infarctus du myocarde, on a intérêt à prendre cette révélation très au sérieux.

Le taux de cholestérol, même s'il est toujours mis en avant (dans les médias notamment), n'est pas le seul facteur de risque de maladies cardiovasculaires. Bien d'autres paramètres, sur lesquels nous pouvons agir par le biais de nos choix alimentaires, sont des facteurs d'altération vasculaire : hyperglycémie (avec ou sans diabète), hyperinsulinisme, hypertriglycéridémie, carences d'apport en antioxydants (vitamines A, C et E, bêta-carotène, zinc, cuivre, sélénium, polyphénols), sans oublier le tabagisme.

Traitement diététique
•

En cas d'hypercholestérolémie, le médecin pourra prescrire certains médicaments, mais cela doit rester un ultime recours. Une bonne gestion de son alimentation sera, dans la plupart des cas, suffisante.

Voici donc les conseils que vous pouvez suivre, à la fois pour faire diminuer votre cholestérol s'il est trop élevé, mais aussi et surtout pour prévenir les risques de pathologies cardiovasculaires en général.

Perdre du poids

L'amaigrissement conduit, dans la plupart des cas, à une amélioration de tous les paramètres biologiques. La diminution du taux de cholestérol est certainement celle qui va apparaître le plus vite, à condition toutefois de ne pas faire l'erreur de consommer en excès des mauvais lipides (graisses saturées).

Faut-il limiter l'apport alimentaire en cholestérol ?

Les aliments contiennent un taux variable de cholestérol. Le jaune d'œuf, les abats et la noix de coco en renferment beaucoup.

L'Organisation mondiale de la santé a pendant longtemps préconisé de ne pas dépasser un apport journalier de

300 mg. Or, des travaux récents ont montré que, para-doxalement, cet aspect de la diététique était très secondaire. Un apport alimentaire de 1000 mg de cholestérol par jour n'entraînerait qu'une augmentation de 5 % environ de la cholestérolémie.

On pourra donc négliger la quantité de cholestérol contenue dans les aliments. Il faudra, en revanche, tenir compte du degré de saturation des acides gras ingérés.

Choisir ses lipides

Nous avons vu dans le chapitre 2 sur la classification des aliments que les lipides doivent être classés en trois catégories :
• *les acides gras saturés*, que l'on trouve surtout dans les viandes, les charcuteries trop grasses, les œufs, le lait, les laitages entiers, le fromage et l'huile de palme.

Ces lipides augmentent le taux de cholestérol total, et surtout le LDL-cholestérol, qui se dépose sur les parois artérielles, favorisant ainsi les accidents vasculaires.

De récentes publications montrent cependant que les œufs et les fromages fermentés auraient un effet beaucoup moins important que ce que l'on a cru pendant longtemps. Quant aux volailles, si l'on exclut la peau, leur taux d'acide gras saturé est faible. Leur consommation aurait donc peu d'effet sur l'élévation de la cholestérolémie ;

CONCENTRATION EN LIPIDES ET EN ACIDES GRAS SATURÉS DES CHARCUTERIES		
	Lipides pour 100 g	Acides gras saturés
Andouillette*	8 g	3,2 g
Jambon cuit dégraissé*	3 g	1,1 g
Jambon cru*	13 g	1,7 g
Fromage de tête*	13 g	4,6 g
Foie gras**	45 g	17,0 g
Saucisson sec**	30 g	12,1 g
Bacon**	31 g	11,1 g
Boudin noir**	34 g	12,6 g
Mortadelle**	30 g	12,4 g
Pâté de foie de porc**	37 g	15,0 g
Rillettes** .	49 g	20,0 g
Salami**	42 g	16,4 g
Cervelas**	28 g	11,0 g
Saucisse de Francfort**	24 g	10,0 g
Saucisson à l'ail*	28 g	10,7 g

*   Charcuteries peu grasses
** Charcuteries très grasses, à éviter ou à consommer avec une très
    grande modération

• *les acides gras polyinsaturés d'origine animale,* qui sont essentiellement les acides gras contenus dans les graisses de poisson.

On a longtemps pensé que les Inuit, qui consomment une nourriture composée à 98 % de graisses de poisson, ne connaissaient pas les maladies cardiovasculaires pour des raisons génétiques. On s'est par la suite rendu compte que c'était précisément la nature de leur nourriture qui constituait le meilleur facteur de prévention.

La consommation de graisses de poisson entraîne une importante baisse des triglycérides et prévient les thromboses. On comprend ainsi que, contrairement à ce que l'on

a pu croire pendant longtemps, plus le poisson est gras, plus il a une action bénéfique sur le plan cardiovasculaire. Il faut donc encourager la consommation de saumon, de thon, de sardines, de maquereaux, d'anchois et de harengs;
• *les acides gras polyinsaturés d'origine végétale,* dont le chef de file est l'acide linoléique, qu'on trouve surtout dans les huiles de tournesol, de maïs, de soja et d'arachide. L'acide linolénique est surtout présent dans les huiles de noix, de soja et de canola. Ces acides gras polyinsaturés se retrouvent aussi dans les fruits oléagineux: noix, amande, arachide, sésame.

L'ennui est que ces acides gras sont très oxydables. Leur oxydation peut notamment survenir si la ration alimentaire d'antioxydants est insuffisante. Or, un acide gras polyinsaturé oxydé est aussi athérogène (cause d'athérosclérose) qu'un acide gras saturé;
• *les acides gras insaturés « trans »,* qui peuvent apparaître au cours du traitement industriel des acides gras mono ou polyinsaturés: fabrication de margarine, pains industriels, biscuiterie, pâtisserie, viennoiseries, plats tout préparés.

Ces acides gras «trans» sont très athérogènes et aussi dangereux que les acides gras saturés. C'est pourquoi il est préférable d'utiliser le plus souvent des produits complets cuisinés chez soi, plutôt que de faire appel aux produits tout prêts proposés par les industriels;
• *les acides gras monoinsaturés*, dont le chef de file est l'acide oléique, que l'on trouve notamment dans l'huile d'olive;

On peut dire que l'huile d'olive est le champion toutes catégories des lipides ayant une action bénéfique sur le taux de cholestérol sanguin. Elle est en effet la seule qui réussisse à faire baisser le mauvais cholestérol (LDL) et à faire augmenter le bon (HDL).

Le thon et le saumon à l'huile d'olive deviennent ainsi un vrai passeport contre les problèmes circulatoires. Mais on ne trouve pas les acides gras monoinsaturés seulement dans l'huile d'olive. Ils sont aussi présents dans les volailles (graisse d'oie, graisse de canard) et le foie gras.

Choisir ses glucides

L'hyperglycémie et l'hyperinsulinisme sont d'authentiques facteurs de risque de pathologies cardiovasculaires et sont responsables notamment de triglycérides, de l'hypertension artérielle, mais aussi de l'excès de cholestérol. C'est pourquoi il faut éviter une consommation trop fréquente de glucides à index glycémique élevé (pommes de terre, farine blanche, sucre...) et choisir de préférence des glucides à index glycémique bas et très bas (lentilles, pois chiches, fruits, légumes verts, céréales complètes...) En cas d'hypertriglycéridémie, il faut supprimer la consommation de mauvais glucides mais aussi diminuer celle d'alcool.

Augmenter sa ration de fibres alimentaires

La présence des fibres dans le tube digestif améliore le métabolisme des lipides.

La consommation de pectine (pommes) entraîne une baisse sensible du taux de cholestérol, ce qui est aussi le cas de toutes les autres fibres solubles contenues dans l'avoine et les légumineuses (haricots blancs, lentilles).

Assurer un apport suffisant en antioxydants

Dans l'organisme, certaines réactions métaboliques entraînent un phénomène d'oxydation appelé radicaux libres, qui sont aussi la conséquence des effets pervers de l'environnement (tabagisme, pollution) ou d'une pratique sportive trop intensive. Les radicaux libres altèrent les cellules et favorisent les lésions des vaisseaux sanguins ; ils accélèrent le vieillissement et sont à l'origine des cancers.

Pour lutter contre les radicaux libres, il importe de consommer suffisamment d'antioxydants : vitamine A (et surtout son précurseur, le bêta-carotène), vitamine C, vitamine E, sélénium, zinc, cuivre et polyphénols.

ALIMENTS RICHES EN ANTIOXYDANTS			
Vitamine E	**Vitamine C**	**Bêta-carotène**	**Cuivre**
Huile de germe de blé	Baies d'églantier	Carottes crues	Huîtres
Huile de maïs	Cassis	Cresson	Foie de veau
Huile de soja	Persil	Épinards	Foie de mouton
Huile de tournesol	Kiwi	Laitue romaine	Moules
Huile d'arachide	Brocolis	Mangue	Poudre de cacao
Huile de canola	Fraises	Melon	Foie de bœuf
Huile d'olive	Poivron cru	Abricot	Germe de blé
Germe de blé	Estragon	Brocolis	Haricots blancs
Noisettes, amandes	Chou vert cru	Pêche	Noisettes
Céréales germées	Chou rouge cru	Tomate	Pois secs
Noix, arachides	Cresson	Orange	Flocons d'avoine
Riz sauvage	Citron, orange	Pissenlit	Noix
		Cerfeuil, persil	Cervelle
Vitamine A	**Sélénium**	**Zinc**	**Polyphénols**
Huile de foie de morue	Huîtres	Huîtres	Vins rouges
Foie	Foie de poulet	Pois chiches	Pépins de raisins
Beurre	Foie de bœuf	Foie de canard	Thé vert
Œufs cuits	Poisson	Levure de bière	Huile d'olive
Abricot frais	Œufs	Haricots blancs	Oignons
Fromage	Champignons	Rognons	Pommes
Saumon	Oignons	Lentilles	
Lait entier	Pain intégral	Viande	
Sardines	Riz complet	Pain intégral	
Crème 10 %	Lentilles	Germe de blé	
	Cervelle		

Boire un peu de vin

Les travaux des professeurs Masquelier de la Faculté de médecine de Bordeaux et Renaud de la Faculté de médecine de Lyon ont montré que la consommation de vin (rouge notamment), à raison de un à trois verres par jour, diminue les risques de maladies cardiovasculaires. Le vin contient des substances qui diminuent le LDL-cholestérol (mauvais cholestérol) et augmentent le HDL-cholestérol (bon cholestérol). Il protège ainsi les parois artérielles et rend le sang plus fluide, ce qui évite les thromboses.

Améliorer son hygiène de vie

Le stress, le tabagisme et la sédentarité ont eux aussi une action négative sur le taux de cholestérol sanguin. Une saine hygiène de vie s'impose non seulement en tant que mesure curative, mais aussi préventive.

RÉSUMÉ
Mesures à mettre en œuvre en cas d'hypercholestérolémie (ou pour prévenir les risques de maladies cardiovasculaires)

- Perdre du poids, si vous êtes obèse.
- Diminuer votre consommation de viande (max. 150 g/j).
- Choisir des viandes peu grasses (bœuf maigre).
- Les remplacer le plus souvent par des volailles (sans la peau).
- Éviter les charcuteries grasses et les abats.
- Préférer les poissons (min. 300 g/semaine).
- Manger peu de beurre (max. 10 g/jour) et de margarine.
- Limiter sa consommation de fromage.
- Prendre du lait écrémé et des laitages à 0 % de matières grasses.
- Limiter sa consommation de glucides à index glycémique élevé (pommes de terre, farines blanches, sucres).
- Augmenter sa consommation de glucides à index glycémique bas et très bas, ce qui représente un apport important en fibres (fruits, céréales complètes, légumes, légumineuses).
- Majorer sa consommation d'acides gras mono et polyinsaturés végétaux (huile d'olive, de tournesol, de canola).
- S'assurer d'un apport suffisant en antioxydants et en chrome (levure de bière et germe de blé).
- Boire (éventuellement) du vin riche en tanin (max. ½ bouteille/jour).
- Contrôler son stress.
- Pratiquer régulièrement une activité physique (marche, natation, vélo, équitation, tennis).
- Cesser de fumer.

9

LE SUCRE : UNE DOUCEUR QUI NOUS VEUT DU MAL !

Adulé par les uns qui lui attribuaient toutes les vertus, honni par les autres qui le rendaient responsable de tous les maux, le sucre a été, depuis son arrivée en Europe au XIe siècle, l'objet de polémiques et de controverses permanentes.

Du snobisme médicinal aux phobies puritaines qui ne voyaient en lui qu'un motif illégitime de plaisir, des convictions idéalistes des uns aux croyances pseudo-scientifiques des autres, ce furent toujours les intérêts économiques qui l'emportèrent.

Un peu d'histoire

•

L'histoire du sucre est étroitement liée à l'essor du commerce international via la colonisation, mais aussi l'esclavage. Originaire du Pacifique Sud bien avant notre ère, la canne à sucre s'est lentement propagée en Chine. On la vit ensuite se développer en Inde, où il était de bon ton de la cultiver dans son jardin pour en sucer le jus et en extraire les fibres, dont on enrichissait le pain.

C'est Alexandre le Grand qui découvrit en 325 av. J.-C., à l'occasion de sa conquête de l'Inde, l'existence de ce «miel sans abeille», que Néron appela beaucoup plus tard (50 ans ap. J.-C.) le *saccharum*.

Malgré cette découverte, les Grecs comme les Romains furent épargnés par ce que Danièle Starenkyj appelle « le mal du sucre ». L'Empire persan en avait, quant à lui, développé la culture et le raffinage, et considérait ce qui en résultait comme un remède miraculeux contre la peste et les épidémies. La Perse ayant cédé devant l'invasion arabe, le centre des affaires du sucre se déplaça à La Mecque.

C'est à l'occasion des Croisades que l'Occident découvrit le sucre, épice dont le sultan tirait de grands revenus. Cultivée en Espagne à la faveur de l'invasion arabe, la canne à sucre contamina dès son apparition le Nouveau Monde, lorsque Christophe Colomb, cédant aux pressions de la reine Isabelle, emporta avec lui dans son deuxième voyage quelques tiges de canne à sucre pour les planter outre-Atlantique.

Le sucre étant une épice que l'on croyait dotée de vertus médicinales, on comprend pourquoi il fut vendu exclusivement par les apothicaires jusqu'au XVIIIe siècle. Mais il fut, dès le XVe siècle, apprécié aussi pour ses vertus culinaires. Les Anglais, grands mangeurs de sucre, le mirent en quelque sorte à toutes les sauces. Comme c'était un produit onéreux, il était devenu de bon ton, chez les riches, de le substituer au miel.

Vers la fin du XVIe siècle et le début du XVIIe, les premières bribes d'un discours saccharophobe se firent entendre. C'était, disait-on, un médicament inapproprié, contraire à l'équilibre humoral. À très petites doses, il était acceptable mais, au-delà, il pouvait être dangereux pour la santé. Le sucre fut aussi rendu responsable de la phtisie (autre nom de la tuberculose) et de la grande peste de Londres en 1666. La cause fut définitivement entendue lorsque le verdict du grand médecin de l'époque, Thomas Willis, tomba : c'était bien le sucre qui était responsable de cette nouvelle maladie, le diabète.

Et pourtant, à la fin du XVIIIe siècle, le sucre a poursuivi allégrement sa carrière économique. Il faut dire que l'ancienne épice orientale était devenue un produit colonial, dont l'économie tirait grand profit. À la faveur du fameux trafic triangulaire, la canne à sucre était devenue un formidable enjeu économique. Les conditions immorales de son développement étaient dénoncées à juste titre.

En France, peu avant la Révolution, le sucre demeurait toujours un produit de luxe, réservé aux seuls privilégiés qui en avaient les moyens. Même chez les riches, il était consommé avec parcimonie. La consommation de l'époque était inférieure à 1 kg par an par habitant. On peut cependant s'étonner qu'un usage aussi modéré fût l'objet d'une telle attention et de tant de commentaires. C'est après la Révolution que le sort du sucre se joua, pour le bonheur de ses producteurs et le malheur de l'humanité.

Le grand responsable du développement de sa consommation fut Napoléon. On sait que ce dernier eut quelques problèmes avec les Anglais, ce qui donna lieu de leur part à ce que l'on a appelé le « blocus continental ». La France se trouva soudain privée des importations coloniales de canne à sucre, ce qui la conduisit très rapidement à se trouver en état de pénurie.

La situation était d'autant plus difficile à vivre pour Napoléon qu'il était lui-même grand amateur de sucreries. Il décida qu'il fallait trouver un substitut au sucre de canne. On savait depuis longtemps que l'on pouvait sortir une substance sucrée d'un certain type de betterave, mais on n'avait pas encore trouvé le moyen d'extraire un produit comestible du liquide obtenu. C'est en 1812 que Benjamin Dellesert mit au point le procédé qui devait assurer au sucre la carrière que l'on connaît.

La betterave avait non seulement un meilleur rendement que la canne à sucre, mais, et c'est ce qui faisait surtout la différence, son prix de revient était particulièrement bas du fait qu'elle était produite en métropole. Le sucre allait pouvoir ainsi être mis à la portée de tous.

Claude Bernard lui apporta sans le vouloir une caution de poids en 1863. Le grand savant découvrit en effet que le glucose était le carburant de l'organisme, nécessaire notamment pour le travail du muscle. Il n'en fallait pas plus pour faire l'amalgame entre le sucre et ses pseudo-propriétés nutritives.

L'aliment banni du XVIIIe siècle, qui avait fait tant de ravages sur la santé des quelques privilégiés qui avaient les moyens de se le payer, était soudain réhabilité au moment où l'ensemble de la population allait pouvoir en user. En 1897, on décréta même que c'était le meilleur aliment du sportif.

Encouragé par tous ces discours optimistes, le lobby sucrier réclama en 1905 une réforme fiscale pour encourager la consommation du sucre et ainsi contribuer à « augmenter la santé de la population », comme cela, paraît-il, avait été fait en Angleterre.

Au Canada comme dans la plupart des pays industrialisés, c'est au XIXe siècle que la consommation du sucre connaît un essor considérable. Vers 1850, à Montréal, s'établit la première compagnie de raffinage de sucre de canne. Elle produit du sucre raffiné à partir d'extrait de canne à sucre cultivée sous les tropiques. Ce n'est qu'en 1881 qu'une raffinerie québécoise extraira le sucre de la betterave à sucre cultivée au pays.

L'enthousiasme du XIXe siècle a eu du mal à franchir le cap du XXe siècle, où progressivement un fort courant saccharophobe s'est développé. L'Allemagne commence à s'inquiéter sérieusement de sa consommation galopante et de ses conséquences sur la santé. En Amérique du Nord, on est plus précis : on le rend responsable des problèmes intestinaux des enfants. De la même manière, les Anglais sont convaincus que le sucre est à l'origine de multiples céphalées. Quant à la France, elle découvre qu'entre le glucose métabolisé par l'organisme et le saccharose, produit industriel raffiné dépourvu de sels minéraux, il y a un monde et que le grand Claude Bernard s'était complètement trompé.

La Faculté s'inquiète alors en constatant que la progression du diabète suit la même courbe que celle de la consommation du sucre. On le rend déjà responsable de l'obésité. Chef de file des saccharophobes en 1923, le docteur Paul Carton le dénonce comme une drogue, car il a remarqué qu'il entraînait une véritable dépendance. C'est selon lui « un aliment industriel mort » aussi dangereux que l'alcool.

Depuis le premier quart du XXᵉ siècle, le signal d'alarme n'a jamais cessé d'être tiré par toutes les professions de santé, qui, chaque fois qu'elles en ont eu l'occasion, ont dénoncé avec véhémence les ravages du sucre et les dangers de la généralisation de sa consommation.

Le sociologue Claude Fischler signale que, dans 72 publications de la presse française analysées sur une période de 10 ans (1975-1985), 48 contenaient des articles traitant du sucre, toujours de manière critique.

Ce discours inquiétant, qualifié d'alarmiste par les irréductibles du sucre, a sans cesse été habilement contré par le lobby des sucriers, dont l'audace et le talent des messages publicitaires ont toujours été à la mesure des moyens financiers.

Les messages sont d'autant mieux reçus que les restrictions de la Deuxième Guerre mondiale semblent toujours présentes dans les esprits, même chez ceux qui étaient trop jeunes pour s'en souvenir. On en veut pour preuve l'obsession de nos contemporains à s'empresser de constituer des stocks de sucre dès les premières rumeurs d'une crise éventuelle.

Il est facile de tourner en dérision les thèses scientifiques, tant elles ont été controversées au cours de l'histoire et fondées pour certaines sur des croyances populaires.

La guerre médiatique ne peut donc qu'aboutir à jeter la confusion dans les esprits, en amplifiant ce qui par intérêt peut être présenté comme un mythe. La Food and Drug Administration aux États-Unis, qui n'est pas à un paradoxe près, a ajouté à cette confusion en décrétant en 1986, contre l'avis de l'ensemble de la communauté scientifique internationale, qu'à l'exception de la carie dentaire il n'y avait aucune contre-indication à consommer du sucre.

Si l'on veut vraiment mesurer l'impact du sucre sur la santé, il est indispensable de prendre connaissance des statistiques relatives à sa consommation depuis deux siècles.

En 1700, les chroniqueurs français prétendaient que le marché du sucre était stabilisé, voire saturé. Pendant tout le XVIIIᵉ siècle, la consommation ne varia donc que très peu car c'était un produit cher. En 1780, sa consommation se situait en France aux alentours de 0,6 kg par an par habitant.

En 1880, un siècle plus tard, la consommation était passée à 8 kg, c'est-à-dire qu'elle avait presque été multipliée par 15. Ce boum était dû à la généralisation du sucre de betterave. Puis la consommation s'emballa : en 1900, 17 kg par an par habitant, en 1930, 30 kg, et en 1960, 40 kg.

Depuis 1985, la consommation en France est désormais stabilisée à 35 kg. Elle est pour la même période de 41 kg au Canada, de 49 kg en Grande-Bretagne et de 63 kg aux États-Unis.

Au XVe siècle, avant la découverte de l'Amérique, le sucre était considéré comme une épice. Sa consommation était donc voisine de zéro. En trois siècles, elle est passée de zéro à un peu plus d'un demi-kilo, après le formidable développement de la culture de la canne à sucre dans les colonies. Pour mesurer l'ampleur du phénomène, disons seulement qu'en moins de 2 siècles on a ensuite multiplié par 50 sa consommation en France et par 100 en Amérique du Nord.

Jamais, dans toute l'histoire, l'humain n'a connu une transformation aussi radicale de son alimentation dans un laps de temps aussi court ! Quand on étudie l'histoire de l'alimentation humaine depuis trois millions d'années, on constate que celle-ci s'est progressivement transformée au rythme de l'évolution technique, sociale, économique et psychologique des peuples. Il y eut d'abord l'ère de la cueillette, de la chasse, puis celle de l'agriculture primitive, de l'élevage et surtout de la culture des céréales. Toutes ces transformations se sont faites sur des millénaires et, chaque fois, l'organisme humain a eu largement le temps de s'adapter aux nouveaux modes alimentaires instaurés.

C'est en moins de deux siècles, c'est-à-dire sur cinq ou six générations seulement, que s'est développé l'usage du sucre ; on peut donc légitimement penser que l'organisme n'a pas eu la possibilité de s'adapter à la soudaine surconsommation de ce produit, dont la conséquence métabolique est une élévation anormale de la glycémie. Et la situation a empiré depuis une cinquantaine d'années, alors que d'autres aliments hyperglycémiants sont venus, à leur tour, perturber l'équilibre physiologique du corps humain (produits transformés, aliments congelés, restauration rapide...).

L'introduction soudaine du sucre a eu pour conséquence de faire progressivement grimper les scores glycémiques de nos aïeux, sollicitant dans les mêmes proportions leur pauvre pancréas qui n'avait pas été préparé pour un tel effort.

Cela explique que, au bout de quelques générations de ce régime hypersucré, on fasse face à de nouvelles maladies : entre autres l'hyperinsulinisme, qui est le principal responsable du diabète et de l'obésité, et directement impliqué dans le développement des risques cardiovasculaires (hypertension artérielle, triglycéridémie...).

Le sucre caché
•

La consommation de sucre au Canada a légèrement diminué depuis 1970. Tous ceux qui, depuis quelques années, ont, pour différentes raisons, réduit leur consommation de sucre en le supprimant de leur café ou de leur yogourt, qu'ils aient ou non recours aux édulcorants, ne doivent pas pour autant avoir bonne conscience. Ils n'ont éliminé que la partie visible de l'iceberg. Il faut savoir en effet qu'il y a deux types de sucre : le sucre consommé directement ; et celui que l'on absorbe indirectement, la plupart du temps sans le savoir : c'est le sucre caché.

Le sucre caché, c'est celui que l'on consomme à son insu. Il est largement utilisé comme excipient par l'industrie alimentaire et aussi par l'industrie pharmaceutique. Si vous prenez l'habitude de lire les étiquettes (ce que je vous encourage à faire systématiquement), vous serez stupéfait de constater que la quasi-totalité des produits alimentaires qui ont fait l'objet d'un conditionnement et *a fortiori* d'un traitement industriel contiennent du sucre. Malheureusement, on ne sait pas toujours dans quelle proportion, car cette mention-là n'est pas obligatoire.

C'est ainsi que, au fur et à mesure que la consommation directe a tendance à diminuer, la consommation indirecte, elle, est en pleine expansion. En 1977, la consommation de sucre caché (contenu dans les boissons, friandises, conserves, médicaments…) était de 58 %. En 1985, elle est passée à 65 %. En 1998, elle est proche de 70 %.

Cette pratique industrielle qui consiste à ajouter systématiquement du sucre dans les produits alimentaires relève de plusieurs motivations. Dans l'industrie pharmaceutique, le sucre sert essentiellement à « faire passer la pilule ». Les gens veulent bien se soigner à condition qu'en plus cela soit bon. Comme la plupart des principes actifs ont des goûts détestables, mieux vaut donc les édulcorer. Les études de marketing montreront facilement aux industriels que, même si leur produit est meilleur à tout point de vue, il sera boudé, voire rejeté, si son goût n'est pas conforme à l'attente du client.

Dans l'industrie alimentaire, on édulcore pour trois raisons. D'abord pour masquer l'amertume, ensuite pour dissimuler l'acidité et améliorer la conservation, mais surtout pour flatter le goût du client. La consommation de sucre conduit, comme pour une drogue, à une véritable accoutumance. Le sucre attire le sucre et les spécialistes de marketing le savent très bien, notamment ceux dont les produits s'adressent aux enfants.

L'une des raisons supplémentaires pour lesquelles les industriels ont dû augmenter les proportions de sucre dans les produits alimentaires, et particulièrement dans les boissons, réside dans la généralisation de la réfrigération. Le froid masque le goût du sucré. Mettez une bouteille de cola dans un seau à glace pour en abaisser la température aux alentours de 0 °C, il vous paraîtra presque amer, alors que la même boisson bue à température ambiante est franchement sirupeuse.

La «soif d'aujourd'hui», comme le rappelle la publicité d'une célèbre boisson américaine, est essentiellement une soif de sucre, avec tous les inconvénients qui s'ensuivent.

Le miel

•

Pour en terminer avec le sucre, il faut dire deux mots du miel car, lorsque l'on prétend qu'il y a quelques siècles le sucre n'existait pas, certains se plaisent à opposer qu'à défaut de sucre nos ancêtres mangeaient du miel.

C'est à la fois vrai et faux. C'est vrai parce que le miel existe depuis la nuit des temps et qu'on en trouve la trace dans toutes les civilisations. C'est aussi faux en ce sens que sa consommation a toujours été très limitée et dans la plupart des cas réservée à quelques privilégiés.

Le miel était un produit rare et cher. Il était rare parce que les peuples s'étaient contentés le plus souvent de son existence naturelle en le recueillant sous sa forme sauvage. Chaque fois qu'il fut domestiqué, le travail important que cela nécessitait et son faible rendement en faisaient un produit onéreux, d'où l'origine du proverbe: *Le miel est une chose, le prix du miel en est une autre.*

C'est pourquoi le miel fut au cours des siècles soit utilisé comme monnaie d'échange, soit l'objet d'une forte taxation, soit encore réservé aux pratiques religieuses.

En dehors de son utilisation médicamenteuse (il a certaines vertus médicinales), le miel était surtout utilisé dans la préparation des pains d'épices, réservés encore aux nantis.

Il est cependant difficile de dire précisément ce qu'était la consommation de miel au XVᵉ siècle avant l'arrivée du sucre. La plupart des observateurs qui se sont penchés sur la question estiment qu'elle devait osciller entre 500 g et 2 kg par an par habitant. Rien de comparable donc avec la consommation actuelle de sucre.

Les édulcorants de synthèse

•

Si vous parvenez à supprimer de votre alimentation le sucre granulé et en morceaux, ce sera déjà un très grand pas de fait.

De deux choses l'une, soit vous vous en passez, soit vous le remplacez par un édulcorant de synthèse.

Il y a quatre principaux types d'édulcorants de synthèse. Tous, sauf les polyols, ont la propriété de ne présenter aucun pouvoir énergétique. Ils ne possèdent donc aucune valeur nutritive.

La saccharine

C'est le plus ancien des substituts du sucre puisqu'il a été découvert en 1879. Il n'est pas du tout assimilé par l'organisme humain et a un pouvoir sucrant 350 fois supérieur à celui du saccharose du sucre.

Il présente l'avantage d'être très stable en milieu acide et de pouvoir supporter une température moyenne. Ce fut l'édulcorant de synthèse le plus commercialisé jusqu'à l'apparition de l'aspartame.

Les cyclamates

Ils sont beaucoup moins connus que la saccharine, bien que leur découverte remonte à 1937. Synthétisés à partir du benzène, ils ont un pouvoir sucrant inférieur à la saccharine et sont parfois accusés d'avoir un arrière-goût.

Ils présentent cependant l'avantage d'être complètement thermostables, c'est-à-dire qu'ils résistent à de très hautes températures. Le plus utilisé est le cyclamate de sodium, mais on trouve aussi le cyclamate de calcium et l'acide cyclamique.

L'aspartame

Découvert en 1965 à Chicago par James Schlatter, un chercheur des Laboratoires Searle, l'aspartame est l'association de deux acides aminés naturels : l'acide aspartique et la phénylalanine.

Il possède un pouvoir sucrant 180 à 200 fois supérieur à celui du saccharose. Il ne présente pas d'arrière-goût amer et, au cours des essais gustatifs, sa saveur a été considérée comme très satisfaisante.

Plus de 60 pays l'utilisent désormais dans la fabrication de produits alimentaires et de boissons. La nouvelle législation française permet de l'utiliser comme additif alimentaire.

Les édulcorants de synthèse ont fait l'objet d'une énorme polémique pendant de nombreuses années. C'est surtout la saccharine qui a été longtemps suspectée d'être cancérigène. Or, elle ne semble présenter aucune toxicité aux faibles doses journalières consommées. (Il y aurait seulement un danger à partir de 2,5 mg par kilo de poids, ce qui correspondrait à 60 ou 80 kilos de sucre pour un adulte.) Certains pays ont cependant interdit son emploi, ce qui est le cas du Canada.

Les cyclamates ont été, eux aussi, longtemps suspectés et ont même été interdits en 1969 aux États-Unis. Quant à l'aspartame, il a fait dès son apparition l'objet de la même polémique, mais toutes les études le concernant ont prouvé qu'il était dénué de toute toxicité, même à des doses élevées, ce que la Food and Drug Administration a reconnu officiellement aux États-Unis. C'est en 1982 que Santé et Bien-être social Canada approuve l'utilisation de l'aspartame dans l'alimentation. Dès la première année de son introduction sur le marché canadien, on le retrouve dans 8 % de la production totale des boissons gazeuses pour atteindre rapidement 20 %. L'aspartame s'utilise aussi dans les produits alimentaires de régimes faibles en calories.

L'aspartame se présente sous deux formes :
– en comprimés, qui se dissolvent rapidement dans les boissons chaudes et froides ;
– en poudre, particulièrement recommandée pour les desserts et les préparations culinaires.

En comprimés, il a le pouvoir édulcorant d'un morceau de sucre de 5 g et comporte 0,07 g de glucides assimilables. En poudre, une cuillerée à thé a le pouvoir édulcorant d'une cuillerée de sucre granulé et contient 0,5 g de glucides assimilables.

En 1980, la dose journalière maximale admissible préconisée par l'Organisation mondiale de la santé était de 2 comprimés par kg par jour. Cela voudrait dire qu'une personne pesant 60 kg pourrait consommer jusqu'à 120 comprimés par jour sans que l'on puisse constater, à long terme, une quelconque toxicité du produit. Cette dose a été confirmée en 1984 et en 1987 par le Comité scientifique de l'alimentation humaine de la Communauté économique européenne.

Attention quand même aux édulcorants ! S'il est à peu près certain qu'ils n'ont pas de toxicité, ils pourraient à la longue perturber le métabolisme. L'organisme, lorsqu'il perçoit leur goût sucré, se prépare à digérer des glucides et, contrairement à son attente, il ne voit rien venir.

Ainsi, lorsqu'une prise d'édulcorant est faite au cours de la journée, toute consommation de vrais glucides à un autre moment de ces 24 heures peut entraîner chez certaines personnes une hyperglycémie anormale, suivie d'une hypoglycémie réactionnelle. On peut interpréter ces constatations en supposant que, frustré par l'ingestion d'édulcorants, l'organisme se rattrape ensuite en présence de vrais glucides et facilite au maximum leur absorption intestinale. Cette amélioration du coefficient d'utilisation digestive des glucides entraîne une hyperglycémie (plus importante que celle habituellement rencontrée avec le glucide considéré) qui, par l'hyperinsulinisme déclenché, aboutit secondairement à une hypoglycémie. L'hyperinsulinisme étant un facteur de stockage graisseux, et l'hypoglycémie provoquant un retour précoce de la sensation de faim, on peut légitimement se demander si la prise d'édulcorant ne favorise pas indirectement la prise de poids.

S'il est certain que le goût sucré est inné, ou du moins acquis très tôt, au cours même de la grossesse, il est souvent entretenu et aggravé dès le plus jeune âge avec la complicité des parents, la sucrerie, la douceur étant synonyme de tendresse ou de récompense.

Il faut donc veiller dès l'enfance à ne pas privilégier à outrance cet amour du sucré et savoir retrouver les autres goûts fondamentaux que sont l'acide ou l'amer. Chez l'enfant ou l'adolescent «intoxiqué» au sucre, les boissons aux édulcorants peuvent être une forme de passage transitoire entre la boisson gazeuse sucrée et l'eau. L'eau est la seule boisson qu'un enfant doit boire au dîner et au souper. Pour la collation, un jus de fruit frais ou du lait sont nettement préférables à une boisson gazeuse. Il faut réfréner le goût de l'enfant pour le sucre. Les édulcorants ont justement l'effet contraire puisqu'ils l'entretiennent.

Il faut se méfier des leurres alimentaires. De la même manière, l'industrie agroalimentaire nous proposera très bientôt des protéines ayant le goût de lipides, destinées à remplacer les graisses de l'alimentation ! Devant ces faux messages, notre corps risque fort de ne plus savoir à quel goût se vouer !

Ainsi, l'usage d'un édulcorant ne devrait être que transitoire, car il est souhaitable à terme de se déshabituer progressivement du goût du sucre.

Les polyols

Dans la gamme des faux sucres sont apparus également les polyols, ou édulcorants de masse, qui apportent le volume de complément dans la préparation de certains produits (chocolat, gommes à mâcher et bonbons) car les édulcorants donnent un goût sucré avec seulement quelques milligrammes de produit.

Malheureusement, les polyols n'ont comme seul intérêt, par rapport au sucre, de ne pas causer de caries. Ils ont quasiment la même valeur énergétique que le sucre, car ils libèrent dans le côlon des acides gras qui sont réabsorbés. Leur index glycémique est néanmoins plus faible, variant de 25 à 65. Ils peuvent cependant, à dose importante, favoriser (en raison de la fermentation colique) des ballonnements et de la diarrhée.

C'est dire, contrairement à ce qu'on nous laisse entendre trop souvent, qu'il sont loin de constituer la solution idéale pour éviter de grossir.

La mention « sans sucre » cache souvent la présence de ces polyols, notamment de sorbitol, mannitol, xylitol, maltitol, lactitol, lycasin, polydextrose, etc.

Le fructose

•

Par rapport aux polyols, le fructose présente des avantages. D'abord, il ne s'agit pas d'un édulcorant de synthèse puisqu'on peut le classer comme un sucre naturel. Ensuite, il a un index glycémique bas (20), ce qui va bien dans le sens de ce que l'on recherche. Enfin, il a une densité presque équivalente au sucre saccharose, ce qui permet de l'utiliser facilement en pâtisserie. Dans toutes les recettes, on peut remplacer le sucre par du fructose en coupant d'un tiers la quantité requise (250 ml de sucre = 175 ml de fructose).

Cependant, les obèses et les diabétiques doivent en faire un usage modéré car on a montré qu'à dose importante il peut avoir pour effet d'augmenter le taux de triglycérides chez des personnes particulièrement sensibles.

10

COMMENT ALIMENTER LES ENFANTS POUR QU'ILS NE DEVIENNENT PAS DES ADULTES OBÈSES

L'alimentation d'un enfant, notamment lorsqu'il est encore un nourrisson, reste pour la mère le principal sujet de préoccupation. Pendant les premiers mois de la vie de l'enfant, la manière avec laquelle il va accepter sa nourriture conditionnera son état de santé, voire ses chances de survie.

Si un problème survient pendant cette période (manque d'appétit, vomissements, diarrhées, allergies, etc.), le spécialiste consulté ne manquera pas, dans l'analyse de la situation, de mettre en cause l'alimentation du bébé et de l'ajuster en conséquence. Les médecins savent parfaitement que, chez un enfant en bas âge, les problèmes de santé ont toujours pour origine l'alimentation. En changeant cette dernière, en l'ajustant, ils ont beaucoup plus de chances de trouver une solution efficace qu'en prescrivant un médicament.

En revanche, dès que l'enfant se nourrit normalement, c'est-à-dire plus ou moins comme un adulte, en mangeant de tout ou presque, il ne vient plus à l'idée ni des parents ni des médecins, lorsque cet enfant est malade, de remettre en cause son mode d'alimentation.

Cela est vraiment regrettable car la plupart des problèmes de santé pourraient ainsi être résolus. L'apparition de la maladie chez un enfant, comme chez n'importe quel individu, est d'abord le signe d'une faiblesse physique.

L'organisme humain est normalement doté d'un système de défense naturelle contre toutes les agressions microbiennes de son environnement. On dit d'un enfant en bas âge qui porte tout à sa bouche qu'il est immunisé contre les microbes, ce qui sous-entend qu'il dispose d'un système de défense apte à le prémunir des agressions microbiennes.

Le bébé n'a pas le privilège de ces défenses immunitaires : l'enfant, lorsqu'il grandit (aussi bien que l'adulte), conserve cette propriété et son organisme la met en œuvre à chaque instant pour lui permettre de survivre au milieu microbien qui l'environne. Cependant, lorsque l'organisme s'affaiblit, ses défenses naturelles deviennent, par voie de conséquence, moins efficaces ; l'organisme est alors plus vulnérable.

Beaucoup de maladies sont dues à un affaiblissement passager de l'organisme qui, dans la plupart des cas, a pour origine un problème alimentaire. C'est pourquoi l'alimentation des enfants doit rester en permanence la préoccupation des parents. Malheureusement, l'enfant de nos pays industrialisés, s'il est nourri en quantité, l'est de moins en moins en qualité.

Une qualité alimentaire déplorable
•

En évoquant la manière dont on nourrit les enfants de nos jours, je ne peux m'empêcher de penser à celle dont on nourrit les animaux domestiques. Il y a quelques années, on faisait la soupe du chien ou la pâtée du chat. Aujourd'hui, on ouvre une boîte. C'est tellement plus pratique ! On veut bien avoir des animaux, à condition de ne pas avoir à s'en occuper. Voilà une illustration supplémentaire d'une caractéristique fondamentale de notre époque : on veut tous les avantages sans les inconvénients. En d'autres termes, et selon l'expression désormais célèbre, on veut « le beurre et l'argent du beurre ». Quoi de plus naturel pour un couple d'aspirer à avoir des enfants. À notre époque, par contre, on veut bien avoir des enfants mais à condition de ne pas avoir trop à s'en occuper.

Pour répondre à cette tendance, il a donc fallu organiser une espèce d'élevage industriel de nos charmants bambins à travers les crèches ou le gardiennage des nourrices. Et, comme pour les animaux, il a fallu trouver des solutions pratiques, industrielles, pour nourrir facilement ces marmots. Il suffit désormais d'ouvrir une boîte ou un petit pot.

Rassurez-vous, je ne suis pas archaïque au point de refuser toute conserve car il y en a qui sont acceptables. Ce contre quoi je m'insurge, c'est leur généralisation. Par définition, la nourriture industrielle est pauvre sur le plan nutritionnel.

Voici les principes que je vous recommande en ce qui concerne l'alimentation de vos enfants, l'objectif principal étant de leur assurer une bonne santé, conséquence naturelle d'une saine alimentation.

Les aliments sous surveillance
•

Le pain
Comme l'adulte, l'enfant ne devrait pas manger de pain blanc, c'est-à-dire de pain ordinaire fabriqué avec des farines raffinées. Les sels minéraux, dont le magnésium, disparaissent avec le raffinage.

La vitamine B1 est, elle aussi, détruite par ce procédé. Or, cette vitamine est indispensable pour la métabolisation des glucides. Une carence en vitamine B1 entraîne un risque de troubles digestifs et de fatigue supplémentaire.

Le pain complet ou intégral, contrairement à ce qu'ont pu dire certains, n'est pas décalcifiant même s'il n'est pas au levain. Il apporte même de nombreux sels minéraux et s'accompagne de toutes façons chez l'enfant d'une alimentation riche en laitages et donc en calcium.

Les féculents

Si l'enfant a une corpulence normale, ce qui semblerait vouloir dire qu'il a une bonne tolérance aux glucides, il n'y a pas de raison de le priver de certains féculents, mais les mauvais glucides, comme c'est trop souvent le cas, ne doivent pas devenir la base de sa nourriture.

• Le recours systématique aux glucides à index glycémique élevé, et principalement aux pommes de terre sous toutes leurs formes, surtout la pire d'entre elles, les frites, est la plupart du temps la conséquence d'un manque d'imagination. On peut très bien varier les plats sans pour autant dépenser plus. Relisez les tableaux du chapitre 4 et vous verrez qu'il existe une quantité importante de légumes auxquels vous ne pensez jamais.

Il est absolument nécessaire d'apprendre aux enfants à manger autre chose que de mauvais glucides car, s'ils les tolèrent apparemment à leur âge, cela risque de ne plus être le cas lorsqu'ils auront terminé leur croissance. Il faut donc très tôt leur faire apprécier autre chose, et notamment tous les autres légumes et légumineuses.

• En ce qui concerne les pâtes, il n'est pas nécessaire de donner aux enfants des pâtes intégrales. Choisissez plutôt les spaghettis et les tagliatelles en les cuisant juste ce qu'il faut, ce qui permet de maintenir leur index glycémique relativement bas. Évitez les pâtes faites avec des farines de blé tendre (comme on en trouve dans le nord de l'Europe), de même que les raviolis ou les macaronis qui ne sont pas pastifiés.

• Quant au riz, il n'est pas nécessaire non plus de le servir complet. Il vaut mieux en revanche choisir des riz dont l'index glycémique est le plus bas, comme le riz basmati. Prenez l'habitude aussi d'accompagner toujours le riz de légumes (tomates, courgettes, aubergines, petits pois, choux…) comme on le fait en Asie. En Inde, on le sert même avec des lentilles, ce qui est parfait.

Les fruits

L'organisme des enfants a des ressources que celui de l'adulte a perdues depuis longtemps. Il supporte ainsi, sans trop de problèmes apparents, les mélanges alimentaires comportant des fruits.

On pourra maintenir éventuellement chez l'enfant la consommation d'un fruit après le repas. En revanche, dès que l'on constatera une certaine fragilité sur le plan digestif (ballonnements, mal au ventre, gaz), il sera préférable de supprimer les fruits au cours du repas. Le fruit sera alors consommé à jeun, principalement le matin au réveil, le soir au coucher, ou bien au moment de la collation.

Les boissons

• L'eau est, et demeure, la seule boisson qui convienne à l'enfant.

• Tout ce qui ressemble de près ou de loin aux boissons gazeuses, jus de fruits aux extraits, limonades ou colas, devra impérativement être supprimé, car ces boissons constituent de véritables poisons pour l'enfant.

Exceptionnellement, à l'occasion d'un anniversaire ou d'une fête de famille, vous pourrez laisser votre enfant en boire quelques verres, mais dites-vous bien que c'est presque aussi mauvais pour lui que s'il buvait de l'alcool. En ce qui concerne les boissons au cola, on peut même dire que pour l'enfant c'est de loin ce qu'il y a de pire tant ces boissons sont mauvaises pour la santé, compte tenu du taux d'acide phosphorique qu'elles contiennent (en plus du sucre et de la caféine), ce qui constitue un handicap potentiel sérieux pour la construction du squelette.

• Les sirops dilués dans l'eau sont aussi à déconseiller car ils contiennent une trop forte concentration de sucre. Ils habituent l'enfant au goût sucré en créant chez lui une véritable dépendance. Les enfants pourront prendre des jus de fruits frais pressés à la dernière minute (pour ne pas en perdre les vitamines).

• Quant au lait, il peut être consommé pendant les repas, mais il est préférable de choisir du lait 2 %, compte tenu des mauvaises graisses qu'il contient. Toutefois, cette pratique ne devrait pas rester systématique au-delà de la puberté.

Le sucre et les friandises

Je n'irai pas jusqu'à proscrire totalement le sucre aux enfants. C'est pourtant de loin ce qui serait le plus raisonnable. Je recommanderai cependant une grande rigueur dans sa consommation.

En dehors du sucre qu'ils mettent dans leur petit-déjeuner, de celui qui accompagne leur fromage frais ou leur yogourt, ou de celui que contiennent les desserts (entremets, pâtisseries, glaces), ce qui est déjà beaucoup, ne laissez pas les enfants consommer de sucre quelle qu'en soit la forme.

Il faut éviter sans pour autant interdire toutes friandises, bonbons, pâtes de fruits ou autres barres caramélisées recouvertes de chocolat (qui contiennent près de 80 % de sucre). Relisez, si nécessaire, le chapitre 9 sur ce sujet pour vous convaincre à jamais que si le sucre est un véritable poison il l'est aussi, et d'abord, pour les enfants.

Il est important, d'autre part, d'habituer les jeunes à ne pas devenir dépendants du goût sucré. C'est nécessaire pour leur santé immédiate et indispensable pour leur santé future.

Je sais qu'il est difficile de forcer des enfants à se comporter en consommateurs marginaux alors qu'ils vivent dans un environnement qui les sollicite en permanence. Ce n'est pas une raison suffisante pour abdiquer, en déclarant qu'on n'y peut rien.

Ce que l'on peut, en tout cas, c'est au moins établir un contrôle rigoureux à la maison, et surtout amener les enfants, dès leur plus jeune âge, à ne pas s'habituer au goût du sucré pour éviter qu'à la longue ils en deviennent esclaves.

C'est pourquoi il est recommandé de ne pas donner (contrairement à l'avis de certains médecins) d'eau sucrée aux nourrissons. On peut très bien les habituer à boire de l'eau pure.

Dans le cas où vos enfants feraient l'objet de cadeaux sous forme de friandises (paquets de bonbons, de caramels, etc.), faites en sorte d'en subtiliser la plus grande partie, que vous ferez complètement disparaître ensuite.

D'autre part, même si la consommation de friandises est modeste, il faut impérativement en interdire l'ingestion avant les repas. Le sucre, dans ce cas, joue non seulement le rôle de coupe-faim mais contribue en plus à perturber la glycémie en la faisant anormalement grimper en début de repas.

Enfin, la consommation de sucre provoque un déficit en vitamine B1, indispensable à la métabolisation des glucides. Une carence en vitamine B1 oblige l'organisme à puiser dans ses réserves, créant ainsi un déficit dont les conséquences sont la fatigue, la difficulté de concentration, d'attention, de mémoire, voire une certaine forme de dépression. Le travail scolaire de l'enfant risquerait sérieusement d'en souffrir.

Doit-on aussi remplacer le sucre des enfants par des édulcorants ?

•

Si l'on conseille à l'adulte de remplacer parfois le sucre par un édulcorant de synthèse, pourquoi ne pas le faire aussi pour les enfants ? C'est une bonne question.

Si l'enfant est vraiment trop gros pour son âge, cela peut également être un recours. Si, en revanche, il a une corpulence normale, il n'y a aucune raison de supprimer catégoriquement les quelques morceaux de sucre qu'il met dans son petit-déjeuner, ou la cuillerée de sucre granulé que vous lui mettez dans son yogourt. Vous pouvez aussi remplacer le sucre blanc par du fructose, que l'on trouve désormais dans le commerce et dont l'index glycémique est beaucoup plus bas.

En revanche, ce que vous pouvez faire pour limiter la consommation journalière (et cette recommandation concerne l'ensemble de la famille), c'est préparer les desserts avec des édulcorants ou du fructose.

Ceci dit, voyons comment peuvent être organisés les quatre repas de vos enfants.

Les repas

•

Les objectifs que l'on doit viser en composant les menus des enfants sont les suivants :

• Éviter de surcharger l'alimentation en mauvais glucides afin de ne pas stimuler anormalement la sécrétion d'insuline. Le risque serait de faire de l'enfant un futur hyperinsulinique, ce qui est la porte ouverte à la prise de poids, au diabète et aux affections cardiovasculaires.

• En matière d'alimentation, tout le monde vous dira avec la plus grande conviction, car cela relève *a priori* du bon sens, qu'il faut composer des « repas équilibrés ». On entend généralement par là des repas dans lesquels figurent d'une manière conjointe des protéines, des glucides et des lipides.

Certes ! mais il s'agit de savoir ce que l'on met derrière chacune de ces rubriques. C'est vrai, il faut manger des protéines, des glucides, des lipides et des fibres pour être certain d'absorber toutes les substances dont l'organisme a besoin. Et c'est particulièrement le cas pour les enfants, dont le corps est en pleine croissance.

En revanche, l'erreur qui est communément commise, y compris par le corps médical, est de croire que c'est à l'échelle du repas lui-même que cet équilibre alimentaire doit avoir lieu. Quand on parle de repas équilibrés, on devrait mentionner que *cet équilibre doit se faire sur la journée, c'est-à-dire sur plusieurs repas, et non pas sur un seul.* Là est toute la différence.

Le petit-déjeuner

On a raison de penser que le petit-déjeuner doit être le plus gros repas de la journée. Cela est particulièrement vrai pour les enfants. Il reste à déterminer sa composition idéale.

Ma recommandation est de faire du petit-déjeuner des enfants un repas où domineront les bons glucides. On pourra donc y trouver pêle-mêle :

– du pain, complet de préférence, sur lequel on pourra mettre un peu de beurre ;

– des céréales (complètes si possible, évitez les flocons de maïs et toutes celles qui contiennent du riz soufflé, du maïs, du sucre, du miel ou du caramel. Tous les produits du commerce destinés particulièrement au petit-déjeuner des enfants dans cette rubrique sont malheureusement à déconseiller, voire à proscrire) ;

– des fruits frais ;

– de la tartinade de fruits allégée en sucre ou, mieux encore, sans sucre ajouté ;

– des laitages (lait, yogourt).

Je déconseille le miel pour les enfants dont le poids est déjà limite, car la concentration de sucre à index glycémique élevé est beaucoup trop importante. Les autres enfants pourront en faire un usage très modéré.

Le dîner

• Il mettra l'accent sur les protéines et comportera donc forcément de la viande ou du poisson.

• Avec la viande et le poisson, l'idéal serait d'éviter de servir systématiquement des glucides à index glycémique élevé comme on le fait habituellement. C'est pourquoi il vaut mieux éviter les pommes de terre frites, les pommes de terre au four (95) et même la purée (90). Les pommes de terre cuites à l'eau (65) dans leur peau sont toutefois tout à fait acceptables.

• Pour accompagner viande et poisson, les aliments seront choisis parmi ceux dont l'index glycémique est bas (haricots secs, lentilles, pois...) ou même moyen (riz basmati, couscous...). Compte tenu de leur faible contenu en glucides, les carottes cuites ne devront faire l'objet d'aucune restriction chez les enfants.

Prenez cependant l'habitude de donner aussi en accompagnement (en plus des autres) des légumes comportant des fibres (haricots verts, brocolis, choux, épinards, choux de Bruxelles...).

• Ne donnez pas toujours la même chose à manger à vos enfants, il faut les habituer à avoir une alimentation variée.

Malheureusement l'enfant, s'il est en âge scolaire, prendra peut-être son repas de midi à l'extérieur de la maison, et très probablement dans une cantine scolaire. Les parents perdront donc, dans ce cas, le contrôle de son alimentation. Si l'enfant n'est pas trop gros, la situation ne sera pas dramatique. Il suffira d'ajuster ensuite au souper.

La collation

Pour tout le monde en général, et pour les enfants en particulier, il vaut mieux augmenter le nombre de repas que le diminuer. Comme le petit-déjeuner, la collation sera essentiellement glucidique.

• Si l'on donne du pain, il vaudra mieux qu'il soit complet ou fait avec des farines non raffinées. Sur le pain, on pourra mettre un peu de beurre.

• Enfin, on pourra donner une tablette de chocolat à l'enfant, à condition de choisir un chocolat de bonne qualité possédant un taux de cacao élevé (minimum 70 %). Éviter le chocolat au lait, qui contient trop de sucre.

Le souper

Le souper de l'enfant pourra être, comme pour le dîner, dominé par une viande, du poisson ou des œufs, ou encore par un bon glucide constituant à lui seul un plat (lentilles, riz basmati, pâtes complètes).

• Quelle que soit l'option, le premier plat du souper de l'enfant devrait être une épaisse soupe de légumes (poireaux, tomates, céleri, etc.).

Les enfants, d'une manière générale et par goût (car ils n'y ont pas été habitués), ne mangent pas suffisamment de légumes verts. Ceux-ci contiennent pourtant des fibres alimentaires indispensables au bon fonctionnement du transit intestinal et sont riches en vitamines, sels minéraux et oligoéléments. Le meilleur moyen de leur en faire consommer est de leur donner une bonne soupe de légumes.

• Il est aussi une troisième catégorie de plats qui convient parfaitement aux enfants, et dont ils raffolent, ce sont les légumes farcis, tels que tomates, aubergines, courgettes, artichauts ou choux. C'est une manière très simple d'accommoder des légumes à fibres qui permet d'élargir le choix par rapport aux sempiternels pâtes, riz et pommes de terre.

• Avec le souper, donnez comme dessert aux enfants des laitages légers, faits avec du lait 2 %, tels que flan, crème caramel, légèrement sucrés ou encore préparés avec du fructose ou un édulcorant de synthèse. Ils peuvent aussi terminer le repas par un yogourt nature dans lequel on mettra un peu de tartinade de fruits sans sucre ajouté. Et de temps en temps, ils pourront évidemment manger un gâteau classique en fonction des circonstances.

Il y a, en tout cas, un type de nourriture que je vous recommande d'exclure à la maison, c'est à la fois le hamburger et le hot-dog. Vous n'empêcherez pas votre enfant d'aimer le hamburger comme il aime les boissons gazeuses aux extraits de fruits ou les boissons au cola. Ce n'est pas une raison pour lui en faire à la maison. Ce type de nourriture est tout à fait contre-indiqué pour sa santé car il comporte une quantité trop importante de mauvais glucides et de graisses saturées nocives.

Réservez ce type de nourriture pour les occasions où il constituera un moyen pratique d'alimentation, ce qui est le cas lorsque vous êtes à l'extérieur de votre domicile. Le hot-dog et le hamburger ont, à l'origine, été inventés en Amérique du Nord pour permettre de s'alimenter rapidement, soit sur le lieu de travail ou en déplacement.

Manger un hot-dog ou un hamburger chez soi est aussi ridicule que de dormir avec un sac de couchage sur un lit à baldaquin, d'autant plus qu'il met en cause la santé. Évitez de tomber par facilité dans ce déplorable extrême, ce qui est malheureusement déjà le cas chez la plupart des gens dans de très nombreux pays, parmi les plus développés, où certains enfants ne savent même pas ce qu'est un repas normal.

Emmenez très exceptionnellement vos enfants dans les tristement célèbres restaurants rapides si cela les amuse, ou pour gagner du temps si vous êtes en déplacement, mais cela ne doit pas devenir une habitude. Pour récompenser un enfant, ne serait-il pas plus judicieux de l'emmener dans un restaurant gastronomique afin de lui donner le goût de la grande cuisine ?

En revanche, il est tout à fait possible de faire à la maison des choses qui rappelleront à vos enfants certains plats de la restauration rapide. Vous pouvez confectionner une pizza en faisant vous-même la pâte à partir de farine intégrale, de sarrasin par exemple. De la même façon, vous pouvez leur faire des crêpes, à condition d'utiliser de la farine de sarrasin. Si vous devez, pour des raisons pratiques, leur faire des sandwichs, évitez les tranches de pain blanc et le beurre d'arachide sucré. Choisissez plutôt du pain complet dans lequel vous mettrez du jambon (le moins gras possible), du fromage, de la tomate, du poisson (saumon fumé) et quelques feuilles de verdure (salade, luzerne…).

Cas particuliers
•

L'enfant trop gros

Certains enfants accusent très tôt quelques kilos excédentaires sans pour autant que leurs parents s'en préoccupent assez sérieusement pour consulter un médecin.

S'ils décident de le faire, le médecin, dans la plupart des cas, rétorquera qu'avec quelques kilos en trop l'enfant n'est pas pour autant obèse. Il précisera, d'autre part, avec raison, que tout régime à basses calories n'est pas envisageable chez un enfant en pleine croissance. Neuf fois sur dix, il rassurera donc les parents en disant que, quand l'enfant sera plus grand, particulièrement au moment de l'adolescence, il devrait retrouver un poids normal pour son âge.

Sachez pourtant que l'excès de poids chez un enfant est, dans tous les cas, le signe évident d'un trouble du métabolisme.

Prenez toujours au sérieux l'embonpoint d'un enfant car, si le problème est examiné à temps, il sera très facile de rétablir l'équilibre.

Chez un enfant, comme chez un adulte, les graisses de réserve excessives indiquent une mauvaise tolérance au glucose. Les principes alimentaires énoncés au chapitre 4 devront être appliqués. Il s'agira essentiellement de supprimer dans son alimentation tous les glucides à index glycémique supérieur à 50. Si l'enfant consomme exceptionnellement un mauvais glucide, il conviendra de compenser automatiquement l'élévation potentielle de sa glycémie en ajoutant à son repas un glucide à index glycémique très bas.

Lorsque l'enfant aura retrouvé un poids normal, il lui sera possible, tout comme à l'adulte, de réintégrer progressivement à son menu quelques mauvais glucides à index glycémique élevé, qui constitueront, de la même façon, des écarts qu'il faudra gérer.

Il est exact qu'avec la puberté certains garçons trop gros perdent progressivement leur embonpoint sans pour autant changer de régime alimentaire. L'adolescent mâle connaît à cette période de la vie une transformation physique qui occasionne une très grande consommation d'énergie. Et puis, c'est généralement une période d'intense activité physique.

Le sport doit être encouragé, d'autant qu'il peut prévenir la survenue d'une obésité ou contribuer à la faire régresser. On a montré que chez les enfants l'excès de poids est proportionnel au nombre d'heures passées dans la journée devant la télévision (qui favorise sédentarité, grignotage et sensibilité aux publicités pour des produits peu diététiques).

Attention aussi, car l'adolescent qui, enfant, était trop gros est invariablement un candidat à l'embonpoint lorsqu'il atteint l'âge adulte.

Pour la fille, la situation est généralement opposée. Les risques de prendre des kilos apparaissent plutôt pendant la puberté, lorsque son corps devient celui d'une femme. L'organisme de la femme est d'une très grande sensibilité, et toute variation du système hormonal (pendant la puberté, la grossesse ou la ménopause) est un facteur de risque pour l'équilibre de son métabolisme.

Dans le souci de maintenir leur ligne, les jeunes filles et les femmes adoptent malheureusement des régimes alimentaires qui les font mourir de faim et les conduisent invariablement à la dépression ou à l'alternance d'anorexie et de boulimie.

Les jeunes filles que la puberté a tendance à faire grossir pourront, sans contre-indication aucune, adopter les principes alimentaires de ce livre. Non seulement elles pourront conserver leur ligne, mais, en plus, elles se découvriront une vitalité nouvelle qui pourra servir leur volonté de conquête du monde.

L'enfant fatigué

N'êtes-vous pas frappé de constater combien les enfants et les adolescents sont de plus en plus nombreux à être fatigués, lymphatiques, traînant péniblement leur corps d'un lit à un fauteuil ?

Rappelez-vous qu'un excès de mauvais glucides au petit-déjeuner va favoriser une hypoglycémie vers 11 heures, avec somnolence, manque de concentration, bâillements, apathie ou agressivité, signes que les enseignants notent fréquemment dans leurs classes en fin de matinée.

Ce phénomène risque de se répéter dans la journée si, au repas du midi, l'enfant abuse de pommes de terre frites, de pain blanc et de boissons sucrées. La collation, sans parler du grignotage, à base de sucres associés aux graisses (chocolatine, croissant) va encore perturber le phénomène.

Ensuite, l'enfant, rentré chez lui, va trop souvent s'installer devant la télévision, qui (de nombreuses études l'ont montré) est une source de grignotage et incite ces jeunes esprits malléables à consommer des sucreries ou des biscuits. Le centre sportif serait certainement plus bénéfique pour eux que le sport de salon.

L'absence de diversification précoce de l'alimentation a souvent abouti à déclencher chez l'enfant un dégoût pour les fibres (fruits, légumes, légumineuses), alors que les aliments qui en contiennent sont riches en vitamines, sels minéraux et oligoéléments. Toutes ces carences sont un facteur supplémentaire d'asthénie.

11

CONSEILS PARTICULIERS POUR LES VÉGÉTARIENS

Si la discipline des végétariens consistant à ne pas manger de viande est motivée par l'amour et le respect des animaux, il s'agit là d'une position tout à fait respectable. Si, en revanche, leur argumentation s'appuie sur l'idée que la viande est source de toxines nuisibles à l'organisme, il s'agit d'un raisonnement fondé sur des notions de physiologie datant du siècle dernier, aujourd'hui bien dépassées.

Ces fameuses toxines ne correspondent pas à grand-chose, car il s'agit tout simplement de l'acide urique et de l'urée, qui se forment lors de la consommation de toute protéine, qu'elle vienne ou non de la viande. Or, ces substances sont parfaitement éliminées par le rein chez un sujet normal buvant suffisamment. L'organisme, qui est en réalité programmé pour éliminer ces déchets métaboliques, y arrive fort bien et sans dommages. L'encrassement éventuel que certains évoquent est donc sans fondement.

Les végétariens qui ne consomment ni viande, ni charcuterie, ni volaille, ni poisson doivent maintenir un apport suffisant en sous-produits animaux afin d'équilibrer correctement leur alimentation. Pour cela, ils devront privilégier la consommation de laitages et d'œufs.

Pour couvrir correctement ses besoins en protéines, il faut toutefois posséder de bonnes connaissances en nutrition et savoir, par exemple, que protéines animales et protéines végétales ne sont pas identiques, ou que certaines d'entre elles ne sont assimilables que partiellement.

Ainsi, les protéines végétales n'ont pas la même valeur nutritionnelle que les protéines animales et 10 g de protéines provenant de lentilles n'auront pas du tout la même valeur que 10 g de protéines issues d'un œuf.

Ces notions sont indispensables pour qui souhaite maintenir un apport protéique correct, à savoir 1 g de protéines par jour par kilo de poids.

Les végétariens qui sont grands amateurs de soja doivent savoir que les aliments à base de soja ne contiennent pas forcément la même quantité de protéines.

Protéines contenues dans différents produits à base de soja pour 100 g	
Farine de soja	45 g
Grains de soja	35 g
Tofu	13 g
Germes de soja	4 g
Pousses de soja	1,5 g

De même, ils devront savoir que la boisson de soja, improprement appelée lait de soja, est assez pauvre en calcium (42 mg/100 g) par rapport au lait de vache (120 mg/100 g) ; que les protéines végétales sont plus pauvres en acides aminés essentiels (ceux que l'organisme ne sait pas fabriquer) ; que les céréales sont déficitaires en lysine et les légumineuses en méthionine. Sur ce dernier point, ils apprendront qu'il est important d'associer quotidiennement céréales complètes et légumineuses en ajoutant également des aliments oléagineux (noix, graines, amandes...).

De nombreux plats exotiques anciens associent systématiquement céréales et légumineuses : maïs et haricots rouges dans la tortilla mexicaine, semoule et pois chiches dans le couscous maghrébin, mil et arachides en Afrique noire.

L'œuf assure en revanche, et à lui seul, une grande richesse et un parfait équilibre en acides aminés.

Le végétarien devra particulièrement veiller à ses apports en fer, sachant que le fer d'origine végétale est cinq fois moins bien assimilé que le fer d'origine animale.

De même, et afin d'éviter des carences en vitamine B12, il devra favoriser la part du fromage, des œufs et des algues dans son alimentation, la B12 se retrouvant presque exclusivement dans les produits d'origine animale.

Des menus végétariens bien conçus sont tout à fait acceptables et peuvent même contribuer à réduire les risques de pathologies cardiovasculaires et à prévenir certains cancers (du côlon et du rectum notamment). Ils restent cependant déconseillés aux enfants (croissance), aux femmes enceintes et aux personnes âgées.

La méthode Montignac, parfaitement compatible avec une approche végétarienne, conseille la consommation de nombreux glucides (à index glycémique bas) :
– pain complet ;
– véritable pain intégral ;
– riz complet ;
– pâtes complètes ou intégrales ;
– lentilles ;
– haricots blancs et rouges ;
– pois et fèves ;
– céréales complètes et leurs dérivés ;
– fruits frais et oléagineux ;

- tartinade de fruits sans sucre ajouté ;
- soja et ses dérivés ;
- chocolat riche en cacao.

On peut ainsi centrer les sept petits-déjeuners de la semaine sur un pain riche en fibres ou sur des céréales complètes sans sucre associées à un laitage écrémé ou chocolaté au besoin.

La méthode conseille par ailleurs de faire au moins trois fois par semaine un souper centré sur les bons glucides. Les végétariens pourront augmenter la fréquence de ce type de repas. Le plat principal pourra être sélectionné parmi les suggestions suivantes :

- riz complet au coulis de tomates ;
- pâtes intégrales ou complètes accompagnées d'une sauce au basilic, à la tomate ou aux champignons de Paris ;
- lentilles aux oignons ;
- panaché de haricots blancs et rouges ;
- soupe aux pois cassés ;
- pois chiches (hummus) ;
- couscous à la semoule complète ;
- produits à base de soja ;
- produits à base de céréales ;
- algues.

On pourra au besoin agrémenter ce plat d'une soupe de légumes, de crudités, d'une salade... et l'on terminera par un laitage écrémé ou non (fromage blanc ou yogourt).
Précisons enfin qu'un régime végétalien supprimant les laitages et les œufs pour ne garder exclusivement que les produits d'origine végétale est source de carences, c'est-à-dire *dangereux*.

12

ALIMENTATION ET SPORT

Si le hasard vous conduit à vous promener avant les lueurs de l'aube, vous ne manquerez pas de remarquer des concitoyens suant sang et eau, dès cinq heures du matin, dans leur petite tenue de circonstance.

En dépit d'une pollution extrême, dont leurs poumons activés profitent allégrement, ces sportifs de la première heure se sacrifient à un rituel désormais inscrit dans le manuel du parfait Nord-Américain. Mis à part quelques marathoniens d'opérette, le gros du bataillon de ces coureurs matinaux est constitué par des individus qui pensent que seul un gros effort physique quotidien est capable de leur assurer une forme et un tonus de rêve et surtout de leur éviter de devenir ces *bibendums* que sont déjà la majorité de leurs compatriotes.

Toute l'Amérique s'est mise au diapason depuis des années et, malgré l'augmentation permanente du poids moyen du citoyen, la population reste convaincue dans ce pays que la meilleure façon de maigrir est de limiter les calories d'un côté et d'en dépenser beaucoup de l'autre.

Beaucoup plus raisonnables, les Parisiens, quant à eux, se contentent de quelques tours du lac du bois de Boulogne le samedi matin, et ce parcours est davantage une occasion d'oxygénation hebdomadaire, ne serait-ce que pour se redonner les forces qu'ils n'ont pas forcément perdues par ailleurs.

En 1989, un sondage effectué par un grand hebdomadaire indiquait que 66 % des Français pensent que la meilleure façon de maigrir est de faire du sport. Cette idée reçue est d'autant plus surprenante que tous ceux qui ont essayé y sont rarement parvenus. C'est que perdre du poids en se remuant sans changer ses habitudes alimentaires est totalement illusoire. On ne peut nier pour autant que le sport augmente les dépenses énergétiques, mais la dépense est en réalité beaucoup plus faible qu'on ne l'imagine.

Sport effectué en continu	Temps pour perdre 1 kg de graisse en faisant du sport	
	Hommes	Femmes
Marche normale	138 h	242 h
Marche rapide	63 h	96 h
Golf	36 h	47 h
Vélo	30 h	38 h
Natation de détente	17 h	21 h
Jogging	14 h	18 h
Tennis	13 h	16 h
Squash	8 h	11 h

Source : Dr de Mondenard, Faculté de médecine de Paris

Les travaux du docteur de Mondenard montrent que, pour perdre un kilo de graisse dans le cadre d'une activité physique, il faut consacrer de nombreuses heures. On a pu ainsi démontrer qu'une personne voulant perdre 5 kg en 4 mois, uniquement en faisant du sport, devrait faire 1 h 30 de jogging 5 jours par semaine.

C'est l'endurance qui paye !

•

Ce que doivent savoir tous les candidats à l'exercice physique, c'est que c'est le prolongement de l'effort au-delà d'un certain seuil qui permet d'obtenir une perte de poids. C'est ainsi qu'une heure d'effort musculaire continu sera beaucoup plus efficace que 3 fois 30 minutes dans la journée.

Au repos, l'organisme utilise les acides gras circulant dans le sang comme carburant, ainsi que l'ATP des muscles. Dès que l'effort physique intense démarre, il va pomper dans le glycogène musculaire, lequel s'épuiserait en 20 minutes environ si l'on ne comptait que sur lui. À partir de 25 minutes d'effort, la moitié de l'énergie dépensée va venir du glycogène et l'autre moitié de la transformation des graisses de réserve (lipolyse). Après 40 minutes d'effort, c'est en majorité les graisses qui sont utilisées pour protéger le glycogène restant. C'est donc à partir de 40 minutes d'un effort continu en endurance et avec une intensité maximale que l'on peut commencer à puiser dans les graisses de réserve.

Dans l'hypothèse où l'on ferait 3 fois 20 minutes de sport de détente dans la journée, on comprend dès lors que la source de carburant étant le glycogène, ce dernier dispose chaque fois du temps de se reconstituer en puisant directement son énergie dans l'alimentation.

Pour obtenir des résultats probants, il faut pratiquer un sport d'endurance (vélo, jogging, natation...), au minimum 3 fois par semaine, en maintenant un exercice soutenu pendant une durée minimale de 40 minutes. Une interruption de 3 jours annulerait tous les efforts obtenus précédemment.

Il importe par ailleurs que le sportif adopte une alimentation conforme aux principes exposés dans ce livre de manière à supprimer tout risque d'hypoglycémie. (L'alimentation du sportif de haut niveau est beaucoup plus complexe et fait appel à d'autres règles nutritionnelles propres à chaque spécialité, trop spécifiques pour être évoquées ici.)

Il est également nécessaire de démarrer progressivement, en évitant de prolonger tout d'un coup la durée de l'effort, sans entraînement. L'organisme a besoin de s'habituer, à travers des paliers successifs, à modifier ses fonctionnements physiologiques.

Le sport peut être bénéfique
•

Il peut en effet être bénéfique s'il est pratiqué intelligemment, avec pour principale finalité de permettre une bonne hygiène de vie et une meilleure oxygénation.

On pourrait presque dire que le corps humain (comme chacune de ses fonctions) « ne s'use vraiment que si l'on ne s'en sert pas ». L'exercice physique est une forme de régénération permanente qui permet, entre autres, de lutter contre le vieillissement en améliorant le fonctionnement cardiaque et pulmonaire.

Même si le poids reste stable, le muscle, en travaillant, remplace progressivement la graisse, ce qui permet un affinement de la silhouette. L'activité musculaire peut être une aide efficace à la restauration de notre organisme, c'est-à-dire à cette mise à niveau que nous avons entreprise à travers les recommandations diététiques de cet ouvrage.

La tolérance au glucose s'en trouve améliorée et l'hyperinsulinisme (facteur d'hypoglycémie et d'obésité) en est diminué de manière appréciable. C'est surtout par ce biais que le sport est utile, en accélérant la correction de l'hyperinsulinisme. On peut ajouter que l'hypertension artérielle et l'hypercholestérolémie en sont nettement améliorées [1].

Sur le plan psychologique, la pratique raisonnable d'un sport peut être tout à fait salutaire, ne serait-ce que par la découverte de son corps et l'impression réelle d'une certaine jeunesse. Ressentie peut-être au départ comme un pensum, elle devient rapidement, au fur et à mesure de l'amélioration des performances, une véritable source de bien-être.

En améliorant d'une manière générale le métabolisme, l'activité physique pourra constituer, après l'amaigrissement, une garantie supplémentaire de stabilisation du poids et de maintien de la forme.

Ne pas se tromper d'objectif

•

Nos contemporains ont malheureusement parfois des attitudes un peu trop extrémistes en ce qui concerne le sport. Entre le pseudo-sportif fumeur et alcoolo qui passe l'essentiel de son temps une bière à la main devant son téléviseur, et le vieux beau qui se tue à vouloir rester jeune en singeant les professionnels, il y a une juste mesure que seule la sagesse vous fera trouver.

Les arrêts de travail du lundi matin ne sont pas seulement dus aux abus alcooliques et autres excès alimentaires de la fin de semaine, ils sont aussi imputables à l'imprudence de beaucoup qui, sans habitude ni entraînement, et en s'hydratant mal, ont mal évalué, dans l'euphorie, leurs véritables capacités physiques.

---

1. À 40 ans, il est impératif, avant d'entreprendre un sport, de faire un bilan cardiovasculaire avec électrocardiogramme d'effort.

Une saine gestion de son alimentation ainsi qu'un maintien raisonnable et régulier d'activités physiques sont les conditions nécessaires pour accepter avec sérénité, énergie et optimisme les années qui s'accumulent. Mais c'est aussi un état d'esprit.

Quand on voit certaines personnes qui s'obstinent à attendre cinq minutes l'ascenseur pour monter au premier étage, ou à prendre leur voiture pour aller acheter leurs cigarettes au coin de la rue, on peut avoir à leur égard le même sentiment de pitié que celui que l'on a pour ceux qui ne se nourrissent que de hamburgers et de boissons au cola.

CONCLUSION

Comme nous le savons, l'homme est sur terre depuis plus de trois millions d'années. L'*Homo erectus*, puis l'*Homo sapiens* vivaient essentiellement de chasse, de pêche et de cueillette. La ration alimentaire de l'homme primitif était donc composée d'une quantité importante de protéines de graisses, mais aussi de glucides, représentés par des baies au printemps et en été et des racines en automne et en hiver.

Les déchets humains retrouvés par les archéologues montrent des excréments très expansés du fait d'une concentration importante de fibres. Ceci indique que les aliments des hommes primitifs et préhistoriques avaient un index glycémique très bas.

À la période mésolithique, les hommes commencèrent à domestiquer certaines céréales sauvages. En quelques millénaires, ils se sédentarisèrent et se consacrèrent à l'agriculture. C'est ainsi qu'en Égypte on cultivait le blé et les lentilles. Plus au nord, les Celtes et les Saxons cultivaient l'orge, le millet, l'épeautre, mais aussi le seigle, le mil ou encore le sarrasin. Toutes ces céréales et légumineuses étaient consommées en l'état, sans subir de raffinage. Toutes induisaient des glycémies basses.

Pendant les 10 à 12 millénaires qui nous ont précédés, le paysage alimentaire de l'homme s'est ainsi enrichi de nouvelles espèces, au gré de leur domestication mais aussi des flux migratoires des populations, du développement des grandes civilisations et de leur immense brassage.

En fin de course, même si l'homme disposait d'une alimentation plus diversifiée, celle-ci n'avait pas changé de nature depuis la nuit des temps puisque les apports glucidiques étaient toujours très peu glycémiants.

Or, depuis le début du XIXe siècle, et pour la première fois dans toute l'histoire de l'humanité, les hommes ont commencé à introduire à une grande échelle dans le mode alimentaire ancestral de leurs contemporains des aliments nouveaux ou transformés, aux effets métaboliques pervers. Si subitement, le 1er janvier 1820, une expérience avait été menée dans un pays occidental, consistant à faire consommer pendant toute l'année à un échantillon représentatif de la population du sucre, des pommes de terre et des farines blanches dans les proportions (50 à 100 fois plus pour le sucre) et sous les formes hyperglycémiantes où nous les consommons aujourd'hui (farines hyperraffinées, frites et gratin dauphinois), les effets secondaires indésirables sur la santé de cet échantillon au bout de cette période auraient été tels que le rapport de cause à effet aurait été évident pour tout le monde. Et sans aucun doute, les pouvoirs publics de l'époque auraient pris les mesures nécessaires pour interdire la production et la consommation de ces produits en invoquant des raisons évidentes de salubrité publique.

Mais comme l'introduction de ces produits pervers ne s'est faite que très progressivement dans les différentes couches de la population, les effets métaboliques induits n'ont commencé à se déclarer que très longtemps après.

Comment pouvait-on, en effet, en 1930 – soit plus d'un siècle après –, quand on a commencé à se préoccuper de la très relative obésité aux États-Unis, soupçonner un lent et insidieux processus qui avait été initié au début du siècle précédent ?

Si la Thérèse Desqueyrou de François Mauriac avait donné un grand verre de cyanure à son mari dès qu'elle eut décidé de s'en débarrasser, il serait mort sur le coup, la thèse de l'empoisonnement aurait été immédiatement vérifiée et la coupable démasquée. Mais en lui donnant le poison pendant de longs mois à doses infinitésimales, la criminelle fit seulement de son mari un malade dont les symptômes pour les médecins de l'époque étaient difficilement révélateurs de la cause réelle. Le crime était donc parfait, puisque aucune relation de cause à effet ne pouvait être établie.

C'est un peu le même type de scénario, évidemment à une autre échelle, qui s'est déroulé à propos de l'obésité. Il est particulièrement dramatique de découvrir que c'est précisément peu de temps après que l'on ait identifié les symptômes d'une grave maladie (l'obésité) il y a un demi-siècle que les facteurs responsables de sa véritable cause (l'hyperinsulinisme) ont été paradoxalement renforcés et développés.

En juin 1944, les Américains débarquent sur les côtes de Normandie pour libérer la France de l'occupation allemande. Dans leurs bagages, ils ont des tonnes de vivres fabriqués et embarqués de longs mois auparavant. Pour assurer à ces vivres une bonne conservation, certains procédés (traitements industriels, conditionnement) ont été inventés pour répondre aux impératifs des circonstances. Les farines ont été hyperraffinées pour leur assurer une meilleure durée de vie et les pommes de terre ont été déshydratées et réduites en flocons pour prendre moins de place, ce qui n'avait jamais été fait auparavant. Ce que l'on ne savait pas, c'est que toutes ces opérations initiées pour des raisons pratiques évidentes avaient eu pour effet d'augmenter considérablement l'index glycémique de la matière de base. Et de même que la pomme de terre de Parmentier avait été au départ « un substitut provisoire » au blé manquant, ces nouveaux produits, au lieu d'être rangés au magasin des accessoires de guerre après la Libération, furent non seulement conservés, mais généralisés. Ils devinrent même les précurseurs d'une interminable génération de produits raffinés et industrialisés qui transformèrent complètement le paysage alimentaire de la deuxième moitié du XXe siècle. Et ce que personne ne savait et ne pouvait soupçonner, c'est que ces produits, comme leurs regrettables prédécesseurs hyperglycémiants, allaient aggraver une situation de perturbation métabolique qui était déjà proche de la cote d'alerte.

Avec le recul, nous réalisons que, depuis près de deux siècles, l'espèce humaine a progressivement adopté à son insu un mode alimentaire incompatible avec l'héritage génétique de son métabolisme. Pendant plus de trois millions d'années, les pancréas des hommes primitifs, préhistoriques, puis du Moyen Âge, de la Renaissance et même de la révolution industrielle ont été très faiblement sollicités. Il n'était d'ailleurs pas nécessaire pour ces organes d'être capables de supporter des stimulations excessives puisque l'alimentation hyperglycémiante n'existait pas.

Les pancréas dont les humains sont génétiquement pourvus aujourd'hui sont la résultante d'un fonctionnement vieux de plusieurs centaines de millénaires, qui est en quelque sorte notre héritage métabolique. De même qu'il est impossible pour un humain de regarder le soleil en face car ses yeux n'ont pas la capacité de le supporter, il est impossible de stimuler impunément la fonction insulinique de notre pancréas au-delà de ses limites physiologiques naturelles.

La prise de poids conduisant à la surcharge pondérale, voire à la constitution d'une obésité, est la conséquence de la stimulation abusive d'un organe clé du métabolisme du fait d'un mode alimentaire inapproprié pour lequel l'organisme humain n'a pas été génétiquement programmé.

Nous comprenons désormais que c'est une lente et insidieuse dérive de nos habitudes alimentaires occidentales depuis le début du XIXᵉ siècle, et principalement ces dernières 50 années, qui est à l'origine de l'obésité endémique de notre époque.

Tant que cette prise de conscience n'aura pas été faite et que les recommandations qui conviennent n'auront pas été formulées d'une manière officielle, l'hyperinsulinisme restera l'une des pathologies dominantes de notre temps, avec pour conséquence non seulement une généralisation de l'obésité, mais aussi du diabète et des maladies cardiovasculaires.

La modeste prétention de cet ouvrage est de permettre à ses lecteurs de découvrir qu'il suffit d'apprendre à mieux manger en faisant les choix alimentaires appropriés, non seulement pour devenir mince et le rester, mais aussi et surtout pour retrouver une santé satisfaisante et s'y maintenir pour toujours.

ANNEXE

I

LE POIDS IDÉAL

Sur un pèse-personne, qu'évalue-t-on ? Le poids global d'un corps composé d'os, de muscles, de masse grasse, d'organes, de viscères, de nerfs et d'eau. La masse grasse constitue 15 % du poids chez l'homme et 22 % chez la femme.

L'obésité se définit comme un excès de cette masse grasse qui représente un pourcentage supérieur de 20 % à ces valeurs moyennes. Comment apprécier la quantité exacte de masse grasse d'un individu ? La mesure de l'épaisseur du pli cutané au compas est une approche parmi d'autres, mais elle reste imprécise.

Force est d'associer obésité et excès de poids, même si le pèse-personne ne donne pas le rapport entre la masse grasse et la masse active (muscles, organes, etc.).

Plutôt que de se référer à des tables de poids sévèrement établies par les compagnies d'assurances, il est plus simple, pour approcher la notion de poids idéal, d'utiliser la formule de Lorentz (où la taille est exprimée en cm et le poids en kg) :

$$\text{Poids idéal chez l'homme} =$$
$$(\text{exprimé en kg})$$
$$(\text{Taille} - 100) - \frac{(\text{Taille} - 150)}{4}$$

$$\text{Poids idéal chez la femme} =$$
$$(\text{Taille} - 100) - \frac{(\text{Taille} - 140)}{2}$$

Ce calcul ne tient compte ni de l'âge ni de l'importance de l'ossature, et n'est pas valable pour les femmes de petite taille (1,50 m). Il vaut mieux parler du poids-santé.

Actuellement, sur le plan international, on utilise le *Body Mass Index (BMI)*, c'est-à-dire l'indice de masse corporelle (IMC), appelé également la formule Quetelet. Cet indice définit le rapport entre le poids et la taille au carré :

$$IMC = \frac{Poids \ (en \ kg)}{Taille \ x \ Taille \ (en \ m)}$$

Sa valeur normale est de 20 à 25 chez l'homme et de 19 à 24 chez la femme. Jusqu'à 29, il y a une simple surcharge pondérale. À partir de 30, il y a obésité et, si le résultat est supérieur à 40, on est en présence d'une obésité grave et médicalement préoccupante.

Cette définition reste d'ordre médical et non esthétique, mais cet index a l'avantage d'être bien corrélé avec la valeur de la masse grasse.

Aujourd'hui, il existe des pèse-personnes spéciaux qui indiquent aussi, au moment de la pesée, le taux de masse grasse du corps. C'est très utile de pouvoir suivre aussi la perte progressive de cette masse graisseuse. Mincir, c'est perdre du poids, mais maigrir, c'est surtout faire fondre ses graisses de réserve.

On peut calculer simplement l'index en s'aidant de la table suivante:

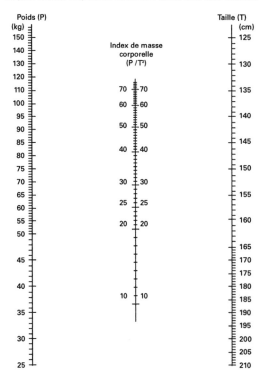

L'index se situe sur une ligne reliant le poids et la taille.

La répartition topographique des graisses permet d'apprécier le pronostic de l'obésité. On mesure le rapport: tour de taille à l'ombilic/tour de taille aux hanches. Il est normalement de 0,85 à 1 chez l'homme et 0,65 à 0,85 chez la femme.

Dans l'obésité androïde surtout chez l'homme, la graisse s'accumule principalement dans la partie supérieure du corps (visage, cou et abdomen au-dessus du nombril). Le rapport est alors toujours supérieur à 1. Les complications sont précoces et fréquentes : diabète, hypercholestérolémie, hypertension artérielle, risque cardiovasculaire.

Dans l'obésité *gynoïde* (chez la femme), la masse grasse prédomine dans la partie inférieure du corps (hanches, fesses, cuisses et bas-ventre). Cette répartition est constitutionnelle chez la femme. Les risques de maladies sont plus faibles, le préjudice est plutôt esthétique, d'autant que, chez les femmes qui en sont atteintes, peut de plus survenir une cellulite.

Au-delà des chiffrages médicaux qui essaient de quantifier scientifiquement ce qui relève plus d'une impression esthétique ou d'un mal-être, le poids le plus important à faire préciser par le patient est le poids qu'il souhaite retrouver, celui où il se sent bien... C'est, en fin de compte, ce poids-santé qui sera le but à atteindre.

Il est parfois un peu au-dessus des normes théoriques, mais pourquoi être plus strict que l'obèse lui-même ? Si ce chiffre lui semble un objectif possible à atteindre, il est plus réaliste qu'une norme théorique imposée par le pouvoir médical, qui, si elle est trop stricte, peut être déjà au départ un motif de découragement.

Inversement, il faudra se méfier de certaines femmes pétries d'images idéales véhiculées par les médias et qui se fixent comme objectif un poids mythique et irréel qui ne se justifie aucunement et que leur organisme, bardé de systèmes de régulation, n'acceptera jamais d'atteindre.

Le poids idéal, s'il existe, doit faire l'objet d'une analyse lucide de l'obèse avec lui-même et parfois d'une négociation critique avec son médecin.

ANNEXE
II

POUR LES FEMMES
QUI FONT DE LA RÉSISTANCE
À L'AMAIGRISSEMENT

• *Demandez-vous si votre poids actuel n'est pas en fait correct.* Certaines personnes veulent atteindre un poids anormalement bas par rapport à leur taille. Un poids que vous avez pu avoir il y a quelques années n'est plus forcément un poids de référence à l'heure actuelle. Fixez-vous un but réaliste.

• *Vous faites peut-être des erreurs nutritionnelles :*
– La méthode Montignac préconise chaque semaine, parmi les dîners et les soupers, de faire au moins trois repas riches en glucides centrés sur les aliments complets (pâtes, riz, semoule) ou les légumineuses (lentilles, haricots blancs et rouges, pois chiches). Respectez-vous ce conseil ?
– Une ration suffisante de protéines est nécessaire (60 à 90 g/jour selon votre poids). Certaines personnes ne suivent pas cette consigne et cela peut gêner l'amaigrissement.
– Prenez-vous un laitage à chacun des trois repas, qui constitue un apport intéressant de protéines (il peut être à 0 % de matières grasses) ?

• Peut-être raisonnez-vous encore trop dans une optique hypocalorique et ne mangez-vous presque rien ? Pour maigrir, il ne s'agit pas de manger moins, mais de manger mieux !

• Certes, vous faites les bons choix nutritionnels pendant les repas, mais peut-être continuez-vous à grignoter entre les repas ou à prendre des boissons contenant de l'alcool. Ceci compromet l'amaigrissement.

• L'alimentation n'est pas tout ! Une bonne diététique reste indispensable pour espérer maigrir, mais cela peut ne pas suffire ! D'autres facteurs peuvent être en cause :

– Un déséquilibre hormonal chez la femme (excès d'œstrogènes) peut gêner l'amaigrissement. Demandez l'avis de votre médecin.

– Les effets du stress peuvent gêner votre perte de poids ; quand vous êtes nerveuse, angoissée ou anxieuse, votre corps sécrète des substances chimiques qui peuvent empêcher l'amaigrissement. Apprenez à gérer votre stress grâce à la relaxation ou au yoga.

– Une anomalie de fonctionnement (ancienne ou actuelle) de votre thyroïde peut gêner la perte de poids. Même si vous êtes traitée, maigrir pourrait vous être toujours un peu plus difficile…

– De nombreux médicaments peuvent freiner la perte de poids : tranquillisants, anxiolytiques, hypnotiques, certains antidépresseurs, lithium, cortisone, bêtabloquants, fortifiants sucrés et parfois certains traitements hormonaux de la ménopause mal adaptés. Consultez votre médecin.

• Ne confondez pas une surcharge pondérale avec de la cellulite ou une rétention d'eau : la conduite à tenir n'est pas la même !

COMMENT AVOIR UN APPORT
EN PROTÉINES SATISFAISANT ?

Chez un sujet sain, de corpulence normale, l'apport de protéines nécessaire à la compensation des pertes dues au renouvellement des cellules et à la prévention des risques de fonte musculaire doit être environ de 1 g par kilo de poids par jour. Le minimum en-deçà duquel le renouvellement n'est plus assuré est officiellement de 0,80 g. Cela veut dire que pour une personne de 70 kg, l'apport journalier de protéines doit être environ de 70 g.

Lorsque l'on met en œuvre une méthode d'amaigrissement, les apports protéiques doivent être augmentés (de 1,3 à 1,5 g par kilo de poids corporel par jour) et ce, pour deux raisons :

– Tout amaigrissement entraîne une relative fonte musculaire. Pour limiter cette déperdition et éviter l'affaiblissement de l'organisme (ce qui est le cas dans les régimes hypocaloriques), il convient d'avoir des apports protéiques supérieurs aux simples besoins de renouvellement ;

– Il a été montré qu'un apport protéique plus important peut constituer une aide supplémentaire à la perte de poids. D'abord parce que les protéines induisent une meilleure satiété, contribuant ainsi à limiter naturellement la prise alimentaire. Ensuite parce que la digestion des protéines entraîne une dépense énergétique (thermogénèse) plus importante. Mais pour bien éliminer les déchets dus au métabolisme des protéines, il est indispensable de boire une quantité importante de liquide sur la journée (1,5 à 2 litres par jour).

Une augmentation de la proportion des protéines ingérées est un facteur complémentaire de réussite de son programme d'amaigrissement. Cependant, les individus qui souffrent d'une insuffisance rénale devront s'abstenir d'augmenter leur ration protéique sans avis médical.

En cas de résistance à l'amaigrissement, il conviendra de vérifier si la ration de protéines quotidienne est suffisante. Le tableau ci-dessous pourra vous y aider:

QUANTITÉ DE PROTÉINES DANS 100 G D'ALIMENTS			
PROTÉINES ANIMALES		**PROTÉINES VÉGÉTALES**	
Cheval	20 g	Graines de soja	35 g
Bœuf	20 g	Germe de blé	25 g
Veau	20 g	Flocons d'avoine	13 g
Porc	17 g	Seigle germé	13 g
Agneau	28 g	Blé germé	12 g
Jambon blanc	18 g	Orge germée	10 g
Boudin noir	24 g	Maïs en grains	9 g
Saucisson	25 g	Pain complet	9 g
Poulet	20 g	Pâtes complètes	8 g
Œuf (1)	6 g	Haricots blancs	8 g
Morue	29 g	Lentilles	8 g
Saumon	27 g	Pois chiches	8 g
Moules	20 g	Haricots rouges	8 g
Crevettes	25 g	Pain blanc	7 g
Fromage:		Semoule de blé	5 g
Gruyère	35 g	Pâtes blanches	3 g
Cottage 2 % m.g.	14 g	Riz complet	7 g
Brie	20 g	Riz blanc	6 g
Camembert	20 g	Muesli	9 g
Fromage frais	9 g	Tofu	13 g
Yogourt	5 g	Farine de soja	45 g
Lait	3,5 g	Boisson de soja	4 g
Petit suisse	9 g	Germes de soja	4 g

CRITIQUES FAITES À
LA MÉTHODE MONTIGNAC

Un certain nombre de critiques ont été formulées ici et là à l'encontre de la méthode Montignac. Elles émanent principalement de gens (nutritionnistes, diététiciens ou journalistes) qui soit ont une méconnaissance totale de la méthode, n'ayant jamais pris la peine de se pencher sérieusement sur le sujet (la plupart n'ont même jamais lu aucun livre), soit ont délibérément décidé d'en faire une présentation schématique et caricaturale de manière à discréditer son auteur, soit ne se réfèrent qu'à la première édition du livre (1987) en refusant d'apprécier l'évolution constante de la méthode Montignac, dont les six éditions successives ont fait la preuve.

Il convient donc de répondre ici aux principales questions dont la méthode fait habituellement l'objet.

La méthode Montignac est-elle un régime dissocié ?

•

Certaines présentations tendancieuses présentent la méthode Montignac comme un régime dissocié.

Comme l'explique le professeur Apfelbaum dans son traité *Diététique et Nutrition,* une alimentation dissociée consiste à ne consommer qu'un seul type d'aliments par jour : le lundi du poulet (aux trois repas), le mardi des pâtes, le mercredi du fromage, le jeudi des légumes, le vendredi du poisson, etc.

Pour ceux qui viennent de terminer la lecture de ce livre, il est plus qu'évident que la méthode Montignac n'a rien à voir avec le gadget alimentaire de la dissociation.

La méthode Montignac s'inspire-t-elle de la méthode Hay ?

•

La méthode Montignac a pour vocation de permettre à ceux qui ont un problème de poids de maigrir d'une manière substantielle et durable et de retrouver une meilleure forme physique et intellectuelle.

Les bases scientifiques sur lesquelles elle se fonde correspondent à des découvertes faites dans les années 70 et 80 sur le métabolisme des glucides et des lipides. La physiopathologie de ses principes s'articule autour de notions très précises que sont l'hyperinsulinisme, l'hyperglycémie et la classification des glucides selon leur amplitude glycémique.

La méthode Hay, au contraire, s'appuie sur des croyances qui datent de la fin du siècle dernier. Elle s'articule autour de la nécessité d'éviter certains mélanges alimentaires (glucides et protéines par exemple), de manière à prévenir l'intoxication du sang.

L'objectif de la méthode Hay (dont le principe de base est complètement invalidé par les connaissances scientifiques modernes) est *a priori* de guérir ou tout au moins de prévenir certaines maladies, articulaires et digestives notamment.

Vouloir faire de la méthode Montignac une réplique de la méthode Hay relève de la fantaisie même si Hay, qui n'était pas dépourvu de bon sens, conseillait aussi de manger les fruits à jeun lorsqu'on avait des problèmes digestifs.

La méthode Montignac s'inspire-t-elle du régime Atkins ?

•

Le régime Atkins a fait fureur dans les années 60 et 70 après que son auteur eut considéré que tous les aliments étaient bons sauf les glucides.

Déjà, à l'époque, il soupçonnait l'insuline d'être le catalyseur de la prise de poids. Mais comme il pensait que tous les glucides induisaient la même glycémie, le docteur Atkins conseillait dans son régime de les exclure définitivement de notre alimentation. Ce régime d'exclusion conduisait ceux qui le suivaient à consommer des graisses en excès puisqu'il n'y avait aucune restriction les concernant.

De surcroît, on ne savait pas encore faire la différence entre les bonnes graisses et les mauvaises graisses. Il y eut donc des accidents cardiovasculaires chez certaines personnes qui avaient suivi le régime Atkins, que l'on qualifia de « passeport pour l'infarctus ».

Vouloir qualifier, comme le font certains commentateurs égarés, la méthode Montignac de « régime Atkins atténué » relève du procès d'intention. Dans la méthode Montignac, on conseille de consommer de nombreux glucides à condition que leur index glycémique soit bas (fruits, légumineuses, aliments complets, spaghettis). D'autre part, la nature des graisses à consommer pour faire une prévention efficace est clairement précisée *(voir chapitre 8)*.

Existe-t-il un risque cardiovasculaire dans la méthode Montignac ?

•

Le succès populaire de la méthode Montignac est parfois ressenti comme une menace pour certaines professions.

Elle représente une remise en cause de la crédibilité de certains professionnels de la nutrition, qui ont continué depuis des années (et continuent encore) à se référer à des notions inexactes, inefficaces et périmées, comme le rationnement calorique ou encore la classification erronée des glucides en sucres lents et en sucres rapides.

Une enquête officielle publiée en Hollande par l'Institut GFK a révélé que du fait de l'influence des messages nutritionnels de la méthode Montignac, la consommation, dans ce pays, avait baissé de 25 % pour le sucre et de 14 % pour les pommes de terre en 1997. L'enquête précisait que la consommation des céréales complètes, des légumes verts et des fruits avait par ailleurs considérablement augmenté du fait de l'influence des mêmes messages nutritionnels.

« Grâce à Montignac, révélait une autre étude, les Hollandais boivent moins de bière et plus de vin rouge. »

Des informations statistiques comme celles-ci sont de nature à inquiéter certaines professions. C'est pourquoi il est tout à fait compréhensible, dès lors que le développement de la méthode Montignac est ressenti comme une menace pour les intérêts des membres d'une corporation, que certaines rumeurs négatives soient intentionnellement initiées et répandues sur la place publique. Ce fut le cas dans tous les pays où la notoriété de la méthode est devenue une véritable affaire nationale.

Dans la majorité des cas, les critiques sur la méthode émanent toujours de gens qui ont une intention délibérée de nuire à la notoriété de son auteur. On a pu à différentes occasions prendre ces détracteurs en flagrant délit de mauvaise foi, ou tout au moins démontrer qu'ils avaient pour la plupart une méconnaissance totale de la méthode. Ainsi, au cours d'une émission de télévision belge *(La Balle au Centre)*, en 1996, la nutritionniste invitée pour représenter les « opposants à Montignac » s'est vue contrainte, tant elle avait du mal à justifier ses critiques comme l'exigeaient les autres participants, à avouer publiquement qu'elle n'avait jamais lu un livre de Montignac mais qu'elle ne faisait que rapporter dans ses critiques les propos de ses collègues, qui elles prétendaient bien connaître la méthode Montignac.

Comme ils ne peuvent nier l'efficacité de ladite méthode puisqu'il est évident que la perte de poids est substantielle et durable, ses détracteurs ont concentré leurs critiques sur ses supposés risques cardiovasculaires. Ils prétendent aussi (comme le fait le docteur Jacques Fricker, chef de file des détracteurs français) que la méthode Montignac étant « trop grasse » (puisqu'elle supprime selon eux la consommation des glucides…), elle augmente en conséquence les risques cardiovasculaires en général et le cholestérol en particulier.

Affirmer que la méthode Montignac est « trop grasse » est totalement mensonger. Deux études indépendantes ont montré le contraire : le Centre d'études et d'information des vitamines (France) a montré en 1994 que les patients qui suivent la méthode Montignac consomment 31,2 % de lipides. L'étude des professeurs Jean G. Dumesnil et Angelo Tremblay au Canada en 1997 a montré un apport de 32 % de lipides. Or, 30 % de lipides est le taux conseillé par les nutritionnistes classiques et les Français en consomment spontanément plutôt 40 à 42 %. Encore que ce soit moins la teneur globale en lipides qui importe que la nature des acides gras choisis.

De jeunes médecins hollandais de l'hôpital de Eindhoven sont même allés, au début de 1998, jusqu'à entretenir la rumeur que des patients suivant la méthode Montignac auraient été victimes d'infarctus légers. Cette grave allégation (jamais vérifiée ni confirmée) a été colportée çà et là par des journalistes peu scrupuleux et toujours en mal de sensationnel, jusqu'à laisser entendre qu'il y aurait peut-être même eu des morts. Quelques semaines plus tard, la rumeur ayant franchi les frontières, un grand journal catalan à Barcelone affirmait que «plusieurs personnes étant mortes d'infarctus en Hollande après qu'elles auraient (selon certaines rumeurs) suivi la méthode Montignac, le ministre de la Santé de ce pays en aurait (selon d'autres rumeurs) "interdit la pratique"».

Bien que des allégations de ce type soient de nature à la fois mensongère et calomnieuse, elles sont néanmoins suffisantes pour déstabiliser une partie de ceux qui nous faisaient confiance et pour décourager les autres. Comme le dit Beaumarchais dans *Le Barbier de Séville*: «Calomniez, calomniez, il en restera toujours quelque chose!» Même si l'on doit traiter ces ragots par le mépris, il n'est jamais inutile d'y répondre, ne serait-ce que pour souligner un peu plus l'odieuse mauvaise foi de leurs auteurs.

Régulièrement, des journalistes qui font honnêtement leur métier nous formulent ainsi leurs questions: «Le suivi de la méthode Montignac risque-t-il d'entraîner une aggravation des risques cardiovasculaires, et en particulier une augmentation du taux de cholestérol?»

Notre réponse est la suivante: Tous les livres de Michel Montignac sont préfacés par des professeurs de renom, et de surcroît par des spécialistes des maladies cardiovasculaires: le professeur Maurice Cloarec, chef du service de cardiologie à l'hôpital Tenon à Paris, qui a remarqué dans ses consultations une baisse très nette du cholestérol chez les gens d'affaires qui suivaient les recommandations du premier livre *Comment maigrir en faisant des repas d'affaires*; le docteur Morrison Bethea, chirurgien cardiovasculaire, qui rapporte que ses patients ont obtenu une baisse de 30 à 40 % de leur cholestérol total; le professeur Jean G. Dumesnil, de l'Institut de cardiologie de l'hôpital Laval à Québec, qui a constaté dans une expérimentation en 1997 que le suivi de la méthode Montignac pouvait constituer un puissant facteur de prévention des risques cardiovasculaires; le docteur Hervé Robert, directeur de l'Institut Vitalité et Nutrition à Paris, rassemble les constatations de centaines de médecins qui recommandent chaque jour la méthode Montignac dans leur cabinet. Ses confrères notent de façon constante, en même temps que la perte de poids, l'amélioration des taux de cholestérol total, de LDL-cholestérol et de HDL-cholestérol, de triglycérides, de glycémie, d'insuline, etc.

De plus, parmi les milliers de témoignages reçus des lecteurs ces 10 dernières années, aucun d'entre eux n'a jamais mentionné une augmentation du cholestérol du fait du suivi de la méthode. Au contraire, la plupart d'entre eux soulignent une réduction substantielle de leur taux de cholestérol lorsque celui-ci était critique.

Par ailleurs, tous les nutritionnistes savent, car cela a depuis longtemps été démontré, que *toute forme d'amaigrissement* (quel qu'en soit le principe) *entraîne systématiquement une diminution du cholestérol*.

Il faut donc être de mauvaise foi (surtout quand on est médecin) pour prétendre que la méthode Montignac augmente le risque de cholestérol, alors que l'on reconnaît qu'elle entraîne une indéniable perte de poids. De plus, tous les commentateurs de la méthode Montignac (qu'ils soient pour ou contre) sont unanimes pour reconnaître que l'un des grands mérites de cette méthode est de réhabiliter une alimentation riche en fibres, notamment solubles. Or, toutes les études sur le cholestérol ont démontré que le cholestérol diminuait très sensiblement à la suite de l'introduction de fibres dans l'alimentation. Là encore, il faut être de mauvaise foi pour prétendre que «Montignac fait augmenter le cholestérol» alors que l'on reconnaît comme une évidence que sa diète est très riche en fibres.

Dans mes livres, il n'a jamais été dit comme certains le prétendent d'une manière mensongère, qu'il fallait manger *plus* de graisses. Tous en revanche contiennent un chapitre important sur la prévention des risques cardiovasculaires où des choix alimentaires très précis sont recommandés, notamment de manger le moins possible de graisses saturées et de choisir de préférence les graisses monoinsaturées (huile d'olive, graisse d'oie et de canard) et les graisses polyinsaturées, notamment celles de la famille des oméga 3 (graisses de poisson).

Selon la *Nurse's Health Study* américaine, la prévention des maladies coronariennes est plus efficace si l'on remplace des graisses alimentaires par d'autres que si l'on réduit l'apport lipidique total. Ce n'est donc pas la *quantité* des graisses qui importe mais leur *qualité*.

Le professeur Stampfer le confirme quand il montre que 45 % des calories absorbées par les Crétois sont d'origine lipidique, mais le fait que ces graisses proviennent presque exclusivement de l'huile d'olive explique que le taux de maladies cardiovasculaires dans ce pays soit le plus bas du monde.

Il a été montré que deux des facteurs de risques majeurs des maladies cardiovasculaires et notamment de l'hypertension artérielle sont l'hyperinsulinisme et l'insulinorésistance.

De nombreux chercheurs, dont Jenkins, ont montré qu'en réduisant l'insulinémie on diminuait le risque cardiovasculaire. J.C. Brand Miller a par ailleurs montré qu'un régime à faible index glycémique diminuait le cholestérol de 6 % et les triglycérides de 9 %. De même, ce chercheur a montré que la consommation de sucre entraînait une augmentation du mauvais cholestérol (LDL-cholestérol) et une diminution du bon (HDL-cholestérol).

Or, le principe de base de la méthode Montignac consiste, outre à supprimer le sucre (entre autres mauvais glucides), à privilégier une consommation d'aliments à index glycémique bas (légumineuses, fruits, aliments complets, légumes…), avec pour conséquence de faire baisser l'insulinémie.

De plus, en ce qui concerne les lipides, les acides gras sont choisis avec précision pour assurer une prévention cardiovasculaire optimale.

Là encore, on ne voit pas très bien comment la mise en œuvre des principes de la méthode Montignac aboutirait à des résultats inverses (augmentation du risque cardiovasculaire) alors que toutes les études ont montré que l'application de tels principes a précisément pour conséquence une diminution importante de ce risque.

En conséquence, vouloir imputer au seul suivi de la méthode Montignac une augmentation du risque cardiovasculaire chez un patient relève du procès d'intention.

Compte tenu des centaines de milliers d'individus qui peuvent être amenés à suivre la méthode Montignac dans quelque pays que ce soit, on ne peut pas exclure le fait qu'une personne, qui est déjà depuis longtemps dans une situation de grande vulnérabilité sur le plan du risque cardiovasculaire, fasse un accident cardiaque (infarctus) malgré le suivi de la méthode Montignac. Mais l'affirmation, sans preuve évidente, d'un lien de cause à effet entre les deux, comme cela a pu être fait par un praticien hollandais, relève d'une grande légèreté de diagnostic qui en dit long sur l'intention de son auteur de vouloir jeter le doute sur une notoriété qui dérange sa corporation.

ANNEXE
V

TÉMOIGNAGES SUR L'EFFICACITÉ DE LA MÉTHODE MONTIGNAC : ÉTUDES RÉALISÉES

Depuis que les premiers ouvrages sur la méthode Montignac ont été publiés en 1986-1987, avant même que des études scientifiques ne soient menées par des médecins nutritionnistes ouverts et curieux de vérifier le bien-fondé de nos principes, des centaines de milliers de lecteurs ont grâce à elle réglé définitivement leur problème de poids.

L'immense courrier que nous avons reçu de la part de lecteurs ainsi que le témoignage positif de centaines de médecins prescripteurs nous ont toujours encouragé à continuer nos recherches.

Si l'on examine l'ensemble de ces témoignages, on peut en tirer les conclusions suivantes : 85 % environ des gens qui appliquent les principes de la méthode conformément à nos recommandations obtiennent des résultats substantiels et durables. Une minorité d'entre eux rencontrent des résistances à l'amaigrissement pour des raisons tout à fait particulières (évoquées en annexe II).

Tous ceux qui pratiquent la méthode avec succès déclarent que son suivi est simple, facile, agréable même, au point de redécouvrir le plaisir de manger. Ils ont compris qu'elle n'est pas un régime, mais une nouvelle philosophie alimentaire. Certains se trouvent si bien en phase I qu'ils n'éprouvent même pas le besoin de passer en phase II.

Tous les témoignages concordent en tout cas pour reconnaître que, outre la perte de poids que l'on stabilise facilement, le changement des habitudes alimentaires selon les principes de la méthode conduit :
– à une disparition d'un certain nombre de troubles gastro-intestinaux ;
– à une meilleure forme physique et intellectuelle (suppression de la fatigue en général et des coups de pompe en particulier) ;
– à un sommeil plus court et plus récupérateur ;
– à une meilleure résistance à la maladie du fait probablement d'une alimentation plus riche en micronutriments (vitamines, sels minéraux, oligoéléments).

ÉTUDES SCIENTIFIQUES SUR LA MÉTHODE
• • •

Étude du Centre d'études et d'information des vitamines (CEIV), 1994 (France)
•

Cette étude n'avait pas pour but d'évaluer l'efficacité de la méthode Montignac, mais d'apprécier sa composition nutritionnelle et, notamment, sa richesse en vitamines.

L'étude des carnets nutritionnels des patients qui suivaient la méthode et des menus proposés dans les livres a abouti à la composition nutritionnelle suivante :

Protéines		29,3 %
Glucides		39,5 %
Lipides		31,2 % dont 332 mg/j de cholestérol
Fibres		24,4 g/j
Phosphore		1431 mg/j
Magnésium		447 mg/j
Calcium		1110 mg/j
Fer		18,6 mg/j
Sodium		1643 mg/j
Potassium		3465 mg/j
Vitamines	C	198 mg
	B1	2,6 mg
	B2	3,1 mg
	B6	1,8 mg
	B3	24 mg
	E	10,1 mg
	D	1,4 mcg
	A	2080 micg ou 6939 UI
	B9	509 mcg
Bêta-carotène		6400 mcg

Au total, on constate que la méthode Montignac est, parmi les méthodes d'amaigrissement, celle qui assure le meilleur apport de micronutriments (vitamines et sels minéraux).

Contrairement aux allégations mensongères de ses détracteurs (le docteur Jacques Fricker notamment), elle ne conduit pas à une consommation excessive de graisses puisque, avec 31,2 % d'apports en lipides, elle est conforme aux recommandations nutritionnelles officielles.

Études des docteurs CAUPIN et ROBERT
de l'Institut Vitalité et Nutrition, 1994 (France)
•

Ces deux médecins ont entrepris une étude ouverte en ambulatoire sur 150 femmes âgées de 18 à 68 ans réparties en 3 groupes en fonction de leur indice de masse corporelle *(voir Annexe I)* :
– 32 femmes avaient un IMC inférieur à 24 ;
– 80 femmes avaient un IMC compris entre 24 et 29 ;
– 38 femmes avaient un IMC supérieur à 29.

Toutes ces personnes connaissaient les principes de la méthode Montignac, soit pour les avoir étudiés dans les publications de leur auteur, soit pour en avoir été informées par leur médecin.

Résultats au bout de 4 mois :

IMC	Perte de poids moyenne	Pourcentage de poids perdu	Baisse de l'IMC	Pourcentage de baisse de l'IMC
< 24	5,47 kg	8,81 %	2,11	9,2 %
24 à 29	8,71 kg	11,86 %	3,24	11,85 %
30 à 40	13,37 kg	14,42 %	5,09	14,55 %

Résultats au bout d'un an :

IMC	Perte de poids moyenne	Pourcentage de poids perdu	Baisse de l'IMC	Pourcentage de baisse de l'IMC
< 24	4,38 kg	6,74 %	1,76	7,9 %
24 à 29	8,14 kg	10,41 %	3,00	10,9 %
30 à 40	18,46 kg	19,77 %	6, 96	20,22 %

— Dans le groupe dont le IMC était inférieur à 24, ce qui correspond à une corpulence normale (par exemple, une femme qui mesure 1,65 m et pèse 60 kg a un IMC de 22), certaines des femmes ont quand même voulu être plus minces malgré l'avis réservé du praticien.

Comme le montrent les tableaux précédents : au bout de 4 mois, on note une perte de poids moyenne de 5,5 kg. Au bout d'un an, l'organisme, trouvant le nouveau poids sans doute inutilement bas, a repris environ 1 kg. La perte de poids se stabilise à environ 4,5 kg.

— Dans le groupe dont le IMC était compris entre 24 et 29, ce qui correspond à une surcharge pondérale de quelques kilos (par exemple, une femme mesurant 1,65 m, pesant 70 kg et ayant un IMC de 27), les femmes ont perdu en moyenne 8,7 kg en 4 mois, c'est-à-dire qu'elles sont revenues à leur poids idéal. Au bout d'un an, elles ont repris moins de 600 g. La méthode Montignac a donc permis une stabilisation pondérale correcte.

— Dans le groupe dont le IMC était de 30 à 40, ce qui correspond à une obésité franche, au bout de 4 mois, les femmes ont perdu en moyenne 13,4 kg. Au bout d'un an, la perte moyenne de poids était de 18,5 kg.

On constate donc que la perte pondérale se poursuit, même si elle se fait à un rythme plus lent au fur et à mesure que le corps se rapproche de son poids idéal.

Étude des professeurs Dumesnil et Tremblay, 1997 (Québec)
•

Le professeur Jean G. Dumesnil, cardiologue à l'Institut de cardiologie de l'hôpital Laval à Québec, avait une surcharge pondérale dont il n'arrivait pas à se défaire. Une de ses collègues de l'hôpital lui recommanda la méthode Montignac. Après qu'il eut perdu 21 kg, ses collègues, dont le professeur Angelo Tremblay, nutritionniste, furent si intrigués qu'ils décidèrent en 1997 d'entreprendre une étude afin de mieux comprendre les paramètres actifs de la méthode Montignac.

Ils ont comparé les effets de 3 diètes chez des hommes d'environ 47 ans ayant en moyenne un IMC de 35 et un poids de 103 kg. Dans les trois régimes, les participants pouvaient manger à volonté. Le groupe II (méthode Montignac) n'avait cependant accès qu'à des glucides à index glycémique bas. La répartition des différents apports nutritionnels de chacun des groupes, qui pouvaient faire leurs choix *ad libitum,* a été en moyenne la suivante tout au cours de l'étude :

	Régime 1	Régime 2 (Montignac)	Régime 3
Protéines	15 %	31 %	16 %
Lipides	30 %	32 %	30 %
Glucides	55 %	37 %	54 %

Le régime 2, qui appliquait les conseils de la méthode Montignac (glucides à index glycémique bas et très bas), donne la meilleure diminution de la sensation de faim et ensuite la meilleure satiété par rapport aux deux autres. Ceci a essentiellement pour cause le choix des glucides à index glycémique bas imposé aux participants, mais peut aussi avoir été influencé par la consommation plus importante de protéines (1,55 g/kg de poids), faite spontanément, encore que ce choix ait été facultatif.

Si l'on compare la modification relative du poids en pourcentage :
• le régime 1 (qui correspond à une diète faible en graisses mais sans restriction calorique) fait prendre + 0,2 % par rapport au poids initial (donc le sujet grossit) ;
• le régime 3 (c'est-à-dire la même diète mais, cette fois, avec le même nombre de calories que celles qui ont été consommées durant la semaine Montignac) ne fait perdre que 1,7 % du poids ;
• le meilleur résultat est obtenu avec le régime 2 (correspondant à la méthode Montignac) avec une perte moyenne de 2,4 % du poids initial (soit environ 3,2 kg en 6 jours chez un sujet de 102 kg).

Cette étude a fait l'objet (après sélection) d'une présentation officielle au 8e Congrès international sur l'obésité à Paris en août 1998, où elle a été particulièrement remarquée.

ANNEXE
VI

RECETTES

L'objet de ce livre n'est pas de vous donner une liste impressionnante de recettes en rapport avec son contenu. Il existe pour cela plusieurs livres de recettes Montignac que vous trouverez chez votre libraire.

Mais si vous avez bien compris les principes alimentaires de base et les avez adoptés pour réussir l'objectif que vous vous êtes fixé, vous devriez pouvoir confectionner vous-même vos recettes, ou tout au moins modifier en conséquence celles que vous connaissez déjà.

Le respect des principes de la méthode Montignac se traduit sur le plan culinaire et sur celui des choix alimentaires de la manière suivante :

• Supprimer tous les aliments glucidiques (sucres, féculents) qui ont un potentiel nutritionnel négatif (index glycémique élevé), notamment :

– le sucre (saccharose) ;
– les farines blanches ;
– les pommes de terre ;
– les carottes (cuites seulement) ;
– le maïs ;
– le riz blanc (exception faite du basmati) ;
– les nouilles asiatiques, macaronis, raviolis.

• Privilégier en revanche tous les glucides qui ont un potentiel nutritionnel positif et susceptible de favoriser la perte de poids, à savoir :

- lentilles ;
- haricots secs ;
- pois ;
- pois chiches ;
- légumes verts (salades, brocolis, chou, haricots verts, épinards, aubergines, poivrons, tomates, courgettes) ;
- céréales complètes (farines non raffinées) ;
- fruits.

• Supprimer les mauvaises graisses au profit des bonnes en évitant :
- le beurre cuit (y compris le beurre clarifié) ;
- les huiles raffinées ;
- l'huile de palme ;
- le saindoux ;
- les margarines ;

et en utilisant de préférence :
- l'huile d'olive ;
- la graisse d'oie ;
- la graisse de canard ;
- l'huile de tournesol ;
- l'huile de noix ou de canola.

• Consommer de préférence du poisson (gras) plutôt que de la viande (sauf volailles).

• Supprimer toute cuisson à haute température, et notamment la friture.

Ces principes nutritionnels se traduisent de la manière suivante dans la pratique culinaire :

Entrées

• Éviter tous les plats réalisés à partir de farine blanche et de beurre (feuilletés, quiches, crêpes, pâtes à tarte, canapés, croûtons).

Plats principaux

• Éviter de paner avec de la chapelure. Remplacer si nécessaire par du parmesan.
• Éviter toutes sauces contenant du beurre et surtout de la farine de blé (les farines de lentilles et de pois chiches sont les bienvenues).
• Les accompagnements des poissons, viandes et volailles doivent être conformes aux points précédents.
• Les fromages sous toutes leurs formes sont les bienvenus (frais, fermentés) ainsi que les yogourts.

Desserts

• Ils ne doivent comporter ni farine, ni beurre, ni sucre. Ils seront faits avec des mousses de fruits, des œufs, du fromage frais, des amandes et noisettes en poudre, du chocolat (amer avec + de 70 % de cacao) et du fructose.
• Le vin peut être utilisé dans les préparations.

CRÊPES DE SARRASIN
2 crêpes

75 ml (¼ t) de farine de sarrasin
15 ml (1 c. à soupe) de germe de blé
75 ml (¼ t) d'eau
5 ml (1 c. à thé) d'huile végétale

• Mélanger les ingrédients secs ensemble et ajouter l'eau graduellement jusqu'à l'obtention d'une pâte homogène. Laisser reposer environ 5 min.
• Faire chauffer une poêle au revêtement antiadhésif contenant un peu d'huile et y verser la moitié de la pâte. Bien l'étaler. Cuire la crêpe à feu moyen-fort et la retourner une seule fois.
• Garnir de compote de fruits, de tartinade de fruits sans sucre ajouté ou de fromage 0 % m.g.

SOUPE DE LÉGUMINEUSES
4 portions

2 boîtes de salade de légumineuses
de 396 ml (14 oz) chacune
1 petit oignon
2 gousses d'ail émincées
4 branches de céleri
$^1/_2$ poivron vert
$^1/_2$ poivron rouge
15 ml (1 c. à soupe) d'huile d'olive
75 ml ($^1/_4$ t) d'orge mondée
1 l (4 t) d'eau
250 ml (1 t) de tomates
30 ml (2 c. à soupe) de tamari
1 feuille de laurier
2 ml ($^1/_2$ c. à thé) d'origan
2 ml ($^1/_2$ c. à thé) de basilic
1 ml ($^1/_4$ c. à thé) d'estragon
15 ml (1 c. à soupe) de persil haché

- Rincer et égoutter les légumineuses.
- Couper les légumes en dés et les faire sauter dans une casserole contenant l'huile, à feu moyen-doux pendant 5 min.
- Ajouter l'orge mondée et l'eau. Laisser mijoter à feu doux.
- Après 30 min, ajouter les légumineuses, les tomates, le tamari, le laurier, l'origan, le basilic, l'estragon et le persil. Laisser mijoter encore 5 à 10 min.

SOUFFLÉ SANS FARINE
4 à 5 portions

300 g ($^3/_4$ lb) de fromage frais à 0 % m.g.
   (de type Damablanc ou quark)
150 g (6 oz) de gruyère râpé
4 jaunes d'œufs
Sel et poivre
4 blancs d'œufs

- Mélanger le fromage blanc, le gruyère râpé et les jaunes d'œufs. Saler et poivrer.
- Battre les blancs en neige jusqu'à ce qu'ils soient fermes. Mélanger les deux préparations et disposer le tout dans un moule à soufflé de 20 cm (8 po) de diamètre.
- Cuire à four chaud 220 °C (425 °F) pendant 30 min jusqu'à ce que le soufflé soit doré.
- Manger sans attendre.

Variante : on peut ajouter au mélange 100 g (3 oz) de jambon maigre ou une dizaine de champignons de Paris réduits en purée au mélangeur.

MOUSSE DE THON EN GELÉE
6 à 8 portions

1 sachet de gélatine sans saveur (15 ml – 1 c. à soupe)
250 ml (1 t) de vin blanc
2 boîtes de thon au naturel de 170 g (6 oz)
5 ml (1 c. à thé) de moutarde
45 ml (3 c. à soupe) d'huile d'olive
1 c. à soupe de persil haché
1 c. à thé de sel
Poivre
15 ml (1 c. à soupe) de vinaigre de vin
125 ml ($^1/_2$ t) de fromage frais à 0 % m.g.
   (de type Damablanc ou quark)

Pour la décoration :   Rondelles d'œufs durs, salade,
                       rondelles de tomates, persil

- Dans un petit bol, diluer la gélatine dans 45 ml (3 c. à soupe) de vin blanc. Faire bouillir le reste du vin et verser sur la gélatine. Remuer et laisser tiédir.
- Égoutter le thon et l'émietter.
- Bien mélanger la moutarde, l'huile d'olive, le persil, le sel, le poivre et le vinaigre.
- Quand la gélatine est à température ambiante, ajouter le thon et le fromage. Bien mélanger.
- Verser dans un moule à gâteau légèrement huilé. Laisser prendre 2 à 3 h au réfrigérateur.
- Démouler et disposer sur des feuilles de salade, en décorant avec tomates, œufs durs et persil. Servir avec une sauce au choix (verte ou mayonnaise).

FLAN AUX TOMATES
4 portions

500 g (1 lb) de tomates cerises
30 ml (2 c. à soupe) d'huile d'olive
4 œufs
400 ml (1³/₄ t) de crème 15 % m.g.
30 ml (2 c. à soupe) de basilic haché
Sel, poivre et cayenne

- Disposer les tomates cerises dans un plat allant au four. Arroser d'huile d'olive. Mettre au four à 150 °C (300 °F) pendant 30 min.
- Dans un bol, battre les œufs. Y ajouter la crème et le basilic. Assaisonner de sel, de poivre et de cayenne.
- Verser cette préparation dans 4 ramequins d'environ 10 cm (4 po) de diamètre. Y ajouter les tomates cerises cuites. Cuire au four 15 min.
- Servir ce flan chaud ou froid, en accompagnement ou en entrée.

PÂTÉ DE LÉGUMINEUSES
500 ml (2 t)

1 boîte de haricots pinto, rincés et égouttés
$^1/_2$ boîte de 396 ml (14 oz) de lentilles rincées et égouttées
45 ml (3 c. à soupe) d'oignon haché
30 ml (2 c. à soupe) de jus de citron
15 ml (1 c. à soupe) de persil
5 ml (1 c. à thé) de bouillon de légumes en poudre
1 ml ($^1/_4$ c. à thé) de poivre
$^1/_2$ gousse d'ail émincée

- Passer tous les ingrédients au mélangeur jusqu'à l'obtention d'une consistance homogène.
- Mettre la préparation dans un bol et placer 1 h au réfrigérateur.
- Peut être utilisé comme trempette avec des légumes ou des craquelins de céréale complète.

BROCOLI À L'ORANGE
4 portions

1 brocoli
Zeste d'1 orange
5 ml (1 c. à thé) d'huile d'olive
Sel et poivre

- Défaire le brocoli en bouquets et cuire 2 min dans 2,5 cm (1 pouce) d'eau bouillante. Ajouter le zeste d'orange, couvrir et poursuivre la cuisson 2 min.
- Vider l'eau et enrober le brocoli d'huile d'olive. Saler et poivrer.
- Servir chaud

CASSEROLE DE COURGETTES
ET DE TOMATES

8 portions

6 courgettes
6 tomates
300 ml (1¼ t) de crème 15 % m.g.
6 œufs
45 ml (3 c. à soupe) de basilic haché
30 ml (2 c. à soupe) de persil haché
1 pincée de muscade
1 pincée de cayenne
15 ml (1 c. à soupe) d'huile d'olive
2 gousses d'ail écrasées
Sel et poivre

- Laver les courgettes. Les couper en rondelles.
- Monder les tomates. Les couper en rondelles.
- Dans un bol, mélanger la crème avec les œufs, les herbes, la muscade, la cayenne, l'ail, du sel et du poivre. Réserver.
- Huiler un plat à gratin. Y déposer les rondelles de tomates et les rondelles de courgettes en les alternant et en les superposant. Verser l'huile d'olive et remuer. Assaisonner de sel et de poivre.
- Mettre au four à 180 °C (350 °F) pendant 20 min.
- Sortir le plat pour y ajouter le mélange aux œufs. Enfourner de nouveau pour 30 à 35 min.
- Servir ce plat chaud en accompagnement.

PAIN DE CHOU-FLEUR
8 à 10 portions

1 chou-fleur en morceaux
100 g (3 oz) de fromage frais à 0 % m.g.
   (de type Damablanc ou quark)
125 ml (¹/₂ t) de poudre de lait avec un peu d'eau pour
   obtenir un mélange très consistant et homogène
6 œufs
Sel et poivre

- Faire cuire le chou-fleur dans l'eau bouillante salée pendant
  5 min ou jusqu'à ce qu'il soit encore croquant et l'égoutter.
- Passer le chou-fleur au mélangeur pour obtenir une purée.
  Ajouter le fromage, le lait, les œufs, le sel et le poivre. Bien
  mélanger et verser la préparation dans un moule à gâteau
  huilé.
- Déposer le moule dans un plat rempli à moitié d'eau et
  cuire au four à 200 ℃ (400 ℉) pendant 1 h.
- Démouler 15 min après la sortie du four.
- Servir chaud ou tiède avec un coulis de tomates.

COULIS DE TOMATES
500 ml (2 t)

15 ml (1 c. à soupe) d'huile d'olive
1 gousse d'ail écrasée
1 boîte de tomates de 796 ml (28 oz)
5 ml (1 c. à thé) d'herbes séchées (origan, basilic, estragon…)
Sel et poivre

- Verser l'huile dans une poêle et faire revenir l'ail 30 s.
- Ajouter immédiatement les tomates et les assaisonnements.
  Laisser mijoter pendant 15 min.
- Passer au mélangeur pour obtenir une sauce homogène.
- Servir avec des légumes, des céréales complètes ou des
  légumineuses.

COULIS DE POIVRONS ROUGES
375 ml (1½ t)

15 ml (1 c. à soupe) d'huile d'olive
1 gousse d'ail émincée
1 échalote française hachée
2 poivrons rouges
200 ml (¾ t) de bouillon de poulet dégraissé
Sel, poivre et une pincée de cayenne

- Dans une petite casserole, faire revenir dans l'huile l'ail et l'échalote, à feu doux, pendant 1 min.
- Épépiner et couper en dés les poivrons rouges et les ajouter dans la casserole. Remuer et laisser cuire pendant 2 min.
- Verser le bouillon de poulet et laisser mijoter pendant 3 min.
- Passer au mélangeur jusqu'à l'obtention d'une consistance homogène. Assaisonner.
- Servir avec des légumes, des céréales complètes ou des légumineuses.

SPAGHETTIS AUX AUBERGINES, SAUCE TOMATE AIGRE-DOUCE
4 portions

2 tomates moyennes
1 oignon
2 petites aubergines italiennes ou 1 aubergine moyenne
60 ml (¼ t) d'huile d'olive
1 bouquet garni
30 ml (2 c. à soupe) de basilic haché
Sel, poivre et cayenne
45 ml (3 c. à soupe) de vinaigre balsamique
400 g (14 oz) de spaghettis

- Plonger les tomates dans de l'eau bouillante 1 min. Les peler, les épépiner et les couper en morceaux.
- Éplucher et émincer l'oignon. Laver et couper les aubergines en dés.

- Dans une poêle, faire fondre l'oignon dans une cuillerée d'huile d'olive. Ajouter les tomates. Faire cuire pendant 15 min avec le bouquet garni, le basilic haché, du sel, du poivre et de la cayenne. Ajouter le vinaigre balsamique en fin de cuisson et retirer le bouquet garni.
- Dans une autre poêle, faire sauter les dés d'aubergines dans le reste d'huile. Assaisonner. Laisser cuire 6 à 7 min, puis les incorporer à la sauce tomate.
- Cuire les spathettis dans de l'eau bouillante salée pendant 6 min pour qu'ils soient *al dente*. Les égoutter.
- Mélanger les pâtes avec la sauce tomate aux aubergines. Rectifier l'assaisonnement. Servir.

RIZ SUCCULENT

500 ml (2 t)

15 ml (1 c. à soupe) d'huile d'olive
5 ml (1 c. à thé) de graines de cumin
3 clous de girofle
1 bâton de cannelle ou 1 ml (¼ c. à thé) de cannelle en poudre
250 ml (1 t) de riz basmati
500 ml (2 t) de bouillon de légumes
2 feuilles de laurier

- Chauffer l'huile d'olive dans une casserole. Ajouter le cumin, le clou de girofle et le bâton de cannelle et remuer, à feu moyen, environ 1 min.
- Mélanger le riz avec la préparation d'assaisonnements.
- Verser le bouillon de légumes et ajouter les feuilles de laurier.
- Couvrir, réduire le feu et laisser mijoter pendant 20 min ou jusqu'à ce que le liquide soit complètement absorbé.
- Retirer les feuilles de laurier, le bâton de cannelle et les clous de girofle.
- Servir garni de graines de tournesol, de noix ou de légumineuses au choix.

PÂTÉ DE MORUE
5 portions

1 kg (2 lb) de filets de morue
500 ml (2 t) de court-bouillon
2 citrons
6 œufs
1 boîte de 156 ml (5$^{1/2}$ oz) de pâte de tomates
Sel et poivre

- Faire cuire la morue dans un court-bouillon à peine frémissant. Ajouter le jus et le zeste des 2 citrons en cours de cuisson. Laisser cuire doucement 20 min environ.
- Égoutter et bien presser la morue entre ses mains pour qu'elle rende toute son eau. Couper en gros morceaux.
- Mettre ensuite dans un moule à gâteau ou dans un moule à soufflé préalablement huilé.
- Battre les œufs en omelette, ajouter la pâte de tomates, saler, poivrer et verser le tout sur la morue.
- Faire cuire au four à 150 °C (325 °F) pendant 30 min. Placer au réfrigérateur pendant au moins 6 h ou préparer la veille.
- Servir froid avec une mayonnaise après l'avoir démoulé.

MAYONNAISE
250 ml (1 t)

1 œuf
5 ml (1 c. à thé) de moutarde
5 ml (1 c. à thé) de jus de citron
2 ml ($^{1/2}$ c. à thé) de sel
250 ml (1 tasse) d'huile d'olive

- Mettre l'œuf, la moutarde, le jus de citron et le sel au mélangeur et faire fonctionner 30 s. Sans arrêter le moteur, ajouter l'huile en un long filet régulier par l'orifice du couvercle. La mayonnaise est prête lorsqu'elle prend une consistance onctueuse et épaisse.
- Conserver au réfrigérateur.
- Pour « expanser » la mayonnaise, lui ajouter un blanc d'œuf battu en neige.

POISSON ÉPICÉ
4 portions

4 filets de sole de 125 g (4 oz) chacun
5 ml (1 c. à thé) de poudre d'ail
5 ml (1 c. à thé) de paprika
5 ml (1 c. à thé) de poudre d'oignon
2 ml (½ c. à thé) d'origan
2 ml (½ c. à thé) de thym
2 ml (½ c. à thé) de sel
1 ml (¼ c. à thé) de poivre blanc
1 ml (¼ c. à thé) de poivre noir
1 ml (¼ c. à thé) de cayenne
10 ml (2 c. à thé) d'huile d'olive

- Mélanger tous les assaisonnements dans un plat peu profond puis en enrober les filets de sole.
- Dans une poêle au revêtement antiadhésif, faire chauffer à feu moyen un peu d'huile.
- Faire griller les filets de sole de 2 à 3 min de chaque côté jusqu'à ce que l'assaisonnement brunisse légèrement et que la chair du poisson commence à s'émietter.
- Servir tel quel ou accompagné d'un coulis de tomates (p. 281) ou d'un coulis de poivrons rouges (p. 282).

BLANC-MANGER AUX BLEUETS
4 portions

1 sachet de gélatine sans saveur (15 ml – 1 c. à soupe) ou
l'équivalent d'agar-agar
100 ml (⅓ t) de vin blanc
1 c. à thé de vanille
250 ml (1 t) de crème 15 % m.g.
60 ml (¼ t) de fructose
250 g (8 oz) de fromage frais à 0 % m.g.
   (de type Damablanc ou quark)
500 ml (2 t) de bleuets
30 ml (2 c. à soupe) de tartinade de bleuets sans sucre ajouté
125 ml (½ t) de porto
Jus d'une orange

- Diluer la gélatine dans 45 ml (3 c. à soupe) d'eau froide.
  Dans une casserole, faire chauffer le vin et y dissoudre la
  gélatine. Laisser tiédir. Incorporer la vanille.
- Fouetter la crème dans un bol.
- Mélanger ensemble 45 ml (3 c. à soupe) de fructose, le
  fromage, la crème fouettée et le vin. Garnir des ramequins ou des coupes de cette préparation. Mettre au frais
  pour un minimum de 3 h.
- Dans une casserole, faire chauffer les bleuets avec la
  tartinade de bleuets et le porto. Porter à ébullition. Retirer
  puis égoutter les bleuets. Ajouter ensuite le jus d'orange
  et le fructose à la sauce. Laisser réduire jusqu'à l'obtention d'un mélange de consistance sirupeuse. Verser ce
  sirop sur les bleuets et laisser tiédir.
- Au moment de servir, démouler sur des assiettes et napper de sauce aux bleuets.

MOUSSE À LA LIME
4 portions

2 œufs
30 ml (2 c. à soupe) de fructose
2 limes
1 pincée de sel
15 ml (1 c. à soupe) de menthe fraîche hachée
400 g (14 oz) de fromage frais à 0 % m.g.
   (de type Damablanc ou quark)

- Séparer les jaunes d'œufs des blancs.
- Dans un bol, battre au fouet les jaunes d'œufs avec le fructose. Lorsque le mélange blanchit, incorporer le jus des limes.
- Monter les blancs d'œufs en neige avec une pincée de sel. Lorsqu'ils sont bien fermes, les incorporer délicatement au mélange précédent. Ajouter la menthe et le fromage.
- Disposer la mousse dans 4 coupes et mettre au réfrigérateur au minimum 4 h.
- Servir fraîche seule ou accompagnée de petits fruits (bleuets, mûres…).

FRAISIER GLACÉ AU COULIS
8 à 10 portions

500 g (1 lb) de fraises
5 blancs d'œufs
100 g (3 oz) de fromage frais à 0 % m.g.
   (de type Damablanc ou quark)
45 ml (3 c. à soupe) de fructose
30 ml (2 c. à soupe) de jus de citron
Coulis: 300 g (10 oz) de fraises
         15 ml (1 c. à soupe) de fructose
         Jus d'½ citron

- Passer les fraises au mélangeur ou les réduire en purée avec un batteur. Monter les blancs d'œufs en neige.
- Mélanger la purée de fraises, les blancs d'œufs, le fromage et le fructose jusqu'à l'obtention d'une crème homogène. Incorporer le jus de citron. Verser le mélange dans un moule préalablement huilé.
- Placer le tout au congélateur de 6 à 7 h. Sortir ½ h avant de consommer. Pour démouler, passer le moule sous l'eau tiède.
- Préparer le coulis en passant au mélangeur les fraises, le fructose et le jus de citron.
- Servir le fraisier avec le coulis, en décorant le plat avec des fraises coupées en deux.

BAVAROIS DE FRAMBOISES ET SON COULIS
5 à 6 portions

1 sachet de gélatine sans saveur (15 ml – 1 c. à soupe)
    ou l'équivalent d'agar-agar
4 jaunes d'œufs
300 ml (1¼ t) de lait
500 ml (2 t) de framboises
45 ml (3 c. à soupe) de fructose

Coulis : 375 ml (1½ t) de framboises
        Jus d'1 citron
        5 ml (1 c. à thé) de fructose

- Dissoudre la gélatine dans 45 ml (3 c. à soupe) d'eau froide.
- Dans une casserole, battre les jaunes d'œufs et ajouter le lait. À feu doux, sans cesser de remuer, laisser épaissir jusqu'à ce que le mélange nappe une spatule. Retirer du feu.

- Passer les framboises au mélangeur pour obtenir une purée et y ajouter le fructose.
- Incorporer la gélatine dans la crème chaude. Ajouter la purée de framboises.
- Verser dans un moule à bavarois légèrement huilé et faire prendre pendant au moins 12 h au réfrigérateur.

Le coulis se prépare à l'avance, en passant au mélangeur les framboises, le jus de citron et le fructose. Conserver au réfrigérateur jusqu'au moment de servir. Napper le fond des assiettes ou servir en saucière avec le bavarois bien frais.

MOUSSE AU CHOCOLAT
8 portions

500 g (1 lb) de chocolat noir amer à 70 % de cacao
125 ml (½ t) de café fort
75 ml (¼ t) de rhum
1 orange
8 gros œufs
1 pincée de sel

- Couper le chocolat en morceaux et les mettre dans un bain-marie. Y verser le café préparé ainsi que le rhum. Faire fondre le chocolat à feu doux. Remuer à la spatule pour bien lier. Si la consistante est vraiment trop pâteuse, ajouter un peu d'eau. Dès que le chocolat est parfaitement fondu en une crème épaisse très onctueuse, retirer la casserole de la source de chaleur et laisser tiédir.
- Râper le zeste de l'orange. Mélanger la moitié du zeste au chocolat.
- Casser les œufs en mettant les jaunes dans un bol, les blancs dans un autre. Monter les blancs en neige (après y avoir mis une pincée de sel) jusqu'à ce qu'ils soient vraiment très fermes.

- Verser le chocolat tiède dans le bol où se trouvent les jaunes. Bien remuer jusqu'à l'obtention d'une crème lisse et onctueuse. Verser ensuite cette crème dans les blancs et incorporer délicatement avec une spatule jusqu'à obtention d'un mélange parfaitement homogène.
- Bien vérifier qu'il ne reste pas de particules de blancs ou que le chocolat non mélangé n'est pas retombé dans le fond du récipient.
- Placer la mousse au réfrigérateur pendant au moins 6 h dans un bol ou répartie dans des coupes individuelles. Saupoudrer du zeste restant. L'idéal est de préparer la mousse la veille.

LES PRODUITS
MICHEL MONTIGNAC

POUR UNE GASTRONOMIE
NUTRITIONNELLE

Michel Montignac a créé une gamme de produits alimentaires exclusifs, spécialement conçus pour mettre en œuvre sa méthode. Tous sont riches en fibres, sans sucre ajouté, conçus à partir de farine intégrale biologique et ont en commun des glucides à index glycémique bas. Ils sont, en outre, sans colorant ni additif ou amidon modifié.

Parmi ceux-ci, les produits céréaliers comme les pains bio intégral et bio Kamut, les bagels intégraux, le gâteau au chocolat, les sablés, le chocolat à 85 % de cacao, les confitures, les plats cuisinés, la pizza, etc.

Les produits Michel Montignac sont diffusés dans les boulangeries Première Moisson, dans les Centres Minceur Michel Montignac ainsi que dans les épiceries Maxi et Provigo.

Des cours d'initiation à la méthode Montignac et des cours de cuisine sont offerts aux adresses suivantes :

Centre Minceur Vitalité et Nutrition Michel Montignac

Centre Ville Saint-Laurent
720, boulevard Décarie, 2e étage
Saint-Laurent (Québec) H4L 3L5
Tél. : (514) 748-2002

Centre Outremont
1290, avenue Bernard, porte 100
Outremont (Québec) H2V 1V9
Tél. : (514) 279-9090

Centre Westmount
1822A, rue Sherbrooke Ouest,
Sous-sol
Westmount (Québec) H3H 1E4
Tél. : (514) 937-1991

Centre Montréal
240, rue Saint-Jacques Ouest,
Bureau 510
Montréal (Québec) H2Y 1L9
Tél. : (514) 286-4893

Centre Rive-Sud
3234, boulevard Taschereau,
2e étage
Greenfield Park (Québec)
J4V 2H3
Tél. : (450) 465-0067

Centre Laval
3274, boulevard Saint-Martin
Ouest, bureau 201
Laval (Québec) H7T 1A1
Tél. : (450) 686-4683

Centre Charlesbourg
475, boulevard de l'Atrium,
Bureau 400
Charlesbourg (Québec) G1H 7H9
Tél. : (418) 621-9898

Centre Sainte-Foy
2518, chemin Sainte-Foy
Sainte-Foy (Québec) G1V 1T5
Tél. : (418) 659-7757

Centre Ville de Sherbrooke
502, rue Conseil
Sherbrooke (Québec) J1G 1K1
Tél. : (819) 566-6336

Centre Saint-Georges de Beauce
11400, 1re Avenue,
2e étage
Saint-Georges de Beauce
(Québec) G5Y 5S4
Tél. : (418) 228-7688

LEXIQUE

Acides aminés : molécules organiques composées notamment d'azote, de carbone, d'hydrogène et d'oxygène ; l'association des acides aminés au moyen de liaisons chimiques forme les protéines.

Acides gras essentiels : acides gras que notre corps ne peut fabriquer ; nous devons les obtenir par l'alimentation. Ils sont indispensables à l'assimilation par l'intestin des vitamines liposolubles, c'est-à-dire solubles dans les graisses (A, D, E, K). Il s'agit de l'acide linoléique et de l'acide alphalinolénique.

Acides gras monoinsaturés : acides gras possédant une liaison double entre deux atomes de carbone. De consistance liquide à la température de la pièce, ils ont tendance à figer à 4 ℃.

Acides gras polyinsaturés : acides gras possédant plusieurs liaisons doubles. Ils sont principalement de consistance liquide à la température de la pièce.

Acides gras saturés : acides gras portant le maximum d'atomes d'hydrogène et dont les atomes de carbone sont liés entre eux par une liaison simple. Ils sont généralement d'origine animale et solides à la température de la pièce.

Acides gras *trans* : acides gras insaturés dont la forme est modifiée. Ces acides gras favorisent l'obstruction des vaisseaux sanguins, augmentent le taux de cholestérol et de triglycérides dans le sang. On les retrouve principalement dans les aliments préparés industriellement : biscuits et pains industriels, craquelins, pâtisseries, frites, poissons panés, etc.

Adipocytes : cellules adipeuses ou graisseuses.

Amidon : forme de glucide mise en réserve par les végétaux (céréales, légumineuses, tubercules [pomme de terre, patate douce, tapinambour]), ainsi que dans certains fruits.

Amidon modifié : traitement industriel que subit l'amidon et qui modifie ses propriétés et sa structure ; il acquiert donc une forme non naturelle. On le retrouve dans une multitude de produits transformés (sauces, desserts, vinaigrettes, crème sure, beurre d'arachide, aliments pour bébés, etc.)

Antioxydants : substances qui préviennent l'oxydation. Ils combattent les radicaux libres (déchets) qui circulent dans le corps. Le bêta-carotène, la vitamine C et la vitamine E sont reconnus comme étant les trois vitamines antioxydantes.

Blutage : action de faire passer la farine à travers un tamis pour la séparer du son. Procédé de raffinage.

Cholestérolémie : concentration sanguine de cholestérol.

Chronobiologie : assimilation des aliments par l'organisme qui varie selon les heures de la journée et même selon les saisons.

Dextrose : autre nom du glucose. On le trouve dans les fruits et dans le sang après la digestion des glucides.

Édulcorants : sucres artificiels au pouvoir sucrant élevé utilisés pour remplacer le sucre car ils sont dépourvus de calories ou en contiennent très peu. Les sucres artificiels comprennent le cyclamate, la saccharine et l'aspartame.

Enzyme : protéine produite par le corps qui constitue un catalyseur biologique accélérant la vitesse des réactions chimiques. Par exemple, la lipase est l'enzyme qui dégrade les lipides en particules suffisamment petites pour être transportées par le sang vers les cellules.

Facteur limitant : les protéines d'origine végétale (riz, haricots rouges) ont une insuffisance en certains acides aminés dits essentiels. Ainsi, les acides aminés dont la proportion dans un aliment est inférieure aux besoins de l'organisme doivent être combinés avec un autre aliment qui, lui, en est riche. C'est la théorie de la complémentarité des protéines. Par exemple, les céréales ont une faible teneur en lysine alors que les légumineuses en sont riches. Un repas incluant céréales et légumineuses en fait une bonne combinaison (chili végétarien sur un nid de riz brun).

Fibres : glucides complexes non digestibles qui forment la partie volumineuse des végétaux. Elles augmentent le volume des aliments ingérés et diminuent la durée du transit intestinal.

Fructose : glucide simple qui se trouve sous une forme naturelle dans les fruits (2 à 7 %), le miel (40 %) et divers autres aliments. Son pouvoir sucrant est une fois et demie plus élevé que celui du saccharose (sucre blanc).

Glucagon : hormone élaborée par les cellules pancréatiques ; augmente la concentration sanguine de glucose.

Glucides : on les appelle aussi parfois hydrates de carbone ou « sucres ». Ils sont composés de carbone, d'hydrogène et d'oxygène. Ils comprennent des glucides simples (glucose, fructose, galactose), des glucides doubles (saccharose, maltose, lactose) et l'amidon, glucide complexe à goût non sucré.

Glucose : glucide simple qu'on retrouve dans le sang et qui sert à l'organisme comme source énergétique.

Glycémie : taux de glucose (sucre) dans le sang.

Hormones : substances chimiques sécrétées par une glande qui, lorsque mises en circulation dans le sang, agissent à distance sur l'activité d'organes ou de tissus.

Hydrates de carbone : autre nom pour désigner les glucides.

Hydrogénation : procédé industriel qui permet de durcir les huiles pour en faire des *shortenings* et des margarines par insufflation d'hydrogène. Il modifie les acides gras, qui deviennent saturés ou insaturés sous forme *trans*.

Hypercholestérolémie : taux élevé de cholestérol sanguin.

Hyperglycémie : taux élevé de glucose (sucre) dans le sang.

Hyperinsulinisme : surproduction d'insuline par le pancréas.

Hyperplasie : développement d'un tissu par multiplication de ses cellules.

Hypoglycémie : taux anormalement bas de glucose (sucre) dans le sang.

Index glycémique : permet de classer les aliments glucidiques. Il mesure l'importance de l'entrée du glucose dans le sang, après l'ingestion d'un glucide ; plus l'indice glycémique d'un aliment est élevé, plus cet aliment élève le taux de glycémie (glucose dans le sang), augmentant ainsi la sécrétion d'insuline.

Indice de masse corporelle (IMC) : méthode de mesure permettant de classer l'obésité. Elle consiste à déterminer l'indice de Quetelet, aussi appelé l'indice de masse corporelle (IMC) ou *body mass index* (BMI). Cet indice est le résultat de la division du poids en kg par la taille en m^2. La détermination de cet indice permet de classifier un adulte d'âge moyen (20-65 ans) dans une des cinq catégories préétablies *(voir Annexe I)*.

Insuline : hormone sécrétée par le pancréas qui abaisse le taux de glucose (sucre) dans le sang.

Insulinémie : taux sanguin d'insuline.

Insulinorésistance : réaction du corps face à l'insuline. En état d'hyperglycémie, l'organisme devient de moins en moins sensible à l'insuline et ainsi, il requiert de plus en plus d'insuline pour faire descendre la glycémie à un niveau normal.

Lipides : composés organiques contenant du carbone, de l'hydrogène et de l'oxygène. Ils sont souvent désignés sous les noms de matières grasses, graisses et gras.

Métabolisme : le métabolisme de base assure les fonctions essentielles de notre organisme (respiration, maintien de la température corporelle…), qui sont en fait automatiques et inconscientes. Quant au métabolisme, au sens plus large, son rôle est de gérer les calories que nous consommons (entrées) et celles que nous brûlons (dépenses). Ceci comprend donc le métabolisme de base, l'énergie dépensée à l'occasion de l'activité physique et le travail de digestion et de stockage (transformation de la nourriture en énergie utilisable par le corps).

Nutriments : substances alimentaires utilisées par l'organisme pour assurer la croissance, l'entretien et la réparation des tissus. Les nutriments majeurs sont les protéines, les glucides et les lipides.

Oléagineux : plante cultivée pour ses graines ou ses fruits riches en lipides, dont on tire des matières grasses alimentaires ou industrielles (soja, noix, tournesol).

Oligoéléments : minéraux se retrouvant en très petite quantité dans l'organisme (fer, zinc, iode, cuivre…). Ils sont là pour fortifier nos barrières naturelles. Ce sont eux qui permettent à l'organisme d'utiliser les matériaux de base que sont les protéines, les glucides et les lipides.

Ostéomalacie : déminéralisation progressive des os par mauvaise fixation du phosphore et du calcium due à un manque de vitamine D ; elle donne des douleurs osseuses et peut favoriser les fractures.

Ostéoporose : déminéralisation osseuse due à une raréfaction de la trame protéique de l'os. Elle favorise la survenue de fractures.

Oxydation : réaction chimique par laquelle l'oxygène perd sa structure d'origine en se combinant avec une autre substance, ce qui entraîne une modification chimique. Le rancissement d'une huile est le résultat d'une oxydation.

Pancréas : glande située derrière l'estomac, entre la rate et le duodénum. Produit des sécrétions endocrines (insuline et glucagon) et exocrines (enzymes digestives).

Pastification : processus physique qui permet d'extruder la pâte à très haute pression. Ce procédé a pour effet de constituer un film protecteur autour des pâtes fines, comme les spaghettis, qui a pour effet de limiter la gélatinisation des amidons au cours de la cuisson.

Photophobie : crainte de la lumière, due à la sensation pénible, voire douloureuse, qu'elle provoque.

Polyphénols : puissants antioxydants qui aident à neutraliser les radicaux libres. Ils sont les pigments rouges et bleus que l'on retrouve dans certains fruits, baies et notamment dans les vins (rouges particulièrement).

Protéines : substances complexes composées d'acides aminés ; principal constituant des cellules.

Radicaux libres : déchets de l'organisme pouvant endommager notre bagage génétique de même que les membranes de nos cellules. Ils peuvent être produits de deux façons : soit par les polluants environnementaux, le tabac, l'alcool ou les drogues, soit par les réactions normales de l'organisme. Ils contribuent à l'accélération du processus de vieillissement et constituent un facteur important dans des maladies graves (cataracte, hypertension, cancer).

Raffinage : opération qui consiste à rendre plus pure une substance. Celle-ci peut permettre d'augmenter la conservation. Cependant, tous les procédés de raffinage ont pour résultat de faire perdre une grande partie de la valeur nutritive (vitamines et minéraux) des aliments.

Résultante glycémique : élévation moyenne de la glycémie (taux de glucose dans le sang) obtenue à la fin du repas et qui dépend de la quantité de glucides absorbés et de leur nature, mais aussi de protéines et de fibres qui sont ingérées conjointement.

Saccharose : c'est le sucre en poudre ou en morceaux issu de la betterave ou de la canne à sucre.

Sels minéraux : substances essentielles à l'organisme en quantité relativement minime (calcium, potassium, sodium...). Ils assurent, en association avec d'autres nutriments, le bon fonctionnement de l'organisme.

Sucres : terme abusivement employé dans le langage courant pour nommer les glucides. On a ainsi longtemps parlé de « sucres lents » et de « sucres rapides ». On parle aussi de « taux de sucre dans le sang » pour nommer le taux de glucose sanguin (glycémie).

Triglycérides : matières grasses qu'on trouve dans le sang. Ils proviennent de tous les gras que nous mangeons, surtout des acides gras saturés, et aussi des glucides.

Vitamines : composés organiques très importants dont une quantité infime suffit à assurer la croissance et le maintien de l'organisme. On désigne les vitamines sous le nom d'une lettre (A, C, D, E, K et le groupe B).

BIBLIOGRAPHIE

PROTÉINES

APFELBAUM M., FORRAT C., NILLUS P., *Diététique et nutrition*, Masson, 1989.

BOURRE J.-M., *De l'animal à l'assiette*, Odile Jacob, 1993.

BRINGER J., RICHARD J.-L., MIROUZE J., 'Évaluation de l'état nutritionnel protéique', *Rev. Prat..*, 1985, 35, 3, 17-22.

CHELTIEL J.-C., *Protéines alimentaires,* Ed. Tech. et Doc., Lavoisier, 1985.

RUASSE J.-P., 'Les composants de la matière vivante', Coll. "L'indispensable en nutrition", 1988.

RUASSE J.-P., 'Des protides, pourquoi, combien ?', Coll. "L'indispensable en nutrition", 1987.

GLUCIDES

ANDERSON J. W., 'Hypocholesterolemic effects of oat and bean products', *Am. J. Clin. Nutr.*, 1988, 48, 749-753.

ANDERSON J. W., 'Serum lipid response of hypercholesterolemic men to single and divided doses of canned beans', *Eur. J. Clin. Nutr.,* 1990, 51, 1013-1019.

AUBERT C., *L'assiette aux céréales*, Terre vivante, 1991.

BANTLE J.-P., LAINE D. C., 'Post-prandial glucose and insulin responses to meals containing different carbohydrates in normal and diabetic subjcets', *New Engl. J. Med.*, 1983, 309,7-12.

BORNET F., *Place des glucides simples et des produits amylacés dans l'alimentation des diabétiques en 1985*, Fondation Ronac, Paris.

BROWN, 'Coronary heart disease and the consumption of diet high in wheat and other grains', *Am. J. Clin. Nutr.*, 1985, 41, 1163-1171.

CALET C., 'Les légumes secs - apport protidique', *Cah. Nutr. Diet..*, 1992, XXVII, 2, 99-108.

CHEW I., 'Application of glycemic index to mixed meals', *Am. J. Clin. Nutr.*, 1988 47, 53-56.

CRAPO P. A., 'Plasma glucose and insulin responses to orally administered simple and complex carbohydrates', *Diabetes*, 1976, 25, 741-747.

CRAPO P. A., 'Post-prandial plasma glucose and insulin response to different complex carbohydrates', *Diabetes*, 1977, 26, 1178-1183.

CRAPO P. A., 'Comparison of serum glucose-insulin and glucagon responses to different types of carbohydrates in non insulin dependant diabetic patients', *Am J. Clin. Nutr.*, 1981, 34, 84-90.

DANQUECHIN-DORVAL, 'Le rôle de la phase gastrique de la digestion sur la biodisponibilité des hydrates de carbone et leurs effets métaboliques', Journées de diabétologie de l'Hôtel-Dieu, 1975.

DESJEUX J.-F., 'Glycémie, insuline et acides gras dans le plasma d'adolescents sains après ingestion de bananes', *Med. et Nutr.*, 1982, 18, 2, 127-130.

FEWKES D. W., 'Sucrose', *Science Progress*, 1971, 59, 25, 39.

FITZ-HENRY A., 'In vitro and in vivo rates of carbohydrate digestion in Arboriginal bushfoods and contemporary Western foods', Colloque 1982 de l'Université de Sydney.

GABREAU T, LEBLANC H. 'Les modifications de la vitesse d'absorption des glucides', *Med. et Nutr.*, 1983, XIX, 6, 447-449.

GUILLAUSSEAU P.-J., GUILLAUSSEAU-SCHOLER C., 'Effet hyperglycémiant des aliments', *Gaz. Med. Fr.*, 1989, 96, 30, 61-63

HEATON K.W. 'Particule size of wheat, maïze and oat test meals : effects on plasma glucose and insulin responses and on the rate of starch digestion in vitro', *Am. J. Clin. Nutr.*, 1988, 47, 675-682.

HODORA D., 'Glucides simples, glucides complexes et glucides indigestibles', *Gaz. Med. Fr.*, 1981, 88, 37,5, 255-259.

JENKINS D. J A., 'Glycemic index of foods : a physiological basis for carbohydrates exchange', *Am. J. Clin. Nutr.*, 1981, 34, 362-366.

JENKINS D. J. A., 'Dietary carbohydrates and their glycemic responses', *J. A. M. A.*, 1984, 2, 388-391.

JENKINS D. J. A., 'Wholemeal versus wholegrain breads : proportion of whole or cracked grains and the glycemic response', *Br. Med. J.*, 1988, 297, 958-960.

KERIN O'DEA, 'Physical factor influencing post-prandial glucose and insulin responses to starch', *Am. J. Clin. Nutr.*, 1980, 33, 760-765.

MESSING B, *Sucre et nutrition*, Doin, 1992.

NOUROT J., 'Relationship between the rate of gastric emptying and glucose insulin responses to starchy food in young healty adults', *Am. J. Clin. Nutr.*, 1988, 48, 1035-1040.

NATHAN D., 'Ice-cream in the diet of insulin-dependant diabetic patients', *J. A. M. A.*, 1984, 251, 21, 2825-2827.

NICOLAIDIS S., 'Mode d'action des substances de goût sucré sur le métabolisme et sur la prise alimentaire. Les sucres dans l'alimentation', *Coll. Sc. Fond. Fr. Nutr.*, 1981.

O'DONNEL L. J. D., 'Size of flour particles and its relation to glycemia, imulinaemia and caloric disease', *Br. Med. J.*, 17 June 1984, 298, 115-116.

PICHARD P., *Les céréales énergétiques*, M.A., 1992.

PIVETAUD J., PACCALIN J., 'Mais mangez donc des légumineuses !', *Diététique et Médecine*, 1993, n°4, 149-153.

REAVEN C., 'Effects of source of dietary carbohydrates on plasma glucose and insulin to test meals in normal subjects', *Am. J. Clin. Nutr.*, 1980, 33, 1279-1283.

ROUX E., 'Index glycémique', *Gaz. Med. Fr.*, 1988, 95, 18, 77-78.

RUASSE J.-P., 'Des glucides, pourquoi, comment ?', Coll. "L'indispensable en nutrition".

SCHLIENGER J.-L., 'Signification d'une courbe d'hyperglycémie orale plate, comparaison avec un repas d'épreuve', *Nouv. Pr. Med.*, 1982, 52, 3856-3857.

SCHWEITZER T. F., 'Nutrients excreted in ileostomy effluents after consumption of mixed diet with beans and potatoes', *Eur. J. Clin. Nutr.*, 1990, 44, 567-575.

SLAMA G., 'Correlation between the nature of amount of carbohydrates in intake and insulin delivery by the artificial pancreas in 24 insulino-dependant diabetics', 1981, 30, 101-105.

SLAMA G., 'Sucrose taken during mixed meal has no additional hyperglyceamic action over isocaloric amounts of starch in well-controlled diabetics', *The Lancet,* 1984,122-124.

SPRING B., 'Psychological effects of carbohydrates', *J. Clin. Psychiatry,* 1989, 50-5, suppl., 27-33.

STACH J.K. 'Contribution à l'étude d'une diététique rationnelle du diabétique : rythme circadien de la tolérance au glucose, intérêt du pain complet, intérêt du sorbitol', Thèse pour le doctorat en Médecine, Caen, 1974.

TORSDOTTIR I., 'Gastric emptying and glycemic response following ingestion of mashed bean or potato flakes in composite meals', *Am. J. Clin. Nutr. Diet.*, 1990 (sous presse en 1990, cité par Bornet in *Cah. Nutr. Diet..*, 1990, XXV, 4, 254-264).

THORBURN A. W., 'The glycemic index of food', *Med. J. Austr.*, May 26th 1988, 144, 580-582.

VAGUE P., 'Influence comparée des différents glucides alimentaires sur la sécrétion hormonale', *Les sucres dans l'alimentation*, Collection Scientifique de la Fondation Française pour la Nutrition.

LIPIDES

BOURRE J.-M, DURAND G., 'The importance of dietary linoleic acid in composition of nervous membranes', *Diet and lifestyle new technology* De M-F. Mayol, 1988, John Libbey Eurotext Ltd p. 477-481.

BOURRE J.-M., *Les bonnes graisses*, Odile Jacob, 1991.

DREON D.M., 'The effects of polyinsatured fat versus monoinsatured fat on plasma lipoproteins', J. A .M. A., 1990, 263, 2462-2466.

DYERBERG J., 'Linolenic acid and eicosapentaenoic acid', *The Lancet*, 26 Jan. 1980, p. 199.

GUERGUEN L., 'Interactions lipides-calcium alimentaires et biodisponibilité du calcium du fromage', *Cah. Nutr. Diet..*, 1992, XXVII, 5, 311-314.

JACOTOT B., 'Olive oil and the lipoprotein metabolism', *Rev. Fr. des Corps Gras*, 1988, 2, 51-55.

JACOTOT B., *L'huile d'olive, de la santé à la gastronomie*, Artulen, 1993.

KUSHI, 'Diet and 20-years mortality from coronary heart disease. The Ireland-Boston Diet-Heart study', *New England J. of Med.*, 1985, 312, 811-818.

LOUHERANTA A. M., 'Linoleic acid intake and susceptibility of VLDL and LDL to oxydation in men', *Am. J. Clin. Nutr.*, 1996, 63, 698-703.

LOUIS-SYLVESTRE J., 'À propos de la consommation actuelle de lipides', Diétécom, 1996.

MAILLARD C., 'Graisses grises', *Gazette Med. de Fr.*, 1989, 96, n°22.

MENSIK R.P., 'Effect of dietary fatty acids on high density and low-density lipoprotein cholesterol levels in healthy

ODENT M., *Les acides gras essentiels*, Jacques Ligier, 1990.

RUASSE J.-P., *Des lipides, pourquoi, comment ?* Coll. "L'Indispensable en Nutrition".

SAN JUAN P. M. F., 'Study of isomeric trans-fatty acids content in the commercial Spanish foods', *Int. J. of Food Sc. & Nutr.*, 1996, 47, 399-403.

TROISI R., 'Trans-fatty acid intake in relation to serum lipid concentrations in adult men', *Am. J. Clin. Nutr.*, 1992, 56, 1019-1024.

VLES R.O., 'Connaissances récentes sur les effets physiologiques des margarines riches en acide linoléique', *Rev. Fr. des Corps Gras*, 1980, 3, 115-120.

WILLETT W. C., 'Intake of trans fatty acids and risk of coronary heart disease among women', Lancet, 1993, 341, 581-585.

FIBRES

Council of Scientific Affairs, 'Fibres alimentaires et santé', *J. A. M. A.*, 1984,14,190,1037-1046.

ANDERSON J. W., 'Dietary fiber: diabetes and obesity', *Am. J. Gastroenterology*, 1986, 81, 898-906.

BERNIER J.-J., 'Fibres alimentaires, motricité et absorption intestinale. Effets sur l'hyperglycémie post-prandiale', Journées de Diabétologie de l'Hôtel-Dieu, 1979, 269-273.

HABER G. B., 'Depletion and disruption of dietary fibre. Effets on satiety plasma glucose and serum insulin', *The Lancet*, 1977, 2, 679-682.

HEATON K. W.,'Food fiber as an obstacle to energy intake', *The Lancet*, 1973, 2,1418-1421.

HEATON K. W., 'Dietary fiber in perspective', *Human Clin. Nutr.*, 1983,37c, 151-170.

HOLT S., 'Effect of gel fibre on gastric emptying and absorption of glucose and paracetamol', *The Lancet*, 1979, March 24, 636-639.

JENKINS D. J. A., 'Decrease in post-prandial insulin and glucose concentration by guar an pectin', *Ann. Int. Med.*, 1977, 86, 20-33.

JENKINS D. J. A., 'Dietary fiber, fibre analogues and glucose-tolerance: importance of viscosity', *Br. Med. J.*, 1978, 1, 1392-1394.

LAURENT B, 'Études récentes concernant les fibres alimentaires', *Med. et Nutr.*, 1983, XIX, 2, 95-122.

MONNIER L., 'Effets des fibres sur le métabolisme glucidique', *Cah. Nutr. Diet..*, 1983, XVIII, 89-93.

NAUSS K. M., 'Dietary fat and fiber: relationship to caloric intake body growth and colon carcinogenesis', *Am. J. Clin. Nutr.*, 1987, 45, 243-251.

SAUTIER C., 'Valeur alimentaire des algues spirulines chez l'homme', *Ann. Nutr. Alim.*, 1975, 29, 517.

SAUTIER C., 'Les algues en alimentation humaine', *Cah. Nutr. Diet..*, 1987.6,469-472

GÉNÉRALITÉS SUR LE CHOLESTÉROL

BASDEVANT A., TRAYNARD P.Y. 'Hypercholestérolémie', *Symptômes*, 1988, n°12.

BRUCKERT E., 'Les dyslipidémies', *Impact Médecin*, Dossier du Praticien n° 20, 1989.

LUC G., DOUSTE-BLAZY P., FRUCHART J.-C., 'Le cholestérol, d'où vient-il, comment circule-t-il, où va-t-il?', *Rev. Prat.*, 1989, 39, 12,1011-1017.

POLONOWSKI J., 'Régulation de l'absorption intestinale du cholestérol', *Cahiers Nutr. Diet.*, 1989, 1, 19-25.

LIPIDES ET CHOLESTÉROL

'Consensus: Conference on lowering blood cholesterol to prevent heart disease', *J. A. M. A.*, 1985, 253, 2080-2090.

BETTERIDGE D. J., 'High-density lipoprotein and coronary heart disease', *Brit. Med. J.*, 15 April 1989, 974-975.

DURAND G., 'Effets comparés d'huiles végétales et d'huiles de poisson sur le cholestérol du rat', *Méd. et Nutr.*, 1985, XXI, n° 6, 391-406.

DYERBERG J., 'Eicosapentaenoic acid and prevention of thrombosis and atherosclerosis', *The Lancet*, 1978, 2, 117-119.

ERNST E., LE MIGNON D., 'Les acides gras omega 3 et l'athérosclérose', *C. R. de Ther.*, 1987, V, n° 56, 22-25.

FIELD C., 'The influence of eggs upon plasma cholesterol levels', *Nutr. Rev.*, 1983, 41, n° 9, 242-244.

FOSSATI P., FERMON C., 'Huiles de poisson, intérêt nutritionnel et prévention de l'athéromatose', *Nouv. Presse Méd.*, 1988, VIII, 1-7.

de GENNES J.-L, TURPIN G,. TRFFERT J., 'Correction thérapeutique des hyperlipidémies idiopathiques héréditaires. Bilan d'une consultation - Consultation de diététique standardisée, *Nouv. Presse Méd.*, 1973, 2, 2457-2464.

GRUNDY M. A., 'Comparison of monosatured fatty acids and carbohydrates for lowering plasma cholesterol', *N. Engl. J. Med.*, 1986, 314, 745-749.

HAY C. R. M., 'Effect of fish oil on platelet kinetics in patients with ischaemic heart disease', *The Lancet*, 5 Juin 1982, 1269-1272.

KRUMHOUT D., BOSSCHIETER E.B., LEZENNE-COULANDER C., 'The inverse relation between fish consumption and 20-year mortality from coronary heart disease', *New Engl. J. Med.*, 1985, 312, 1205-1209.

LEAF A., WEBER P.C., 'Cardiovascular effects of n-3 fatty acides', *New Engl. J. Med.*, 1988, 318, 549-557.

LEMARCHAL P., 'Les acides gras polyinsaturés en oméga 3', *Cah. Nutr. Diet.*, 1985, XX, 2, 97-102.

MARINIER E., 'Place des acides gras polyinsaturés de la famille n-3 dans le traitement des dysloprotéinémies', *Méd. Dig. Nutr.*, 1986, 53, 14-16.

MARWICK C., 'What to do about dietary saturated fats ?', *J. A. M. A.*, 1989, 262, 453.

PHILLIPSON, 'Reduction of plasma lipids, lipoproteins and apoproteins by dietary fish oils in patients with hypertriglyceridemia', *New Engl. J. Med.*, 1985, 312, 1210-1216.

PICLET G., 'Le poisson, aliment, composition, intérêt nutritionnel', *Cah. Nutr. Diet.*, 1987, XXII, 317-336.

THORNGREN M., 'Effects of 11-week increase in dietary eicosapentaenoïc acid on bleeding time, lipids and platelet aggregation, *The Lancet*, 28 Nov. 1981, 1190-11.

TURPIN G., 'Régimes et médicaments abaissant la cholestéro-lémie', *Rev. du Prat.*, 1989, 39, 12, 1024-1029.

VLES R. O., 'Les acides gras essentiels en physiologie cardio-vasculaire', *Ann. Nutr. Alim.*, 1980, 34, 255-264.

WOODCOCK B. E., 'Beneficial effect of fish oil on blood viscosity in peripheral vascular disease', *Br. Med. J.*, Vol 288 du 25 fév. 1984, p. 592-594

FIBRES ALIMENTAIRES ET HYPERCHOLESTÉROLÉMIE

ANDERSON J. W., 'Dietary fiber lipids and atherosclerosis', *Am. J. Cardiol.*, 1987, 60,17-22

GIRAULT A., 'Effets bénéfiques de la consommation de pommes sur le métabolisme lipidique chez l'homme', Entretiens de Bichat, 28 Septembre 1988.

LEMONNIER D., DOUCET C., FLAMENT C., 'Effet du son et de la pectine sur les lipides sériques du rat', *Cah. Nutr. Diet.*, 1983, XVII, 2, 97.

RAUTUREAU J., COSTE T., KARSENTI P., 'Effets des fibres ali-mentaires sur le métabolisme du cholestérol', *Cah. Nutr. Diet.*, 1983, XVIII, 2, 84-88.

SABLE-AMPLIS R., SICART R., BARON A., 'Influence des fibres de pomme sur le taux d'esters de cholestérol du foie, de l'intestin et de l'aorte', *Cah. Nutr. Diet.*, 1983, XVII, 2, 97.

TAGLIAFFERRO V., 'Moderate guar-gum addition to usual diet improves peripheral sensibility to insulin and lipaemic profile in NIDDM', *Diabète et Métabolisme*, 1985, 11, 380-385.

TOGNARELLI M., 'Guar-pasta: a new diet for obese subjects', *Acta Diabet. Lat.,* 1986, 23, 77.

TROWELL H., 'Dietary fiber and coronary heart disease', *Europ. J. Clin. Biol. Res.,* 1972,17,345.

VAHOUNY G. U., 'Dietary fiber lipid metabolism and atheroscle-rosis', *Fed. Proc.*, 1982, 41, 2801-2806.

ZAVOLAL J.-H., 'Effets hypolipémiques d'aliments contenant du caroube', *Am. J. Clin. Nutr.*, 1983, 38, 285-294.

VITAMINES, OLIGOÉLÉMENTS ET HYPERCHOLESTÉROLÉMIE

1. Vitamine E

CAREW T.E., 'Antiatherogenic effect of probucol unrelated to ist hypocholesterolemic effect', *P. N. A. S.*, USA June 1984, Vol. 84, p 7725-7729.

FRUCHART J.-C., 'Influence de la qualité des LDL sur leur métabolisme et leur athérogénicité' (inédit).

JURGENS G.,' Modification of human serum LDL by oxydation', *Chemistry and Physics of lipids*, 1987, 45, 315-336.

STREINBRECHER V.P., 'Modifications of LDL by endothelial cells involves lipid peroxydation', *P. N. A. S.*, USA June 1984, Vol. 81, 3883-3887

1. Sélénium

LUOMA P.V., 'Serum selenium, glutathione peroxydase, lipids, and human liver microsomal enzyme activity', *Biological Trace Element Research*, 1985, 8, 2,113-121

MITCINSON M. J., 'Possible role of deficiency of selenium and vitamin E in atherosclerosis', *J. Clin. Pathol.*, 1984, 37,7-837.

SALONEN J.T., 'Serum fatty acids, apolipoproteins, selenium and vitamin antioxydants and risk of death from coronary artery disease', *Am. J. Cardiol.*, 1985, 56, 4, 226-231.

1. Chrome

ABRAHAM A.S., 'The effect of chromium established atherosclerotic plaques in rabbits', *Am. J. Clin. Nutr.*, 1980, 33, 2294-2298.

GORDON T., 'High-density lipoprotein as a protective factor against coronary heart disease', The Framingham study, *Am. J. Med.*, 1977, 62, 707.

OFFENBACHER E. G., 'Effect of chromium-rich yeast on glucose tolerance a blood lipids in elderly subjects', *Diabetes*, 1980, 29, 919-925.

CAFÉ ET HYPERCHOLESTÉROLÉMIE

ARNESEN E., 'Coffee and serum cholesterol', *Br. Med. J.* 1984, 288, 1960.

HERBERT P. N., 'Caffeine does not affect lipoprotein metabolism', *Clin. Res.*, 1987, 35, 578A.

HILL C., 'Coffee consumption and cholesterol concentration', Letter to editor, *Br. Med. J.*, 1985, 290, 1590.

THELLE D. S., 'Coffee and cholesterol in epidemiological and experimental studies', *Atherosclerosis*, 1987, 67, 97-103.

THELLE D. S., 'The Tromso Heart Study. Does coffee raise serum cholesterol?', *N. Engl. J. Med.*, 1983, 308, 1454-1457

GÉNÉRALITÉS SUR L'OBÉSITÉ

ADRIAN F., 'Divergent trends in obesity and fat intake pattern: the American paradox', *Am. J. Med.*, 1997, 102, 259-264.

ASTIER-DUMAS M., 'Densité calorique, densité nutritionnelle, repères pour le choix des aliments', *Med. Nutr.*, 1984, XX, 4, 229-234.

BOUCHARD C., 'Génétique et métabolisme énergétique chez l'homme', *in* Forum Lavoisier, Paris, 1989.

BELLISLE F., 'Obesity and food intake in children: evidence for a role of metabolic and/or behavioral daily rythms', *Appetite*, 1988, 11, 111-118.

BROWNELL K. D., 'The effects of repeated cycles of weight loss and regain in rats', *Phys. Behaviour.*, 1986, 38, 459-464.

FRICKER J., APFELBAUM M., 'Le métabolisme de l'obésité', *La Recherche*, 1989, 20, 207, 200-208.

HERAUD G., 'Densité nutritionnelle des aliments', *Gaz. Méd. Fr.*, 1988, 95,13, 39-42

HILLS A.P., WAHLQUIST M.L., *Exercice and obesity*, Smith-Gordon, 1994.

LEIBEL R. J., 'Diminished energy requirements in reduced obese persons', *Metabolism*, 1984, 33,164-170.

LOUIS-SYLVESTRE J., 'Consommation d'un plat allégé et répercussion sur la prise alimentaire totale', *Le Généraliste*, 1979, 1083.

RIETVELD W. J., 'L'horloge biologique', *Revue de nutrition*, Diétécom 1991, 80.

ROLLAND-CACHERA M.-F., BELLISLE F., 'No correlation beetween adiposity and food intake : why are working class children fatter ?', *Am. J. Clin. Nutr.*, 1986, 44, 779-787.

ROLAND-CACHERA M.-F., DEHEEGER M., 'Adiposity and food intake in young children : the environmental challenge to individual susceptibility', *Br. Med. J.*, 1988, 296, 1037-1038.

ROLLAND-CACHERA M.-F., 'La France est-elle privilégiée par rapport aux autres pays développés ?, 1res journées alimentation, kilos, santé, 1997.

RUASSE J.-P., 'Des calories, pourquoi ? Combien ?', Coll. "L'indispensable en Nutrition", 1987.

RUASSE J.-P., 'L'approche homéopathique du traitement des obésités', Paris, 1988.

SPITZER L., RODIN J., 'Human eating behavior : a critical review of studies in normal weight and overweight individuals', *Appetite*, 1981, 2, 293.

LOUIS-SYLVESTRE J., 'Poids accordéon : de plus en plus difficile à perdre', *Le Généraliste*, 1989, 1087, 18-20.

HABITUDES ALIMENTAIRES

HERCBERG S., 'Apports nutritionnels d'un échantillon représentatif de la population du Val-de-Marne', *Rev. Épidém. et Santé Publ.*, 1991, 39.

MARCOCCHIN N., 'Comportement alimentaire en Lorraine', *in Précis de nutrition et diététique*, fasc. 10, Pub. Ardix Médical.

RIGAUD D. et coll., 'Enquête de consommation alimentaire I- Énergie et macronutriments', *Cah. Nutr. Diet..*, 1997, 32, 6, 379-389.

INSULINE

BASDEVANT A., 'Influence de la distribution de la masse grasse sur le risque vasculaire', *La Presse Médicale*, 1987, 16, 4.

CLARK M.-G., 'Obesity with insulin resistance, experimental insights', *The Lancet*, 1983, 2, 1236-1240.

DANGUIR J., 'Infusion of insulin causes relative increase of slow wave sleep in rats', *Brain Research*, 1984, 306, 97-103.

FROMAN L.A., 'Effect of vagotomy and vagal stimulation on insulin secretion', *Diabetes*, 1967, 16, 443-448

GROSS P., 'De l'obésité au diabète', *L'actualité diabétologique*, n° 13, 1-9.

GUY-GRAND B., 'Variation des acides gras libres plasmatiques au cours des hyperglycémies provoquées par voie orale', Journées de Diabétologie de l'Hôtel-Dieu, 1968, p 319.

GUY-GRAND B., 'Rôle éventuel du tissu adipeux dans l'insulino-résistance', Journées de Diabétologie de l'Hôtel-Dieu, 1972, 81-92.

JEANRENAUD B., 'Dysfonctionnement du système nerveux. Obésité et résistance à l'insuline', *M/S Médecine-Science*, 1987, 3, 403-410.

JEANRENAUD B., 'Insulin and obesity', *Diabetologia*, 1979, 17, 135-138.

KOLTERMAN O. G., 'Mechanisms of insulin resistance in human obesity. Evidence for receptor and post-receptor effects', *J. Clin. Invest.*, 1980, 65, 1272-1284.

LAMBERT A. F, 'Enhancement by caffeine of glucagon-induced and tolbutamide-induced insulin release from isolated foetal pancreatic tissue', *The Lancet*, 1967, 1, 1-19, 819-820.

LAMBERT A.-F, 'Organocultures de pancréas foetal de rat : étude morphologique et libération d'insuline in vitro', Journées de Diabétologie de l'Hôtel-Dieu, 1969, 115-129.

LARSON B. 'Abdominal adipose tissue distribution, obesity and risk of cardio-vascular disease and death', *Br. Med. J.*, 1984, 288, 1401-1404.

LE MARCHAND-BRUSTEL Y., 'Résistance à l'insuline dans l'obésité', *M/S Médecine-Sciences*, 1987, 3, 394-402.

LINQUETTE C., *Précis d'endocrinologie*, Masson, 1973, 658-666.

LOUIS-SYLVESTRE J.,' La phase céphalique de sécrétion d'insuline', *Diabète et métabolisme*, 1987, 13, 63-73.

MARKS V., 'Action de différents stimuli sur l'insulinosécrétion humaine : influence du tractus gastro-intestinal', *Journées de Diabétologie de l'Hôtel-Dieu*, 1969, 179-190.

MARLISSE E. B., 'Système nerveux central et glycorégulation', *Journées de Diabétologie de l'Hôtel-Dieu*, 1975, 7-21.

MEYLAN M., 'Metabolic factors in insulin resistance in human obesity', *Metabolism*, 1987, 36, 256-261.

WOODS S.C., 'Interaction entre l'insulinosécrétion et le système nerveux central', *Journées de Diabétologie de l'Hôtel-Dieu*, 1983.

DIABÈTE

American Diabetes Association: clinical practice recommendations, Diabetes Care, 1995, 18, Suppl. 1, 16-19.

ANDERSEN E., 'Effect of rice-rich versus a potato-rich diet on glucose, lipoprotein and cholesterol metabolism in noninsulindependent diabetics', *Am. J. Clin. Nutr.*, 1984, 39, 598-606.

BORNET F., 'Insulinemic and glycemic indexes of six starch-rich foods taken alone and in a mixed meal by type 2 diabetic', *Am. J. Clin. Nutr.*, 1987, 45, 588-595.

BORNET F., 'Technologie des amidons, digestibilité et effets métaboliques', *Cah. Nutr. Diet.*, 1992, 27, 170-178.

BRAND-MILLER J.-C., 'Importance of glycemic index in diabetes', *Am. J. Clin. Nutr.*, 1994, 59 suppl., 747 S-752 S.

BRANDMILLER J.-C., *The G.I. factor: the glycaemic index solution. The scientific answer to weight reduction and blood sugar control*, A. Holder & Stroughton Book, Australia, 1997.

FONTVIEILLE A.-M., 'A moderate switch from high to low glycaemic-index foods for 3 weeks improves the metabolic control of type I diabetic subjects', *Diab. Nutr. Metab.*, 1988, 1, 139-143.

JENKINS D. J. A., 'Glycemic index of foods: a physiological basis for carbohydrate exchange', *Am. J. Clin. Nutr.*, 1981, 34, 362-366

JENKINS D. J. A., 'Metabolic effects of low-glycemic index diet', *Am. J. Clin. Nutr.*, 1987, 46, 968-975.

JENKINS D. J. A., 'Low glycemic index? lente carbohydrates and physiological effects of altered food frequency', *Am. J. Clin. Nutr.*, 1994, 56 (suppl), 706 S-709 S.

LORMEAU B., VALENSI P., 'L'alimentation du diabétique', *Cah. Nutr. Diet.*, 1997, 32, 6, 394-400.

MONNIER L., SLAMA G., 'Recommandations ALFEDIAM',

Diabetes Metabolism, 1995, 21, 201-217. 'Nutritional recommendations and principles for individuals with diabetes mellitus', *Diabetes care*, 1990, 13, suppl I, 18-25.

O'DEA K., 'Physical factors influency post-prandial glucose and insulin responses to starch', *Am. J. Clin. Nutr.*, 1980, 33, 760-765.

SIMPSON H.C.R., 'A high carbohydrate leguminous fibre diet improves all aspects of diabetic control', *The Lancet*, 1981, 1, 1-5.

SLAMA G., 'Diabète : conseils nutritionnels', Impact-Médecin Hebdo, 13 Juin 1997, n° 370, 51-53.

ACTIVITÉ PHYSIQUE ET SPORT

BLAIR D., 'Habitual daily energy expenditure and activity levels of lean and adult-onset and child-onset obese women', *Am. J. Clin. Nutr.*, 1987, 45, 540-550.

BLAIR S.N., 'Evidence for success of exercise in weight loss and control', *Annals of Int. Med.*, 1993, 119, 7, 2, 702-706.

DESPRES J.-P., 'Obésité abdominale et lipoprotéines : effets de l'exercice', *Science et Sports*, 1991, 6, 265-273.

DESPRES J.-P., 'L'exercice physique dans le traitement de l'obésité', *Cah. Nutr. Diet.*, 1994, XXIX, 5, 299-304.

GUEZENNEC C.Y., 'Place de l'entraînement dans le traitement des maladies métaboliques', *Cah. Nutr. Diét.*, 1994, XXIX, 1, 28-37.

KEMPEN K. P. G., 'Energy balance during an 8-week energy-restricted diet with and without exercice in obese women', *Am. J. Clin. Nutr.*, 1995, 62, 722-729.

LOUIS SYLVESTRE J., 'Insuline et exercice physique', *Diabète et Métabolisme*, 1987, 13, 152-156.

MONDENARD de J.-P., 'Poids et sport', *Précis de Nutrition et Diététique*, fasc. 17, Ardix Médical, 1989.

MARCONNET P., 'Effort musculaire et substrats énergétiques', *Cah. Nutr. Diet.*, 1986, XXI, 2, 109-122.

TREMBLAY A., 'Exercice et obésité', *Science et Sports*, 1991, 6, 257-264.

WOLF L.-M., 'Contribution de l'exercice physique au traitement de l'obésité', *Cah. Nutr. Diet.*, 1986, XXI, 2, 137-141.

WOOD P. D., 'The effects on plasma lipoproteins of a prudent weight-reducing diet, with or without exercise, in overweight men and women', *N. Engl. J. Med.*, 1991, 325, 461-466.

HYPOGLYCÉMIE

CAHILL G.F., 'A non-editorial on non-hypoglycemia', *N. Engl. J. Med.*, 1974, 291, 905-906.

CATHELINEAU G., 'Effect of calcium infusion on post-reactive hypoglycemia', *Horm. Meatb. Res.*, 1981, 13, 646-647.

CHILES R., 'Excessive serum insulin response to oral glucose in obesity and mild diabetes', *Diabetes*, 1970,19, 458.

CRAPO P.A., 'The effects of oral fructose, sucrose and glucose in subjects with reactive hypoglycemia', *Diabetes care*, 1982, 5, 512-517.

DORNER M., 'Les hypoglycémies fonctionnelles', *Rev. Prat.*, 1972, 22, 25, 3427-3446.

FAJANS S.S., 'Fasting hypoglycemia in adults', *New Engl. J. Med.*, 1976, 294, 766-772.

FARRYKANT M., 'The problem of fonctionnal hyperinsulinism or fonctional hypoglycemia attributed to nervous causes', *Metabolism*, 1971, 20, 6, 428-434.

FIELD J. B., 'Studies on the mechanisms of ethanol-induced hypoglycemia', *J. Clin. Invest.*, 1963, 42, 497-506.

FREINKEL N., 'Alcohol hypoglycemia', *J. Clin. Invest.*, 1963, 42, 1112-1133.

HARRIS S., 'Hyperinsulinism and dysinsulinism', *J. A. M. A.*, 1924, 83, 729-733.

HAUTECOUVERTURE M., 'Les hypoglycémies fonctionnelles', *Rev. Prat.*, 1985, 35, 31, 1901-1907.

HOFELDT F.D., 'Reactive hypoglycemia', *Metab.*, 1975, 24, 1193-1208.

HOFELDT F.D., 'Are abnormalities in insulin secretion responsable for reactive hypoglycemia?', *Diabetes*, 1974, 23, 589-596.

JENKINS D.J.A., 'Decrease in post-prandial insulin and glucose concentrations by guar and pectin', *Ann. Intern. Med.*, 1977, 86, 20-23

JOHNSON D. D., 'Réactive hypoglycemia', *J. A .M. A.*, 1980, 243, 1151-1155.

JUNG Y., 'Reactive hypoglycemia in women', *Diabetes*, 1971, 20, 428-434.

LEFEBVRE P., 'Statement on post-prandial hypoglycemia', *Diabetes care*, 1988, 11, 439-440.

LEFEBVRE P., 'Le syndrome d'hypoglycémie réactionnelle, mythe ou réalité?', *Journées Annuelles de l'Hôtel-Dieu*, 1983, 111-118.

LEICHTER S.B., 'Alimentary hypoglycemia: a new appraisal', *Amer. J. Nutr.*, 1979, 32, 2104-2114.

LEV-RAN A., 'The diagnosis of post-prandial hypoglycemia', *Diabetes*, 1981, 30,996-999.

LUBETZKI J., 'Physiopathologie des hypoglycémies', *Rev. Prat.*, 1972, 22, 25, 3331-3347.

LUYCKY A.S., 'Plasma insulin in reactive hypoglycemia', *Diabetes*, 1971, 20,435-442

MONNIER L.H., 'Restored synergistic entero-hormonal response after addition dietary fibre to patients with impaired glucose tolerance and reactive hypoglycemia', *Diab. Metab.*, 1982, 8, 217-222.

O'KEEFE S. J. D., 'Lunch-time gin and tonic: a cause of reactive hypoglycemia', *The Lancet*,1977, 1, June 18, 1286-1288.

PERRAULT M., 'Le régime de fond des hypoglycémies fonctionnelles de l'adulte', *Rev. Prat.*, 1963, 13, 4025-4030.

SENG G., 'Mécanismes et conséquences des hypoglycémies', *Rev. Prat.*, 1985, 35, 31, 1859-1866

SERVICE J. F., 'Hypoglycemia and the post-prandial syndrom', *New Engl. J. Med.*, 1989, 321, 1472.

SUSSMAN K. E., 'Plasma insulin levels during reactive hypoglycemia', *Diabetes* 1966, 15, 1-14.

TAMBURRANO G., 'Increased insulin sensitivity in patients with idiopathic reactive hypoglycemia', *J. Clin. Endocr. Metab.*, 1989, 69, 885.

TAYLOR S. I., 'Hypoglycemia associated with antibodies to the insulin receptor', *New. Engl. J. Med.*, 1982, 307, 1422-1426.

YALOW R. S., 'Dynamics of insulin secretion in hypoglycemia', *Diabetes*, 1965, 14, 341-350.

INDEX